汉译世界学术名著丛书

法律的性质与渊源

〔美〕约翰·奇普曼·格雷 著

马驰 译

商务印书馆
创于1897
The Commercial Press

John Chipman Gray

THE NATURE AND SOURCES OF THE LAW

中译本根据哥伦比亚大学出版社 1921 年版译出

汉译世界学术名著丛书
出 版 说 明

我馆历来重视移译世界各国学术名著。从20世纪50年代起，更致力于翻译出版马克思主义诞生以前的古典学术著作，同时适当介绍当代具有定评的各派代表作品。我们确信只有用人类创造的全部知识财富来丰富自己的头脑，才能够建成现代化的社会主义社会。这些书籍所蕴藏的思想财富和学术价值，为学人所熟悉，毋需赘述。这些译本过去以单行本印行，难见系统，汇编为丛书，才能相得益彰，蔚为大观，既便于研读查考，又利于文化积累。为此，我们从1981年着手分辑刊行，至2022年已先后分二十辑印行名著900种。现继续编印第二十一辑，到2023年出版至950种。今后在积累单本著作的基础上仍将陆续以名著版印行。希望海内外读书界、著译界给我们批评、建议，帮助我们把这套丛书出得更好。

商务印书馆编辑部

2022年10月

目　录

第一部分　法律的性质

第二部分　法律的渊源

第一版序言

大约五十年前，我偶获一本奥斯丁的《法理学的范围》 vii
(*Prvovince of Jurisprudence Determined*)，此书当时在英格兰也没有太多读者，在我国更是无人问津。后来，虽然我的工作转向其他方向，该书的主题却从未从我心中完全消退。十二年前，我的看法已与如今无异；①但在超过九年的时间里，我又将这些看法搁置；假如哥伦比亚大学没有借卡彭提尔基金会(Carpentier Foundation)的好意，邀请我去做讲座课程，我的这些看法恐怕仍然难以问世。

这一讲座课程于1908年春在哥伦比亚大学进行。本书将之分为十三章，仍然保留了讲座的常见风格。日常的表达和举例能够帮助人们掌握日常生活中的事实，没有这种方法，将会在道德科学中造成巨大风险。

对于讲座中不断重复的内容来说，或许并无太好的辩护；读者 viii

---

① 格雷教授曾于1896至1900年、1901至1902年在哈佛法学院做过简短的比较法理学讲座课程。

们或许被在他们看来的陈词滥调所冒犯。然而,以各种不同的方式,展示有关法律的同一基本真理如何可能生发出来,似乎依旧是值得的。

我希望让讲座保持在温和的限度内,此一愿望导致很多原本可以在讲座中拥有一席之地的内容被舍弃。为了能够让若干需讨论的主题获得更完整和或许更丰满的处理,我向读者推荐两本书,这两本书来自我的两位学识渊博的友人。一本是詹姆斯·布赖斯(James Bryce)的《历史与法理学研究》(*Studies in History and Jursiprudence*),他目前是英国驻美大使;另一本是弗里德里克·波洛克爵士(Sir Frederick Pollock)的《法理学入门》(*First Book of Jurisprudence*),他是牛津大学基督圣体学院的法理学教授。

法理学的研习者时常被此种说法所困扰:他处理的对象不是事物,而是语词;他其实是在忙于为文字游戏中的筹码确定尺寸。但是,一旦当他充分认识到,那些语词不仅像货币那样从古至今持续不断地从庸人传给庸人,而且从某些最敏锐的头脑传递给另一些最敏锐的头脑,他就会发现,只要这项工作被有价值地实施,这就是一项有价值的工作。

我已经力图表明,我有意借鉴了其他学者的思想。然而,只要有人阅读和思考过半个世纪以来的相关主题,就难以甚至无法区分他自己的想法与从他人那里获得的恩惠。最好不要声称原创性,我就没有。

我很高兴在此表达我对学校当局发自内心的感谢，特别是柯 ix
奇韦(Kirchwey)院长和法学院同仁们热忱的欢迎和鼓励。

约翰·奇普曼·格雷

1909 年 7 月 14 日[①]

① 作者的七十岁生日。关于其生平，可参见《哈佛法律评论》(28 *Harvard Law Rev*. 539)、《马萨诸塞州法律季刊》(1 *Mass. Law Quart*. [No. 2])、《马萨诸塞州历史协会公报》(*Proceeding of Mass. Hist Soc*, March, 1915, and May, 1916)，以及 1917 年于波士顿不公开印制的回忆录。

第二版序言 xi

1915 年格雷教授去世的时候，他已经为本书的第二版做了大量的附注。他将本书再版的主要原因在于，希望其能够获得更多的读者。我试图用多种方式来实现这一目标，其中某些方式是作者明确表达过的，另一些则是我用来实现其意图的方式。

我将脚注中的拉丁文、希腊文和德文都翻译成英语；解释了大部分法律术语。但凡我能找得到的，我都为引注增添了说明。此外还做了一些调整，但除了开头的几个段落之外，没有做任何删减。在附注之外还有一些对原有文本的补充，它们均来自作者自己。

在本书第一版出版之后，围绕本书所讨论的主题出现了大量的文献。由于作者本人并没有改变他的观点，也没有考虑在这些文献问世之后，在新版中处理那些支持或反对自己的文献，我便没有处理甚至在很多情况下也没有提到这些文献。然而，我仍然斗胆从近来阐述本书观点的图书和期刊中引述了一些段落。比起本 xii
书问世后出版的诸多相关文献（哪怕只限英文文献，在准备新版出版的过程中我也仅阅读了其中很少的一部分），这些引述不过沧海一粟。各种注解原本就没有喧宾夺主之意，对其中某些进行的偶然修订只是出于形式上的考虑。

无论来自作者还是我本人,对原有文本的补充和注解均只具有解释和说明的特点,否则便毫无重要性可言,所以我并不认为有必要将之视为全新的内容。我还得感谢拉塞尔·格雷(Russell Gray)和伊斯奎尔(Esquire),他们为我提出了各类建议,还帮助我找寻各种材料。

罗兰德·格雷

1921 年于波士顿

第一部分　法律的性质

导　论 1

（法律概念的分析研究）

一个社会中的司法部门在确立法律权利与义务时[①]会遵守某些一般规则，这些规则便是该社会的法律。在确定法律时，我们必须考察其渊源，司法部门正是由此获得法律。

在本部分，我将使读者专注于某些基本法律概念的分析及其相互关系，而非讲述这些概念的历史或是去预测它们将来会如何发展。我对历史研究的价值并非无动于衷，对法律概念总是处于不断变动之中这一事实也并非视而不见。但正如需及时清算库存一样，如今已是就其达到的发展阶段来思忖和分析法律的时刻，即便我们相信，法律将会停止发展这件事既非可能，又非可欲。

不仅如此，人们想必不会忘记，尽管大部分法律概念时常发生变化，而且这些概念也绝少依赖那些处于无尽天演中并无变化的外部原则；但是，它们的变化通常极为缓慢。就我们确知的人类知识而言，其中很多概念的变化还会发生反复，并未将垂死的迹象展 2
现在我们面前。

---

① 参见后文，第 84 页及以下（中译本脚注中所涉前文、后文页码均为原书页码，即本书边码。——译者）。

经验早已证明，对法律中的一般概念所做的分析研究难以一帆风顺，它容易沦为空洞的经院哲学。正如戴雪(Dicey)先生所言，[①]“法理学(jurisprudence)[*]是一个让出庭律师的鼻腔感到酸臭的词汇。律师们常常发现，法学教授总是教条地提出有关法律的一般见解，实际上却对实践中任何一个法律体系毫无所知；同时，他还自满于那些阐释种种陈词滥调的科学，并且坚持这些陈词滥调应该适用至所有的法律，但实际上却无法在任何法律中行得通”。但是，正如戴雪在同一篇文章中进而指出的那样，“学究和冒牌货们独有的名声造就了偏见”，这种偏见不应该让我们无视在法律领域得到清晰而非模糊的概念所产生的优长。

尤为重要的是分析研究的否定性作用。就建构性作用而论，分析研究可能徒劳无益；但要揭穿种种空谈，并无更为高明的办法。大多数人的头脑中都充斥着种种主张和区辨，它们或是符合事实，或是荒谬，或是无用，我们相信或是假装相信它们，我们还将之当作真实或有价值的东西去影响他人。如果我们的头脑与言辞能够获得清理，一定将获益匪浅。

---

① 5 *Law Mag. and Rev.* (4th series) 382.

* “jurisprudence”通常译为法理学。该词在本书中的含义与奥斯丁在其《法理学的范围》中的用法基本相同(可参见本书第七章的内容)，指以实在法为研究对象的学问，它既包含了特定实在法研究，又包含了对一般意义上实在法的总括和抽象研究(可参见〔英〕约翰·奥斯丁：《法理学的范围》，刘星译，中国法制出版社2002年版，第3页)。此外，格雷还反复强调，法理学是有关实在法的科学。这就与国内教学科研中所使用的“法理学”一词不尽相同。有鉴于此，有人主张将“jurisprudence”译为“法学”，但汉语中“法学”一词外延过大，反而可能词不达意(本句中就是如此)。译者认为，“实在法律科学”或是对本书中“jurisprudence”最为准确的译法，但将“jurisprudence”译为法理学已经成为学界多年通例，不易妄自另译。故此，本书仍将之译为“法理学”，但请读者留意。——译者

这正是奥斯丁(Austin)的优势。他的文风有一种难以名状的
乏味。连他自己都曾经怀疑,自己钟爱的字词是否符合衡平法起
草者(equity draughtsman)的风格;他的著作充斥着类似老旧衡平 3
法法案起诉部分的表达方式,其他任何一种人类文献都难以与其相提并论。语言的傲慢无礼让奥斯丁面目可憎——尽管这并非他的本意,他所推进的理论却风雨飘摇。但是,他并不情愿人们被字词所蒙蔽,也不愿自己被字词所欺骗,那种在未知议题中心照不宣地留下死角的做法亦为其所不齿。这些愿望并未与他的理论一起飘摇,对于很多学者来说,这些愿望使得他们在阅读奥斯丁乖戾的著作后,难忘于那种智力上的诚实。[①]

(分类与定义)

分析法学者的任务是分类,其中也包括定义。据信,但凡妥当地将法律进行分类的人,必定拥有有关法律的妥当知识;但是,分析法学者最为要紧的缺陷恰好在于,他坚信自己的分类与定义是终极的。分析法学家常常敏感于,甚至过分敏感于他人著作中的此种缺陷,却总感觉他本人说出了最后的真理。我并不指望逃脱我们群体中的这种通病,但希望能够提醒我的读者,他们或许是在践行某种明智的怀疑主义。就这个议题而言,如果我能够使我的读者有足够的兴趣质疑我的某些结论,我将甚为欣喜。[②]

---

① 上述四段基本上来源于作者的论文“法理学中的若干定义与问题”(Some Definitions and Questions in Jurisprudence),载《哈佛法律评论》(6 *Harvard Law Rev.* 21, 23.)。

② 试比较:Chalmers,*Bill of Exchange*(8th ed) p. liii。

普通法中的定义常常被批评缺乏准确性和确定性，但实际上，这恰好是普通法及其由司法判决推动的发展模式所具有的优点。普通法中的定义无法被个案所消解，这些定义无他，就是法官意见
4 (*dicta*)。如果在十六世纪末或是十七世纪乃至十八世纪就存在由制定法确立并对法院有约束力的定义，如果“合同”、恶意(malice)，“占有”，永久所有权(perpetuities)的意义得以固定，法律的自然发展将被强行加上脚镣。成文法典的一大弊端就在于，实践中的律师与法律人很可能受到前人刚性分类与定义的羁绊，而在法律思想与知识的进步过程中，这些分类和定义将被认为远非完善充分。

然而，虽然我们对分类所做的尝试必定是暂时的，虽然法律学者能够确定的预断是，一个在二十世纪初受其赞同的分类一定不会在世纪末继续盛行，但我们尚有欠缺的努力也不会一无是处；即便我们的分类与定义的不充分性将被毫无疑问地证实，它们也会成为更上一层楼的垫脚石。这将帮助我们勇攀知识的高峰，纵然我们已经确知自己无法登临绝顶。

(具体例证的价值)

无论法律还是其他任何人类知识的部类，处理抽象概念的险恶之处在于失去了坚实大地对双脚的支撑，对此，最好的防范措施
5 就是具体的例证。很多精密的推测将在事实面前被击碎。因此，我会将我所主张的理论适用至事实并观察其在实践中的工作方法，以图检验理论的合理性。我不会因为例证过于为人所熟知而感到愧疚——越熟悉越好。

我将要分析普通法系的基本概念，但会常常将这些概念与市

民法(Civil law)[1]中的类似概念相比照，例如罗马法、法国法、德国法和苏格兰法。遗憾的是，我对此外其他欧洲国家的法律一无所知。

① 5 *Law Mag. and Rev.* (4th series) 382.

7 第一章　论法律权利与义务

法律是一种连接得如此紧密的事物，以至于让我们无从下手；但凡出手研究法律的某一部分，若欲获成功，似乎总要依赖其他部分的知识。究竟应该从何处开始呢？人类并非因法律而生，法律毋宁总为人类而作。就其对象而言，法律规定了人们的法律权利与义务，因此我们以这些权利义务作为起点。但首先，让我们对一般权利义务（rights and duty in general）道上三言两语。

（一般权利义务）

在摆脱最低层次的蛮昧后，各个文明阶段（即便存在例外）的人类交往活动都认定，正确（right）与错误（wrong）之间存在差异，人们应该正确地行动，而不应错误地行动。我并不打算讨论正确与错误的标准——无论它是上帝的意志，是遵循自然（Nature）的生活，是良心的命令，是功利原则，或是其他别的东西；我也不会去分析“应该”一词的意义，或是去解释义务感的起源；无论它如何起源，在每个已经先进到发展出了法律的社会中，其成员其实已经获得了义务感。

8 即便在物理科学中，语言的模糊性也是拦路虎，而之于道德科学（moral sciences）则危害更甚。道德科学与日常行为打交道，人们不严格地使用语词，将之当作日常言谈的对应物，现在却要将这些语词固定下来，使之用作最为抽象观念的精确表达。“right”一词正是如此。

（“right”一词的模糊性）

在大多数欧洲语言中，表达“一项权利”和“法律”的词语是同一个，即“jus”“recht”“droit”“diritto”“derecho”*，等等。词语的此种双重含义在德国法哲学中造成了不幸的混乱。即便一些学者最终区分了“客观法”（法律）与“主观法”（权利），但此种理解并非板上钉钉。

尽管我们在英语中避免了这种混乱，却难逃“right”一词的另一种模糊。它时而作名词，时而又作形容词。在作形容词时，“right”（正确的）的意思是“与应然结果相一致的”。但作名词又何解呢？当我们说某甲享有一项针对某座农场的“right”（权利），这是什么意思？我现在还没有说这是一项法律权利。可是在法律之外，如果说某人享有权利，这种权利是什么呢？按照一般的说法，他就是享有这种权利。让我们更为精确地弄清这个词语的含义吧。

权利与义务相关联（correlative）；无义务之处亦无权利，但反之却未必成立。存在没有权利的义务。为了义务而创设权利，此种义务一定是作为或不作为（to act or forbear）的义务。因此，那种由权利所关联的义务并非那种要求内在意识状态的义务，如果 9
后一种义务果真存在的话，它也区别于外部作为或不作为的义务。他人仅有针对我作为或不作为的权利。我有义务爱我的邻人，我的邻人却没有针对此种爱的权利。“爱我，否则我杀了你”，这种说

* 分别为拉丁语、德语、法语、西班牙语、意大利语中的“权利（法律）”。——译者

法太过夸张。我的邻人享有的权利至多在于,我应该如同爱他一样对待他。

由此,由权利所关联的义务一定是那种针对他人作为或不作为的义务,此种义务与自我指涉(self-regardant)的义务不可同日而语,后者与任何他人都毫无瓜葛。在我们这样一个复杂社会,这种绝对且单一的自我指涉义务寥寥无几,却依然可见。设想一艘满载麦福德朗姆酒的货船在一座孤岛失事,即便货主是唯一的生还者,即便他丧失了逃生的机会,他也有义务不应该以痛饮舱中美酒而虚度光阴,尽管对此没有任何人享有任何权利。

不仅如此,某人若享有权利,一定存在针对其利益作为或不作为的义务。可能发生此种情况:存在一项对某人做出某种行为的义务,我们却不能说此人享有针对此种作为的权利。由此,虽然刽子手或许有义务绞死乔纳森·怀尔德*,却不能说怀尔德有权利被绞死。

在排除了应该排除的东西之后,我们便有了道德权利的定义:当某人因为另一人的利益而有义务作为或不作为时,后者便对这一作为或不作为享有权利。

(公共舆论与权利的关系)

"一项权利"还有另外一种含义,霍兰(Holland)先生的《法理学要素》(*Elements of Jurisprudence*)①一如既往地采纳了此种含

---

* 乔纳森·怀尔德(Jonathan Wild),18世纪伦敦臭名昭著的坏蛋,于1725年被绞死。——译者

① *Jurisprudence*(11th. ed.)81.

义并提供了解释。他说：“那么，什么是一项‘法律权利’呢？然而 10
首先应该问，什么是一般意义上的权利？权利是一个人影响他人行动的能力（capacity），此种影响的实现方式是通过社会舆论或强制力，而非个人的力量。若断言某人有权利做某事，或某物有权利，或应被以某种特定方式对待，则意味着公共舆论将容许或者至少默许他的某种作为，或利用某物，或应被以某种特定方式对待；而一旦有人妨碍他做某事，或利用某物，或应被以某种特定方式对待，公共舆论将给予谴责。”

然而，公共舆论的此种认可就是权利观念的必然成分吗？在美国的某些州，例如德克萨斯，制定法将债务人的许多财产都排除在其债务之外，以法院的语言来说，这些制定法与邻里间公共舆论的由衷赞许相吻合，正如其指明的那样，这是“以个人温暖的胸怀来珍爱和支持那些神圣的独立感，后者对维持自由的制度意义重大”。[①] 这是否赋予了德克萨斯农场主无需履行其债务的权利呢？农场主所在的社群践行且赞赏此类情事，这一事实是否会影响到上述问题的答案？假如某人必须对其本人或他人享有的权利发表意见，他所处社群持有的论调很有可能左右其判断，然而，如果他诚实，就不会有意承认公共舆论的声音是权利存在与否的试金石。11
公共舆论至多代表了道德性，而非权利的本质因素。

或许可以说，这个问题不过是命名术而已。霍兰先生可以给某个词语赋予他所钟爱的任何意义，只要他的用法一以贯之。但也必须承认，即便科学的精确性要求作者在语词的各种日常表达

---

① *Franklin v. Coffee*, Tex. 413, 416.

中作出选择和决断，他也应该尽可能遵守其通常的用法。若不遵守这一法则，将产生两个不幸的结果。首先，作者将被他的读者所误读。其次，作者的注意力有时会变得疲弱，他可能在无意之中用语词的通常含义替代他任意指定的那种含义，此种术语的模棱两可将使其论证陷入窘境。

公共舆论因为某个人的利益而主张他人有某种行为或不作为的义务，在此种情况下，此人的确享有某种东西，针对这种东西创造出一个术语，使其表达他此种情况下所享有的东西无疑是可欲的，但最好不是“权利”；对此，“实在道德权”(postive moral right)这一提法即便并非众口一词，也不会比其他提法招致更多的反对。

虽然就命名术而论，可以发现“权利”和“义务”是一对相互关联的术语，无论一般用法还是科学术语，无义务之处亦无权利。然而，“权利”一词似乎来源于法律，“义务”则出自伦理学；虽说两者都已移用至对方的领域，且在两个领域中皆屡见不鲜，可“道德权
12 利”这种表达方式比起“法律权利”来说仍然显得绕口，相反，“法律义务”听起来也没有“道德义务”那般顺耳；“权利”首先让人想到“法律权利”，“义务”亦与“道德义务”一脉相承。

（法律权利与法律义务）

对一般权利义务的讨论已经足够了，现在将转向法律权利与义务。为了保障和促进人类利益，人类组织成社会。社会组织化的目标在于，确保个人能够从事其原本不能从事的活动，使个人在无法自我保护的意义上保证个人愿望的实现。组织化的真实目的时常在于保证其个别成员的利益。不过，秩序总归是福音，虽然在任何政治组织中，只有少部分人受益于此，但对于其他人来说，政

治组织的存在仍要好过无政府状态。

为了实现此目标，组织化的社会所采取的主要手段便是强迫个人作为或不作为特定的事项。有时，社会会基于社会自身的意愿(motion)来实施强制；有时则仅仅依据与此种实施有利益干系的个人的意愿。

与那些由社会自身意愿强制实施的义务相关联的权利是这个社会的法律权利，而与那些社会依据个人意愿强制实施的义务相对应的权利便是个人的法律权利。组织化的社会强制实施的作为或不作为是那些被强制作为或不作为的人们的法律义务。

(法律权利与道德权利)

正如我已经表明的那样，命名术的贫乏在一些基本问题上产 13
生了混乱。“义务”一词在道德领域是如此的显赫以至于与之粘连，并且在一定程度上使得对其关联的词语“权利”(正确)与道德领域发生联系；权利(正确)一词充满了“应当”的意味，又与错误相对应；纵然加上“法律”这样的限定，义务与道德之间的关联也难以破除。以至于很多人都会对此种陈述产生一种天然的反感：“即便制定法命令人们从事一项不义的行动，也依然存在遵守这项制定法的法律义务。”

然而，如果法律义务是组织化的社会强制实施的作为或不作为，那么显而易见的是，很多极为不义的作为和不作为都可以成为法律义务。

可是，很多学者虽然认可上述观点，却依然被某种伦理学的气氛所迷惑，借助义务和权利，此种气氛以一种法律不认可的(illegitimate)而非法律认可的(legitimate)方式将法律与伦理联系起来。他们承认，“实在权利就是在某一建立用来维持权利的系统中被当作权利的东西”，因此这种实在权利或许与所谓事实上的权利或自然权利(natural right)大相径庭。然而，他们却同时主张，组织化的社会之功能不在于创制权利，而在于宣示权利；同时，法律权利义务与事实上的权利义务之间差异的原因可归咎于社会履行其功能时的不完备，换句话说，法律义务从本质上说无非是社会所宣示的道德义务，而非社会所强制实施的作为或不作为。这样一来，这些学者虽然不否定前述看法，却依然认定其远未揭示法律义务的真正本质。

14 如此一来，或许可以认定的是，通过立法机构和司法机构的活动，一个组织化的社会通常总是声称要按照道德的要求行动。然而另一方面，立法者在制定通过某些制定法时却对其道德问题置若罔闻，很多立法活动的真正初衷无疑是自私和不义。

我们举一个例子来验证上述判断。设想一位像卡里古拉或赫利奥加巴卢斯*那样拥有绝对权力且弄权、极端自私残暴的独裁者，他一时兴起，赐予其宠臣一项能够欺压他人的权力。即便有人向这位独裁者抗诉其法令的不义，他也可以说：“不错，这的确如你所认定的那般不义，可是我为何一定要在乎道义呢？这是我的意愿，如果我愿意，我为何不能这般愚弄呢？你又能将我如何呢？”假如法官与官员执行了这项法令，民众也遵守了，该宠臣便获得了一项法律权利，其欺压对象便承担了一项需要遵守的法律义务。该法令并不是在宣告道德权利，也并不主张此种宣告，它的颁布是对

* 卡里古拉和赫利奥加巴卢斯都是著名的罗马暴君。——译者

道德的违反；然而，因为它是由组织化的社会所强制实施的规则，便创制了法律义务与法律权利。

或许值得留意的是，由于法律与道德关系在术语使用上的相似性，组织化的社会常常依据道德目标创制法律义务，社会也不应该创制那些与善良道德相悖的法律义务。然而难以确定的是，仅仅因为术语的相似性，法律义务的本质就在于那些与之时而吻合、时而背离的事物。

上述错误的推理过程表明，“法律义务”“法律权利”原本并无伦理色彩，可惜我们却不幸地缺乏独立词汇来表达它们通常的含
义，这便要求我们必须集中精力将这些经过限定的“义务”和“权 15
利”与道德伦理相分离。然而，乔治·史密斯（George H. Smith）先生在其论文“法律与权利的要素”（The Elements of Right and of the Law）[①]中却几乎不承认这是个重要的问题，该文的目标在于顽固地反对使用“法律权利”一词。作者坚称存在且只存在一种权利，“道德权利的说法是同义反复，一项权利总是暗示着正确道德的理念”，“法律权利”一词应该被“行动”或“法律权力”代替。在所有的欧洲语言中，一如在英语中的那样，用来表达史密斯先生所谓“行动”或“法律权力”的用语是“权利（正确）”，或与其等值的“*recht*”“*droit*”“*diritto*”“*derecho*”等词语，此种普遍的用法是如此的固定，以至于不可能在没有普遍共识的情况下被轻易改变。

（法律义务）

然而，即使将“法律权利”一词清洗出法理学的词汇表是一件

① 2d. ed. Chicago, 1887.

并不明智的事情，对于“法律义务”却可能未必如此。虽然作为名词的“权利”在伦理学领域已经变成了一个常用的词语，不过正如上文已经提及的那样，该词原本依然是一个法律词汇。[1] 而在另一方面，“义务”一词发源于道德领域，而且依然没有在该领域中销声匿迹，即便“法律权利”要比“道德权利”更为常见，“法律义务”也是一个勉强的用法。

概括来说，用来与“法律权利”相关联的最佳术语不是法律义务
16 (legal duty)，而是“法债”(legal obligation)*。“债”(obligation)的伦理学意味要比“义务”(duty)小得多，表达的含义亦是外部强制而非内部强制。由此不难联想到是市民法中的债(*obligatio*)这个常规的技术用语，它并不与一般意义上的权利(法)(*jura*)相关联，而与对人权(*jura in personam*)[2]这一特别的门类相关联。这样一来，虽然不能说此种用法在普通法的命名术中也能成立，但倘若有一个语词与罗马法中的“*obligatio*”相匹配是可欲的，则“债”便是最为自然的选择。因此无论如何，要将法理学的观念在门外汉中普遍传播，最好使用“法债”一词；对于这些读者来说，将“债”与罗马法中的“*obligatio*”相混淆并没有什么大不了的；而对于那些针对有一定基础的读者的著作来说，使用“法律义务”这一用语自然不会产生太多歧义，但正如我们已经说明的那样，这种用法有

---

[1] 前文第11页。

* 诚如作者所言，“duty”与“obligation”的含义有所差别。但在汉语中，作为与权利的对应，两者一般都译为义务，实难通过译文再作区分。行文方便起见，这里姑且将“obligation”一词译为“债”，与罗马法中“*obligatio*”的原意相一致。——译者

[2] 针对人的权利，区别于所有权。

其风险。

（术语"正当"）

虽然"法律是言谈的艺术"（*jus et norma loquendi*）这一说法允许甚至要求我们在没有任何道德正确性意涵的情况下使用"法律权利"（如果不算"法律义务"的话），但是，同样具有决定性的评判者却可能反对将"正当"（*just*）理解为没有任何道德意涵。霍布斯曾断言，"任何法律都是正当的[①]"，奥斯丁为之辩护说[②]："在使用'正当'这一修饰词时，我们的意思是指，我们用修饰词所修饰的一个特定对象，符合了我们作为尺度的特定法的要求。而且，正如'正当'在于符合一个确定法（determinate law）一样，'正义' 17
（*justice*）也在于一个对象符合同样的标准，或者类似的标准[*]。"如果"我们"指的是奥斯丁和霍布斯，上述陈述可能是正确的，却并非通常的用法。而按照通常的用法，正义与道德之间的关联牢不可破。有关时效的制定法规定将会使得债务人获益，处在一定时限外的债务人并无给付的"法律义务"，其债权人亦无与之对抗的"法律权利"，但债务人如果拒绝给付，其行为便难以称之为"正当"。

西季维克（Sidgwick）教授很好地道出了问题："因此按照一个对正义的粗鄙定义，正当的行为就是行为对法律的遵守。可是反思已经表明，这不过是遵守法律的习惯，而非我们所谓正义的含

① *Leviathan*, pt. 2, ch. 30, *English Works*, vol. 3, p. 335.

② 《法理学（第四版）》注释（*Jur*.［4th ed.］276, note.）。

* 译文参考了〔英〕约翰·奥斯丁：《法理学的范围》，刘星译，中国法制出版社2002年版，下同。——译者

义。这首先是因为，我们并不总是将违反法律的人称之不义，只是在某些法律之下如此：例如决斗者或赌徒违反了法律就并非不义。[*] 其次，我们一向对此明察秋毫：法律并没有完全实现正义。我们的正义观提供了标准，我们以此比较事实上的法律，进而宣布它们或是正义或是不义。其三，某些正当的行为处于法律领域之外。例如，虽然法律没有（也不应该）规定父亲应如何对待自己的孩子，父亲如何对待自己的孩子仍然有正当与不正当的差别。”[①]

（受保护的利益与权利）

如果我的利益在于收到某甲一百元，或者去室外活动，而组织化的社会假如使得某甲承担支付给我金钱的义务，或者使得所有人承担不得干涉我离开房间的义务，我便有了一项法律意义上受
18 保护的利益和法律权利。我所拥有的法律权利究竟是什么呢？完整的定义如下：它是我能够使得某人（或某些人）做或不做某事（或某些事）的权力（power），只要此种权力是因社会使得某人（或某些人）承担义务而产生的。[②] 因此，我在上述例子中的法律权利就在于它是一种权力，能够迫使某甲向我支付金钱，或是能够防止他人阻碍我离开房间。

耶林（Ihering）在其《罗马法的精神》（*Spirit of the Roman*

---

* 作者的意思或许是，法律虽然禁止人们决斗或赌博，但从事决斗或赌博的人按照某种道德观念仍然被认为是正当的。——译者

① Sidgwick，Methods of Ethics，*Book* 3，c. 5，1. 但是参见：J. S. Mill，*Essay on Nature*，in *Essays on Religion*，p. 52。

② 即此情况下强迫某些人做某些事。参见前文第 12 页。

law)一书中将权利定义为法律保护的利益。此定义在德国获得了追捧，比起先前有关该主题的陈词滥调，它确实是个进步，却也受到了以索恩(Thon)为首的某些德国法学家的激烈抨击，进而出现了大量有关该主题的文献。[①] 对于这个问题，耶林对手的论证似乎更加在理。权利本身并不是利益，而是保证利益得以实现的手段。法律权利是从某甲那里获得金钱的权力，或是离开房间的权力，而非支付的金钱或离开房间这件事。而通常的用法也让我们将权利描述为获得支付金钱的权利或离开房间的权利，这种用法似乎也无伤大雅。

所谓某人的利益即是这个人想要得到的东西。我并不打算穷尽和划分人类欲望的所有对象。此种对象可以是对物件所有或持有，例如一本书；可以是行为，例如吃一餐饭；可以是关系，例如婚 19
姻；也可能是一些愚蠢或有害的欲望。龙虾沙拉可能是我的利益，假如我能吃得起，法律便会保护这一利益，这便是我吃我已经付了钱的龙虾沙拉的权利，哪怕我知道每次吃龙虾沙拉我都会腹痛。

(保护利益的方式)

一个人的法律权利总是依其本人的意愿可践行(exercisable)的权利。[②] 由此，对于某人来说，如果某些利益只有借助他人法律权利的实施才能保证其实现，则其并不拥有关于这些利益的法律权利。国家(state)能够惩处侵入我住宅的盗贼，此一事实并没有

---

① 有关此类文献的一个常用索引可见温特沙伊德：《潘德克顿》(1 Windscheid, *Pandekten*, § 37.)。

② 参见前文第12页。

赋予我住宅不被侵入的权利。这倒不是说，我没有任何确保自己的住宅不被擅闯的权利。法律为了保护我而不使某事发生的方式有多种：首先，法律可以允许我借助强制力来对抗这件事；其次，法律可以允许我为想做某事的他人设置障碍，限制此人的自由；其三，通过诉诸法院来惩处此人。某些法律或许不会利用第三种模式保护我的利益，但当它采取前两种模式或是其中的一种，我仍然有法律权利。在诸如普通法的法律体系中，法律将私人侵害(private injury)与犯罪混为一谈，并因此否定房屋所有人能够直接对盗贼提起诉讼，但只要他依然能够反抗乃至杀死盗贼，能够拉上门闩或扎起篱笆防止入侵，他就仍然享有住宅不被侵入的法律
20 权利。假设我听到了盗贼正在撬我的门闩，国家却不允许我采取威胁或暴力的方式迫使其停止，还禁止我反锁房门或拉上门闩，其他任何阻止他入侵的方式也都在禁止之列，而仅有的防止盗贼侵入的事实只在于国家能够在它愿意的情况下绞杀盗贼或将其囚禁，那么，无论此时国家享有何种权利，我将不享有住宅不被侵入的权利。

此外，野兽的利益也可能为法律所保护。当然十分常见的是，某些针对动物的行为被命令或禁止不是因为动物的缘故，而是因为人的缘故；但另有一些针对动物的行为（例如虐待动物）之所以被禁止却至少可以被理解为是因为动物本身。不过动物并不享有法律权利，因为它无法仰仗自己的意愿来促发此种保护。[①]

---

① 参见后文第43页。

（抗辩权）

社会对人们利益的保护或是直接或是间接。有时，社会直接保护利益，例如，某人因建水坝而使得其上游的土地所有人有遭受洪灾的危险，法院迫使其开坝放水。有时候的保护是间接的，例如赋予受害人要求加害人给予赔偿的权利。请求法院提供帮助的权利并不总是在法院进行诉讼的权利，也可以是受保护不被他人起诉的权利。例如，按照有关时效的制定法，如果债务在六年的期限内未获清偿，那么债权人就无法要求债务人偿还债务了；由此，债务人便拥有一项权利，能够依照制定法进行抗辩，得以请求法院拒绝债权人强制执行债务的要求。同样，房屋所有人有权使用暴力将入侵者驱逐出他的“堡垒”；即是说，如果入侵者以蓄意伤害为名 21
提起诉讼，房屋所有权人能够请求法院拒绝为原告提供帮助。换句话说，一个人的法律权利不仅包括那种能够有效地向组织化的社会寻求帮助以对抗他人的权力，还包括那种能够有效地请求社会不去帮助他人的权力。

我们可以说，社会在上述情况下限制了原告的权利，或者说赋予被告抗辩权，两种说法的结果是一样的。抗辩权这种说法或许不甚准确，因为很难找到那个与之关联的不得诉讼的法律义务。但这个词语是个习惯用法，它早已融入法律常用的遣词造句中了。在某些情形下，法院会拒绝支持某些法律权利（这些权利原本存在），法院在此类情形中所依据的规则依然是法律；或者说，法院在此类情形下会承认被告的抗辩权。

关于社会对人们利益保护这件事的实质，我们还要再啰嗦几句。首先，社会允许人们保护自己，即自我保护。其次，社会允许个人诉诸于法院，通过禁令禁止被告做出某种行为以实现保护。第三，社会允许个人因损害赔偿而诉至法院。在所有三种情形中，当事人本人真切的抉择(volition)是必要的。他必须举起自己的拳头，必须在法院为了某个禁令或损害赔偿而提起诉讼。国家不会为了其本人而帮他捏紧拳头，也不会为了他本人而在法院主动
22 提起诉讼。在此三种模式之下，权利是当事人自己的权利。

(行政官员的介入)

国家保护当事人利益的第四种方式是，通过法院之外的行政官员而使得当事人免受伤害。我保全自家窗户的利益不仅在于我可以诉至法院寻找保护或是要求损害赔偿的权力，还在于警察的执勤。你或许会说，在后一种情形中我本人真切的抉择并不存在，此时我并没有意识到我的窗户处于危险之中。然而，假使我告诉警察说允许一群孩子随意损坏我的窗户，国家将不会干涉，这恰好说明保全窗户的确依赖我的意志。其实在此种情况下，国家帮助我假设了一个意愿(这个意愿完全依赖因人类本质而产生的基本价值)，即我的窗户不应该被损坏。那么，在第四种情形中，真切的抉择到底存在吗？所有人无疑都真真切切地希望自己的财产受到保护，而国家也通过其行政官员来保护其财产；如此一来，即便在此情况下，仍然可以说存在真切的决策，当事人也因此享有法律权利。应当注意到，同时也经常出现的情况是，比起国家允许个人依靠其本人来行使的法律权力，国家允许个人托付给国家的、以保护其利益的权力要更大。

国家保护个人利益的第五种方式是，宣布它将对那些损害个人利益的行为进行刑事处罚并实施相应的处罚。对惩罚的惧怕无

疑将保护个人的利益。但在此种保护中,个人的抉择并无一席之 23
地,因此就不能说处于此种保护下的个人享有法律权利。[1]

(自由意志与法律权利)

对于行使权利来说,依靠自身而实施自由意志是必须的。如此一来,某人在行使其法律权利时并无法律意义上的强制。虽然人们有时会在法律义务之下行使法律权利,但此种义务不过是在行使针对甲的权利时而对乙必须履行的义务,例如补偿合同(contracts of indemnity)[2]的案件就是如此。针对某人行使的法律权利绝不可能归咎于此人的法律义务。法律权利的本质在于,为了保护自己的利益,以其自由意志寻求到或抵御他人寻求到社会帮助。

上述表述让我还得谈谈这样一种被某些学者所坚持的看法:组织化的社会创制权利的目的在于保护自由意志。这种看法是否像人们时常认为的那样起源于黑格尔[3](Hegel),是一个我无力解决的问题。我也不会声称自己就是黑格尔所说的那个理解自己哲学的人。然而,无论此看法起源于谁,我认为它都是错误的。将创制权利的目的定义为抑制自由意志同样也说得通。我希望有一块漂亮的手表,但社会却因为这块表属于他人而抑制我自由意志的

---

① 在某些国家(虽然在美国这并不常见),刑事诉讼程序的启动要依赖受害人的意志。受害人因此便获得了使得加害人被刑事处罚的权利。此种权利行使的方式不过仅仅是一种僵化的形式而已。英格兰古代的死刑诉讼便是如此。参见布莱克斯通(Blackstone):《英国法释义》(4 *Bl. Com.* 312-316.)。

② 假如乙是丙货物的保险人,而甲不慎损坏了这些货物。此时丙便有义务向甲提起有关货物价值的诉讼,以此减轻乙保险赔付的负担。

③ 《法哲学》第 4 章、第 29 章等各处(*Philosophic des Rechts*, §§ 4,29,et passim.)。

24 实施。我并不想付给你一百元，但社会却强迫我这么做，因为这是合同的要求。我想悄悄结果你的性命，但社会却不允许我向你投毒。实际上，这些说法都是错误的。

创制权利的目的既不在于保护自由意志，也不在于抑制它，而在于建立和维持那种对社会及其成员都有利的人际关系。这一目标的实现有时需要意志的实施，有时却需要对其进行抑制。假如人们改口说组织化的社会创制权利的目标在于人类完善的理想，那么对此我倒是想不出什么反对意见。

（自由意志与法律义务）

意志的实施必然会对法律权利产生影响。其与法律义务又有何相干？法律义务是组织化的社会所强制的作为或不作为。通常也可以说，法律义务就是社会所命令的行为或不作为。法理学者使用“命令”这个词又是什么意思呢？奥斯丁很好地解释了该词的含义：“如果你表达或宣布一个要求，意思是我应该做什么或不得做什么，而且，当我没有服从你的要求的时候，你会用对我不利的后果来处罚我，那么你所表达或宣布的要求就是一个命令。一个命令区别于其他种类的要求的特征，不在于表达要求的方式，而在于命令一方在自己要求没有被服从的情形下，可以对另一方施加
25 不利的后果或者痛苦，并且具有施加的权力。”[1]此种有条件的不利被奥斯丁称为命令的制裁。[2]

---

① *Jur*.（4th ed.）91.

② 社会由人构成，这些人应该从事某种活动，而将这种要求的缘由归结为该社会的欲望，或许利用了某个不必要的虚构。某个人的法律义务可以被简单地定义为一些作为或不作为，如果他违反，社会将对其施加痛苦。

法律义务的创制并不以服从义务的人有意志这么做为必要条件。他即便不愿意这么做，法律义务依然存在。但是，义务人必须要有具备遵守义务的潜在可能性(potentiality)吗？实施意志的潜在可能性不是创制法律义务的必要条件。法院判决托马斯·杜森贝利支付给我一百元，杜森贝利总共或许连五块钱都没有，可他仍然有法律义务支付一百元。此外，他必须了解命令的存在吗？也不必然。假设某个州的制定法禁止人们销售香烟，即便某人并不了解该法律，甚至他是立陶宛人，连法律所使用的语言都不懂，一旦他售卖香烟，他也依然会违反法律义务。

因此，某人受到法律义务的约束而必须进行某种行动，即便他不可能如此行动，或者他甚至不知道自己已经被要求如此行动。个人意志的实施，无论是现实的，还是有潜在可能的，都不会影响其必须遵守的法律义务的创制。这也印证了一个我已经提到过的观点[①]：用“法律义务”表示由其关联的法律权利所强加的负担，纯属词不达意。

只有当权利人实施自己的意志，权利才会发生效果。但白痴 26
并没有意志；类似社团(corporation)这样的拟制主体也没意志。那么白痴和社团就没有法律权利吗？我将在下一章中表明法律处理这些问题的方式，其目标在于讨论法律主体这一被多种不同的法律体系都承认的东西。

① 前文第15页。

27

第二章　论法律主体

（术语“主体”）

在有关法律的著作中，一如在其他种类的著作中乃至日常言谈中的那样，主体（person）[*]这个词的意思是自然人（human being），但“主体”技术化的法律含义则是法律权利与义务的承担者。

在我看来，享有权利却无义务者，或是承担义务却无权利者，仍为主体。前者最为常见的例子是英格兰国王。英格兰国王不承担义务，奴隶不享有权利，这一说法正确与否尚待澄清；我并不打算停顿下来讨论这个问题。不过，倘若果真存在享有权利却无义务者，或是承担义务却无权利者，我以为他仍是法律视野中的主体。

正如我在第一章末尾表明的那样，对于义务的承担者来说，法律义务并不暗含任何意志的实施；因此法律义务的存在并不要求受约束的主体具有某种意志；而法律权利的行使则以意志为必要条件。由此，就法律权利的行使而论，主体必须具有意志。

---

* “legal person”直译为“法律上的人”，亦即权利义务的承担者；为行文简洁，将之意译为“法律主体”，将“person”译为“主体”。——译者

各种法律体系对人的承认分为不同种类：1. 正常自然人
(human being)；2. 变态自然人，例如白痴；3. 超自然存在；4. 动物； 28
5. 无生命体，例如船舶；6. 法人*(juristic persons)，例如社团(corporation)。上述各类主体中有些并无真正的意志，例如白痴、船舶和社团。我们该如何处理他们？在整个法理学领域中，这是一个最为困难的问题。让我们来依次考虑这些类别的主体。

(正常自然人)

1. 在正常自然人的情形中，我们不会困扰于任何关于意志真实存在的问题。正常的男人和女人都有意志。一些德国学者将意志视为人性(personality)的本质。由此，黑格尔将人性定义为法律意志的主观可能性。① 齐特尔曼(Zitelman)说："人性是……意志的法律资格。对于人性来说，肉身(*Leiblichkeit*)是完全与之无关的属性。"②同样，穆勒(Meurer)说："法人这个法律概念除了意志之外空无一物，而对于法律来说，所谓肉体人(physical person)无非是带着肉体这个累赘(*superfluum*)的法人。"③

然而另一方面，卡罗瓦(Karlowa)(我前文的引证曾受惠于他)则说④："肉身并不仅仅是人性驻留的居所，它与灵魂一道组成了人性，而对于生活来说，灵魂则与肉身不可分离地结合在一起。

* 汉语中的"法人"一词一般是"corporation"的对译，但由于本章同时出现了"juristic persons"和"corporation"，为区别起见，本章将前者译为法人，而将后者译为社团。——译者

① 参见：*Philosophic des Rechts*，§§ 34-39。

② *Begriff der juristischen Personen*，p. 68.

③ *Begriff der heiligen Sachen*，§ 10，p. 74.

④ *Grünhut*，*Zeitschr*. 381，383.

因此，之为生物人(man)和主体(person)，不但需要具备意志的可能性，还需具备十足的肉身和精神方面的需求与利益，这些都是人类利益之核心所在。”

29 英美法学家正是悄然(如果说不是明示的话)采纳了后一个主体定义。这个定义亦为我所接受。在我看来，法理学不必纠缠于“深不可测的人性”。它只需将自然人设定为肉体与精神相结合的真实独立存在，而毋需杞人忧天于自然人是否是超越这一现象的存在，抑或不过是意识状态的延续。法理学将自然人视为实在(reality)，并与其打交道，恰如几何学与点、线、面打交道。

在离开正常自然人这一类别之前，还应该注意的是，此类自然人可以通过诸如仆人、法院执行官(bailiff)、律师之类的代理人行使法律权利，也可以委托其代理人自行决定是否行使本人的权利。这里并不存在什么疑难，权利享有者本人意志的真实实施才是最终的源泉。

(变态自然人)

2. 某些自然人并无意志，例如，新生儿与白痴。当然说他们完全没有意志或许也不准确，但其意志的潜能是如此有限，以至可将之忽略不计。然而，新生儿与白痴虽无意志，却享有法律权利。

进而言之，虽然某些自然人并非完全不具备自然意志(natural will)，但出于这样或那样的原因，法律却拒绝承认他们具备法律意志(legal will)；换言之，法律认定他们的自然意志不足以行使某些类别的权利——一般来说，并不是他们全部的权利，而是某些类别的权利。此种否认在多种不同的法律体系中都屡见不鲜。让我们在普通法中找一个简单的例证。假设某甲十九岁，有

房屋一栋；某乙打碎了其窗户。某甲有权获得赔偿，然而假使某甲 30
意愿将某乙起诉至法院，无论亲力亲为还是借助代理人或律师，法院都不会认可某甲的意志，同时将拒绝在诉讼中迫使某乙予以赔偿，这是因为，某甲的权利并没有被法律所认定为有效的意志所发动(put in motion)。[*]

那么该如何处理呢？对于未成年人某甲来说，某个邻居友人或监护人可以以其名义，代理实施其意志，在法院提起诉讼。监护人的意志被归属于(attribute)该未成年人。但该未成年而非监护人，才是权利的承担者——法律主体。我们时常将此种归属称为拟制(fiction)。

（法律中的拟制）

对于法律中拟制的本质与使用来说，我还得说一些题外话，而且恐怕比较长。如今，针对法律中拟制的使用弥漫着一种强烈的反对意见。此种反对意见是否成立，取决于它将拟制视为两种类别中的哪一种：据我所知，耶林[1]首次明确地提出了此种分类——这是他为法律科学(science of jurisprudence)所做的众多贡献之一。

第一类拟制被耶林称为“历史拟制”。历史拟制是在不改变旧法形式的情况下，为其增添新法的方式。此种拟制多见于程序领域，即是将某人或某事拟定为并非真实情况中的东西(或是事实上
并未发生的事件)，目的在于得以使某人提起诉讼或被诉——若依 31

---

[*] 在普通法中，21 岁以上的自然人才能获得完全行为能力。——译者

[1] 3 *Geist d. röm. R.* (4th ed.) 58, pp. 301-308.

旧有诉讼程序，此人本不属于得以起诉或被诉对象之列。

以狭隘的十二表法为基础，古罗马裁判官们（*prætor*）正是借助用此类拟制建立起了罗马法的高堂广厦。[1] 就此，如果裁判官认为将某人的财产在其去世后通过另一些人延续下去是正当的，则即便这些人是其母系亲属，并非其继承人，裁判官也会利用拟制将他们视为继承人，并允许他们使用只有继承人才可以使用的程序提起诉讼。“他们的确并非继承人，却因裁判官的恩惠而作为继承人。因此，无论他们起诉还是被诉，必定存在拟制诉讼，他们在其中是虚拟的继承人。”[2]

同样，将依市民法规定的，只能向罗马市民提起的诉讼扩展至外国人，也会被认为是正当的。“如果有异邦人根据我们法律有关问题规定的诉权起诉或被诉，那么该异邦人可以被虚拟给予罗马市民籍，只要将这种诉讼扩展适用至异邦人是正确的。”[3]

（普通法中的拟制）

拟制在英格兰司法中也发挥了十分重要的作用。比起古罗马，在英格兰，拟制的使用更为冒失，或者也可以说更为粗鄙，这体
32 现了两个民族迥然有别的性格。

举例来说，罗马人如此这般地将异邦人拟制为罗马市民。其中并没有直截了当地宣布异邦人是市民，而是由裁判官向审判案

---

① 裁判官是罗马法早期的掌管司法裁判的最高长官。十二表法是汇集古罗马习惯法的法典，于公元前 450 年镌刻发布于多块铜表之上。

② Ulp. *Fragm*. 28. 12.（原文为拉丁文，根据英文注释译出。——译者）

③ Gal. 4. 37.（原文为拉丁文，中文译文出自[古罗马]盖尤斯：《盖尤斯法学阶梯》，黄风译，中国政法大学出版社 2008 年版，第 221 页。——译者）

件的法官发出如下格式的指令："如果奥鲁斯是罗马公民，就应该如此这般判决，那么请如此这般判决。"而英格兰的拟制方法是，原告主张某个情况虽说是虚假的，法院却不会允许被告予以反驳。

英格兰法院允许进行拟制的一个目的在于扩大其管辖权。古谚有云，管辖权的扩大是好法官的职责之一。当法官与其部属大多要靠诉讼费滋养时，他们扩大管辖权的意愿便不会减弱。法院为此目的而进行拟制，布莱克斯通（Blackstone）的读者对这一情况一定会感到十分熟悉。

在英格兰的三个高级法院即王座法院（King's Bench）、民事高等法院（Common Pleas）和财政法院（Exchequer）中，只有民事高等法院对发生在有一方当事人没有涉及暴力或欺诈的案件享有原始的管辖权；然而作为例外，如果某人被王座法院的法警或看守所囚禁，则他便可以在该法院被起诉。现有一原告因寻常的债务纠纷希望在王座法院提起诉讼，他主张被告已经被法警囚禁，因此该院享有管辖权。这个主张其实是虚假的，但法院不会允许被告反驳这一主张。

按照类似拟制的手段，财政法院也可以扩大自己的管辖权。33
该法院确切地说只是一个关于财政税收的法院，只有国王的债务人才被允许在该院提起诉讼，其理由可以是被告没有履行其到期债务，导致原告无力偿还他欠国王的债务。现有一原告希望在财政法院提起诉讼，以得到他有权获得的金钱给付或损害赔偿，他还持有所谓奎迈勒思（*quo minus*）令状；借此，在向被告提出诉讼请求之后，原告主张因为被告没有履行其到期债务，导致其无力偿还欠国王的债务。原告所谓自己无力偿还他欠国王的债务这一主张依然是虚假的，但法院不允许该主张遭到反驳。[①]

不过，此类拟制方式却不适用于有关恢复完全保有土地利益(freehold interest)(即土地的可继承利益和终身利益)的诉讼。民事高等法院仍然对此类诉讼享有专门的管辖权。但如果诉讼涉及的并不是恢复完全保有土地利益——比如若干年期限的土地利益，则有可能诉至王座法院。例如，托马斯·普罗登希望诉至王座法院，以从亨利·摩尔那里恢复其完全保有土地利益，后者还陷入了由约翰·杜伊在该法院提起的另一起诉讼，在该案中，普罗登声称自己曾将土地租借给杜伊若干年，杜伊登记了该租借来的地产，而威廉·斯泰尔斯这个偶然的入侵者却靠着刀剑与棍棒驱逐杜伊，并对地产进行了登记。同时，普罗登发给摩尔一封信，并称这
34 封信是由其“亲爱的朋友”斯泰尔斯这个入侵者写给摩尔的，声称除非摩尔以被告的身份出现，否则斯泰尔斯将获得一个不利于摩尔的判决。在本案中，杜伊与其租约，斯泰尔斯与其刀剑棍棒都是虚构之物，但除非摩尔承认租约、侵扰与驱逐，否则王座法院不会让摩尔以被告的身份进入诉讼。[②] 拟制程序在英格兰兴起，并在北美殖民地除了马萨诸塞和新罕布什尔的所有地方大行其道。虚拟的杜伊在纽约将名字改为杰克逊，又在新泽西改为邓恩。我也不知道这个老旧的拟制在如今的美国是否已经完全销声匿迹。[③]

英格兰法中并不缺少除此之外的其他拟制，它们的形式都是

① 3 Blackstone, *Com*. 43, 45.

② 3 Bl. *Com*. 203.

③ 普通法的驱逐之诉在亚拉巴马依旧存在。参见《民法典》第 3838 条[Civil Code(1907), sec. 3838]；佩罗里奥诉杜(*Perolio v. Doe*, 197 Ala. 560.)。

那些由一方当事人所作的另一方当事人不得否定的主张，以此使得新法律的美酒能够装进老旧的程序这个瓶。就此，在因货物被扣押而提出的动产侵占损害赔偿之诉中，原告声称自己碰巧遗失了货物，而被告因拾得而持有这些货物。此类拟制中最为荒诞不经的一个案例是，为了让某个发生在地中海的过错行动而导致的损害在英格兰获得赔偿，当事人竟主张米诺卡岛[*]位于伦敦奇普区的圣玛丽勒伯教区；[1]不过或许拟制的桂冠还应该戴在美国联邦最高法院头上，该院将某公司的全体股东拟制为组建了一个州的公民。这一拟制的不凡之处在于其起源时间相当晚近，而其结果却又极为悖谬。我将在另一个关联部分再次讨论这个问题。[2] 35

（拟制的滥用）

正如梅因(Maine)在其《古代法》[3]中指出的那样，此种历史拟制是处于某个特定人类发展阶段的法律的必然形态。“它们能满足并不十分缺乏的改进的愿望，而同时又可以不触犯当时始终存在的、对于变更的迷信般的嫌恶。”然而，由于法律体系已经变得更加完善，依靠着许多更为科学的方式有了进步，此类拟制便终结了，更加完善的定义与规则的发布使得我们摒弃了那些曾经被创制出来的拟制。此类拟制不过是我们建筑高楼时所用的脚手架，有用，而且几乎是必需的——可是，一旦高楼已经建成，它便要被拆除了。针对此类拟制继续存在的一个主要反对意见——依然引

---

* 米诺卡岛(Minorca)是地中海中一个属于西班牙的小岛。——译者

① *Mostyn v. Fdbrigas*, Cowper, 161.

② 后文第 184 页。

③ Pollock's ed. p. 31.（译文参考了〔英〕梅因：《古代法》，沈景一译，商务印书馆 1995 年版，第 17 页。下同。——译者）

用梅因的话[1]——在于它们“是均称分类的最大障碍……困难就立刻发生了，我们将很难断定，实际上可以适用的规定究竟应该归类于其真正的还是归类于其表面的地位”。

就此，以我已谈到的财政法院管辖权的实践为例，我们是不是应该说：财政法院的管辖权仅限于财政税收，但如果国王的债务人清偿其债务的能力依赖他从其他人那里获得的他本应得到的金钱，那么国王的债务人就可以在财政法院起诉以保全其债权，而如
36 果有人主张自己是国王的债务人，财政法院就应该坚称该主张是一个不可反驳的事实？抑或我们应该说：其实所有人都可以因其本应获得的金钱去财政法院提起诉讼，只要他们主张自己是国王的债务人——该主张真实与否其实无关痛痒？

（独断拟制）

根据耶林的分类，第二种类型的拟制称为独断拟制（dogmactic fiction），此种拟制并没有妨碍均衡分类，毋宁有利于它。独断拟制并非像历史拟制那般在旧法的掩饰下大兴新法，而是在最为常见的形式中安插已经建立并获得认可的原理（doctrine）。

有这么一种无可指摘的法律原理：对于土地买受人或抵押权人来说，出卖人或抵押人在出卖或抵押之后与了解情况的第三人针对该土地所做的任何处分，都不得剥夺买受人或抵押权人在该土地上的利益。由此，假如甲将土地抵押给乙，后来又与丙签订了针对该土地的转让合同，而丙事先已经了解该土地已经抵押给了乙，则丙不得以任何理由对抗乙。进而言之，此种说法应该也是可

---

① Pollock's ed. p. 32.

取的:买受人和抵押权人能够通过登记其权益而保护自己。就此,以刚才的例子来说,如果甲将土地抵押给乙,而乙又登记了该抵押,则无论丙事先是否了解该抵押的存在,甲与丙之间的合同对乙都没有任何影响。如此一来,丙在这两个案例中都被排斥了,而其理由在于一些独特的技术化依据。在第一个案例中,丙之所以被排斥是因为他事先知道土地已经抵押给了乙;在第二个案例中,依据在于乙登记了自己的抵押权;而且,由于两个案例的结果相同,也就不难将它们合并处理,由此,我们将其统一称为公示(notice),即是说注册登记是一种构想出来面向全世界的公示——拟制的 37
公示。

即便在最为精致和发达的法律体系中,独断拟制也不乏容身之地。此种拟制因其技巧和明智实施获得了赞誉而非诋毁。然而,独断拟制虽说便利,却也是一种危险的工具。它不应该像历史拟制那样被用来改变法律,其唯一目的只在于归纳(classify)已有的规则;人们应该时刻意识到,拟制终归是拟制,它所支持的真实原理不应被忘记。

(对变态自然人的意志归属)

我们现在回到正题,即一个只能借助独断拟制才可应对的特殊情形——某些自然人要么在生理上完全不具备意志,要么是那种法律因这样或那样的原因否认其意志能够发动其某些方面权利的人。按照我们对法律权利的定义,某人的法律权利是社会可以依据其意愿而强制实施的东西,[①]但更为精确地说,之于法律权

① 前文第 18 页。

利，只有当社会认可（authorized）了某个人发动权利的意愿，社会才可能依据其意愿强制实施该权利。在正常自然人的情况下，那个被社会认可来发动权利的人就是权利人本人；而在变态自然人的情况下，这个被社会认可的人不是权利人，而另有他人。至于何人能够充当此种人，则取决于特定法律体系中的相关规则。当我
38 们断定，他人代理权利人实施的意志即是权利人的意志，我们便是在拟制，——将一个人的意志归属于另一人。按照此种归属的方式，不难将正常自然人和变态自然人的权利相提并论，因为两种权利所保护的利益是一致的，两种权利行使之后的结果也是相同的。

当代理变态自然人的行为发生在法庭上时，归属于本人的意志来自某个确定的主体。而当国家行政官员保护本人或其财产时又作何论呢？倘若无意志能力并非生理意义，而系法律强加，例如特定年龄以下青年的案件，则此种强加的无能力不得扩展至相关案件之外。因此一位青年当然可以请求警察保护自己或自己的财产。而当意志能力确实不具备时——例如新生儿或白痴的情况——法律所归属给这类变态自然人的意志并非来自于某个确定的个人，而是来自于大众，或是大多数正常自然人。我们将看到，在有关法人的案件中，此种拟制的运用会更加复杂。

（未出生的胎儿）

无论正常还是变态自然人，作为法律主体，他们都是具备人类外观的活体生命。他们必须是活体，因为尸体没有法律权利。然而已经存活但尚未出生的胎儿享有法律权利吗？胎儿的法律权利并不难获得。之于所谓真正的意志，出生前五分钟的胎儿与出生了五分钟的婴儿所具备的意志没有什么差别——两者其实都没有

什么意志。将各种监护人*(guardian，tutor，curator)的意志归属于两者同样都不难。当然，是否允许此种归属，是否应该拒绝胎儿 39
行使法律权利，则完全是各个法律体系自己决定的事情。在罗马法和普通法中，尚未出生的胎儿不得行使任何法律权利。①

然而在我国，终止未出生胎儿的生命通常是国家制定法所规定的犯罪行为；而在我们的法律中，出于多种目的，胎儿一旦出生，其生命要从受孕时起算。②

（超自然存在）

3. 到目前为止，我们已经讨论了人类作为法律主体。现在，我们转向另一种存在，此种存在虽然不是人类，却具备理智，这就是超自然存在。赋予超自然存在法律权利，此事毫无困难，因此他或她便是法律主体。超自然存在——主神、天使、恶魔、圣徒——如果他们也要处理凡间事务并出现在凡间的法庭之上，则必须由神职人员或其他人代理，不过主神与其神职人员间的关系更类似 40
于正常自然人与其代理人或律师间的关系，而不同于未成年人与

---

* 作者使用了“guardian”“tutor”“curator”三个词，在本书语境中，将分别翻译为三个汉语词汇的意义不大，在此统译为“监护人”。——译者

① 参见：1 Windscheid，*Pand*. § 52。

② 关于该主题，普通法的发展史有些古怪。起初，无论处出于何种目的，婴儿在出生之前并不被认为是生命。十七世纪末，英国上议院误解了已有的法律，允许已经孕育但尚未出生的胎儿在终身地产(life estate)终结时获得该财产，将胎儿视为在此一时间点已经出生；此种做法还引起了法官们的极大反感。这一原理后来被扩展至有利于胎儿的所有案件，其中胎儿都被视为已经出生。是否可以说，将该原理扩展至能够提升利益的所有场合，并非只是胎儿，而是胎儿之外的其他人？不过可以断定的是，该原理常常扩展至规则与永业权(Perpetuity)相冲突的案件，而是否可以扩展至其他案件则“悬而未决”(sub judice)。主要的权威材料见格雷：《财产法案例(第二版)》[5 Gray，*Cases on Property*(2d ed.)47-54，718-720(1908)]。

其监护人间的关系，正如我们已经了解到的那样，在后一种关系中，后者的意志被归属于前者。此类情况中并不存在拟制。在认可主神之权利的社会，主神存在是天启宗教*（revealed religion）中的事实，主神将代表自己的权威(authority)赐予神职人员，这也是天启宗教中的事实。在处理人类事物时，社会总是在处理在它看来真实的东西；对于不被社会了解或相信为真实的东西，社会不会假装认定其为真实。

在很多法律体系中，超自然存在被认可为法律主体。在古罗马，此种认可在一定限度内也是成立的。[1] 罗马庙宇的所有权或许属于主神。罗马人与马尔萨斯**（Malthus）先生的观点不大相同。生育愈多，对国家的贡献便愈大。由此，生了至少三个孩子的妇女将被赋予行使意志的特权，即三孩权（*jus trium liberorum*）。与此同时，同样的特权也作为奖励赋予给那些没有生三个孩子甚至没有孩子的人，依然通用三孩权这一名称；让女神狄安娜***(Diana)感到非常诧异的是，世界上的所有人，甚至这个世界之外

---

* 天启宗教（revealed religion），指三个世界性的一神宗教：犹太教、基督教和伊斯兰教。——译者

① 3 Gierke，*Deutsche Genossenschaftsrecht*，82-65.

** 马尔萨斯，英国著名经济学家，著有《人口论》，主张控制人口增长。——译者

*** 狄安娜（Diana），即希腊诸神中的阿耳忒弥斯（Artemis），她是女猎神和月神，宙斯之女，与阿波罗是孪生兄妹，据说，她有很多求婚者，但却不愿结婚，因此成为贞洁处女的代名词。阿耳忒弥斯在罗马神谱中被称为狄安娜（Diana），以至于"狄安娜"或"戴安娜"在英语中亦有处女的意思。作者在这里使用"狄安娜"一词，系双关语，既指代女神阿耳忒弥斯，又指未婚处女。在本段末尾的注释中，同时出现了狄安娜和阿耳忒弥斯，依然是同样的意思；其中的"Ephesian"或"Ephesiaca"是阿耳忒弥斯神庙所在的地名，在今土耳其，一般译为以弗所或艾菲索斯。——译者

的人，都被赋予了三孩权。[①]

在君士坦丁时期，基督教取代了那些古老宗教，获得了罗马国教的地位。此时，上帝基督及其圣徒被认为将会成为法律主体，但当时似乎又并未实现。早期基督教刻意地模仿了罗马帝国中的宗 41
教机构，在基督教组织内部，求助于罗马市民管理中的类比法(analogy)和先例亦是家常便饭。教堂和慈善机构属于社团(corporation)，或类似现代德国的基金会(*stiftungen*)；[②]查士丁尼[③]曾颁布法令称，如果有人将基督指定为其继承人，则作为被继承人永久居住地的教堂便是继承人，如果指定大天使或殉教者为继承人，则他所在的礼拜堂即被认为是继承人。我将在法人的相关部分再次讨论查士丁尼的这条法案。[④]

虽然在如今的市民法里，法律中并不存在超自然主体这一观点毋庸置疑，但相反的观点也并非没有拥护者。乌尔里希(Uhrig)故而说："因为教会(*kirchengemeinde*)是基督的新娘，所以她定是与上帝住在其居所内，教会(*kirchenvermögen*)的财产即是属于她的嫁妆，而我主则于婚姻存续期(*durante matrimonio*)内享有嫁妆的财产权。"[⑤]

然而在中世纪的德国，上帝与其圣徒似乎常常被认为是法律

---

① 参见卡修斯：《罗马史》；乌尔比安：《残篇》；普奈斯：《拉别奥》(Dion Cassius, 55,2;Ulp. *Fragra*. 22,6;1 Pernice,*Labeo*,260-263.)。值得注意的是，乌尔比安允许女神狄安娜(Diana ephesiaca)获得设立遗嘱的特权，而阿耳忒弥斯(Ephesian Artemis)似乎不一定没有子嗣。

② 后文第 58 页。

③ 1 *Cod*. 1,2,25(26).

④ 后文第 293—297 页。

⑤ 参见：1 Meurer,*Der Begriff der heiligen Sachen*,57,p. 282,note 1。

上真实的主体。[1] 有时，此种表达听起来极为古怪——一个捐赠者可以宣布："我们敬爱的圣母玛利亚，耶稣基督之母，与圣徒乔治
42 骑士是本区之主"，或者"对于我主之母，神圣的玛利亚，我准予她永久占有"。赐予圣徒韦东"作为永久遗产"，或者"赐予全能的上帝及其上述师徒可世袭的权利"。[*] 有时，超自然主体还会被施加一项法律义务。"圣灵有义务为作为其农场的两块土地支付 40 先令。""特拉沃明德的圣灵须每年交纳五马克作为磨坊、牧场和田地的租金。"[**]

在普通法中，主神与其他任何超自然存在都从未被认可为法律主体。[2] 亵渎神灵纵然被认定为犯罪，但在所有犯罪案件中，只有国家是享有法律权利并能够独立发动权利的法律主体。当然从起源上来讲，国家赋予自己起诉亵渎神灵行为权利的动机很有可能在于，它认为如此的诉讼能够取悦全能的上帝，避免其震怒。如此一来，这种诉讼便常常由此种理由支持：亵渎神灵的言行冒犯了社区中的很多人。

（享有法律权利的动物）

43 4. 我们至此已经讨论了人类和超自然存在，而动物也可能成

---

① 吉尔克：《德意志社团法》第 527 页及以下（2 Gierke, *Deutsche Genossenschaftsrecht*, 527 et seq.）。下面的多个例子都来源于此。

* 原文为拉丁文，根据英文注释译出。——译者

** 原文为拉丁文，根据英文注释译出。——译者

② 不过，宾夕法尼亚萨利文县（Sullivan county, Pennsylvania）记录过这样一条土地登记的证书，该证书所涉及土地位于塞勒斯地镇（Celestia），皮特·阿姆斯特朗（Peter Armstrong）与他妻子将该土地赐予"全能而不朽的主与他的继承人耶稣弥赛亚"。阿姆斯特朗是一个宗教团体的成员，此团体在该地兴盛多年。

为法律主体。首先,因享有法律权利而作为法律主体。[①] 在现代文明社会的法律体系中,动物没有法律权利。当然,所有地方无疑都存在保护动物的制定法,但这些法律通常来说都是因保护动物的人类主人的利益而制定,而非为了动物本身。有时候,有些制定法的确也是因为动物本身的缘故而制定的。有人会说,防止虐待动物的法律依然是源于人类的缘故,因为这是为了防止由虐待动物而导致的人类道德的沦丧,但此种说法似乎有些矫揉造作;制定此类法律的真实原因就是在于保护这些蠢哑的生物免受痛苦的折磨。不过即便颁布这些法律的目的在于动物本身,动物也没有权利。当法律主体诉诸国家要求强制实施制定法时,法律就是在实施主体的意志,这种意志或为其本人意志,或为国家意志,或为其他某些人类组织体的意志。现代文明社会的法律并不认可动物能够作为法律权利的承担者。

然而可以发现,那种赋予动物法律权利的法律体系可能也存在过,甚至目前也一定存在——例如古埃及的猫和暹罗*的白象。在这类稀少的案例中,一定要将人类的意志归属于动物。此种情形中依然使用了拟制,此种拟制与将一个自然人的意志按照法律的意愿归属于另一自然人时所使用的拟制其实没有本质上的区别。

(动物作为义务的承担者)

其次,动物因承担义务而作为法律主体。在现代法律体系中, 44

① 前文第 20 页。

* 泰国的前身。——译者

动物并非法律义务的承担者。正如我们已经了解到的那样，遵守或理解命令的能力并非创制义务的必要条件。由此，如果说一只狗无力理解制定法中的语词，那么一个白痴或新生儿与之并无差别。不过，若意欲通过由组织化的社会发表的命令而使得任何存在成为法律主体，则该命令必须直接针对该存在发布，而国家通常并不会直接针对狗发布命令。假设有法令规定，城镇中的警察可以捕杀任何不戴项圈的狗，那么警察便享有捕杀此类狗的法律权利，但狗却没有戴项圈的义务。将项圈戴在狗身上的法律义务属于狗的主人。[①]

在现代法学中，动物没有法律义务，但在法律发展的早期阶段，动物却因为某些原因而被当作承担了某些法律义务，一旦违反这些义务便有责任(liable)被处罚。如果说此种情形中存在拟制的话，那么此种拟制并非如同将法律权利赋予动物，且将人类的意志归属于它们那样，毋宁是，将一种资格归属于动物，此种资格是用来接收那些直接针对动物的命令的。然而很有可能的是，此种拟制完全是在不经意间完成的。人们真诚地相信，动物的确知道自己没有遵守法律。此外，此种对动物的处理方式很有可能起源于原古时代野蛮的复仇观，其中没有将任何理智或意志以别致的方式归属于动物，并且当这种做法被延续下来之后，其形式通常可
45 能表现为宗教赎罪，而非因违反法律义务所受到的处罚。[②]

这种将动物视为法律义务主体的看法曾在犹太人和希腊人中

① 前文第24、25页。

② 参见：Holmes, *Com. Law*, 7-24。

大行其道。“流你们血，害你们命的，无论是兽、是人，我必讨他的罪”[1]，“牛若触死男人或是女人，总要用石头打死那牛，却不可吃它的肉”；[2]柏拉图也说：“如果一只驮兽或任何其他动物杀了任何一个人（除非它们在一场公共对抗的比赛中发生突然事故），那么亲属们必须控告谋杀者；近亲必须指定某些城市维护者（他高兴谁就谁，要多少就多少），由他们审理案件；如果动物被判有罪，他们应该把它杀了，扔出国境线。”*

对动物施加法律义务最令人侧目的例子当属中世纪时针对动物提起的司法程序。动物们被传唤，逮捕，羁押，指定辩护律师，辩护，直至有时会被成功地宣判和执行。我本应该对这些做法和信念的奇妙演进多加留意，但无论经验的（actual）还是理性的（rational）法理学对此都知之甚少，以至于我必须在此打住了。[3]

（享有权利的无生命体）

5. 现在，让我们跳出生命体的范围，无生命体也可能成为法 46
律主体。首先，因享有法律权利而作为法律主体。无生命体可能被当作法律权利的主体，而因此获准进入法院诉讼。在古罗马的

---

① *Gen*. ix. 5.

② *Ex*. xxi. 28.

* 原文为希腊文，中文译文出自［古希腊］柏拉图：《法律篇》，张智仁、何勤华译，上海人民出版社 2001 年版，第 307 页。——译者

③ 参见：阿米拉（Amira），《动物惩罚》，特别是第 6 页、第 15 页和注释 5（*Thierstrafen* p. 6 and p. 15, note 5）。A. Franklin, *La vie Prive'e d'autrefois*, Les Animaux, Tom. 2, p. 255; Osenbriiggen, *Rechtsgeschichtliche Studien*, 139-149; *Farmer Carter's Dog Porter*, 2 Hone, *Every Day Book*, 198; *Quoniam AttacMamenta*, c. 48, pl. 10-13, in *Regiam Majestatem* (Ancient Laws of Scotland), ed. Skene (1609), fol. 86.

某些非基督教神庙[①]或许便是如此,而中世纪某些早期的教堂和圣徒遗骨亦可能属于此种情况。由此,"神圣之地告知我获得了赠与,我愿埋在此,它位于圣阿尔班斯","我向圣徒们的居住地提出邀约","向那个崇敬的地方","我已经将我遗产的一部分转让给了神圣救世主和圣母玛利亚的遗骨,经手人是掌管遗骨的神父利尤哲","我转让给那个叫苏卡福萨的修道院,是那栋建筑",如此等等。* 此类例子还可以在吉尔克[②](Gierke)那里找到。如果无生命被当作法律权利的承担者,那么如同动物那样,人类的意志须归属于它,以使权利获得行使。

(承担义务的无生命体)

其次,无生命体因法律义务而作为法律主体。与动物一样,无生命体曾经被当作法律义务的主体——我要补充的是,那是在原
47 古时代,然而我们将会看到,这一观念甚至延续至今。如果其中存在拟制的话,此种拟制并不是将人类的意志归属于物体,而是假定物体本身具备理智。不难发现,这并不是一种有意识的拟制;然而,那种认定物体的确具备理智和意志的含糊观念,以及如同动物情形中常见的宗教赎罪观,如果说不是主要部分的话,也占据了针对无生命体提起的诉讼的大部分。

而在希腊,那种针对无生命体提起的诉讼似乎并不常见。[③]

---

① 但是参见:2 Puchta,*Inst*. 191,p. 7;1 Meurer,53。

* 原文为拉丁文,根据英文注释译出。——译者

② 2 *Deutsche Genossenschaftsrecht*,542-546.

③ 除了霍姆斯的《普通法》(*Com. Law*,7,8,)。参见:Demos-thenes,*Kara' Apurroicp& Tous*,18。

在普通法中，这种将罪责归于无生命体，以及赎罪与惩罚的混合观念，全都表现在赎罪奉物（deodand）上。若某人被证杀人，他所使用的武器或其他用来实施该行为的物件，即物件本身或其价值，便被称为赎罪奉物；如其字面所揭示的那样，赎罪奉物起初由教会罚没，后来改为国王。这也正是古老起诉书（indictment）中总是出现针对行凶武器之主张的原因。由此，在一份针对以刺杀的方式谋杀或误杀的起诉书中，起诉书主张囚犯当时用一把价值一先令的刺刀攻击了死者，而这把刀当时就握在他的右手。在英格兰，迟至 1842 年，一个有关火车头的案件依旧适用了这一原理。[①] 还应该补充的是，任何杀了人的物件都有责任被罚没，即便此时并不存在自然人杀人的故意；而我国早年间的某些先例亦采 48
取了此种形式。普利茅斯与马萨诸塞殖民地[*]曾记载了许多案例，其中罚没了导致他人死亡的船只和枪支。[②]

在其有关普通法的著作中，霍姆斯（Holmes）法官曾经表明，如何想象那些由赎罪奉物法规定的移动之物必定具备生命；正如其恰当指出的那样，这种观念常常令人瞩目地出现在海事法院（Admiralty）。在海事法院，对物之诉（in rem）便是针对船舶提起的，虽然这在如今只不过是一种形式而已。此种赋予船舶理智的原始观念影响了实体法，不过，适用这些法律令人印象最为深刻的案例却发生在大约四十年前。在陆地上，假设某人的车辆因为法

---

① *Queen v. Eastern Counties R. Co.*，10 M. & W. 58.

* 因其时北美尚未独立建国，故称“殖民地”而非“州”。——译者

② 例如船舶。《普利茅斯殖民地档案（第一卷）》[*Plymouth Colony Records*, vol. I, p. 157. (1638)]。

律的原因而脱离其监管，该车在由官员掌控的过程中造成意外事故，那么所有文明国家的法律与正义都将免除这个人应付的责任。司法警长因为起诉我的法律程序而拉走了我的马车，他的警员在掌控马车时撞到了一位妇人；我对此不负责任。一位官员奉命驾驶你的马车，他对马车占有的依据在于其职权，当通过一座桥时，发生了意外事故，你也不负责任。然而，假设这一种情形，一位舵手在违背船主和上级意志的情况下，因疏忽而造成了碰撞。就是针对这种情况，美国联邦最高法院在1868年主张船舶负有罪
49 责。[①] 霍姆斯曾经过于委婉地谈到了这个案例。[②]

（法人）

6. 在我们已经讨论过的各种情形中，作为法律权利义务承担者的法律主体，要么是真实的人或事物，要么被相信为真正的人或事物。在涉及拟制的地方，便是将他或她或它事实上并不具备的意志归属于或假定给这类真实的存在，而这其实不过是拟制。通过拟制将意志赋予一个人、一只狗、一艘船，它们都是真实存在的事物。我们现在则要转向讨论法人。

人类有一种能力(power)，能够构想出某种抽象存在，它无法为任何感官所感知，却可以让一群人作为其可见的机构；它虽然没有意志和激情，却可以将人类的意志和激情归属给自己；此种能力简直是人类最为绝世的本领之一。即便说此种能力并非人性的必然，人类各个民族都意识到，践行这一本领并不困难。即便说

① *The China*，7 Wall. 53.

② *Com. Law*，28.

人类在某个时期缺乏人格化（personifying）的这一才能，但这种才能早在文明史的初期依然大行其道。对于国家人格这一观念的发达程度来说，希腊人无可比拟；而社团的观念则为罗马人所认可。

有人或许并不喜欢称某个实体是“拟制的”，因为边沁（Bentham）称“拟制的”为“不合逻辑的病语”，“虚拟的”（artificial）一词亦是如此，虽然程度略低。“法律的”（juristic）一词或许是最好的选择。不过，假使我们能够容忍耶林历史拟制和独断拟制的 50
区分，将抽象的实体称为拟制的，恐怕也不会遭受批评。抽象的实体所运用的拟制与什么拾得财物者、偶然入侵者之类的历史拟制毫无瓜葛，后者试图引入新的法律或扩大救济，前者则被用来归纳和安排古老或已被认可的法律。[1]

（社团）

法人的通常形式就是社团。当然，就普通法而论，社团是唯一可能的法人。[2] 那么社团又是什么呢？首先，必须存在人们为促进自己的利益而组成的团体（body）。其次，该团体必须具备可以使其自身得以行动（act）的机构（orgen）；邻人出发搜寻歹徒并不能形成社团。除非国家保护相应的利益，否则人类组织化团体的利益便不可能获得有效的实现；而要进行此种保护，就必须创制法律权利；团体用来行动的组织形态（organization）也必须获得国家的认可。如果国家没有认可团体用来行动的组织，法律就不可能

[1] 或称“理性拟制”（rational fiction），参见《哥伦比亚法律评论》（14 *Columbia Law Rev*. 469，471）。

[2] 国家除外。

将其行为(act)认定为该组织的行为,即便它的确是该团体成员或某些成员的行为。[1]

51 正如我前文所言,一个社团的目的欲获得实现,必须创制某些权利以保护社团的利益。可这些权利给了谁呢?国家要认可谁为法律主体,使其得以依据自己的意愿行使权利?这即是问,权利究竟是谁的?

让我们先将拟制放在一边,脚踏实地地讨论问题。社团是组织化的人类团体,国家赋予其权力以保护其利益,而发动权力得以行使的意志来自那些根据社团组织确定的特定人。

此种情况如何与法律上层建筑所依赖的权利义务结构(scheme)相兼容?如此这般:法律授予的权力并非是那些可以发动权利的特定人的权利,因为这些特定个人的利益并非法律的保护对象;毋宁是,凭借独断拟制,这些人的意志被归属于社团,社团便由此享有了权利。

既然如此,法人就此而论便并无神秘之处。将另一人的意志进行归属,这与诸如将监护人的意志归属于婴儿本质上别无二致。此种归属被允许运用的案件或案件种类的范围则是实在法本身的问题,无论其程序为何,以何种名义,本质上都具有同样的特性。

---

① 事实上的社团(*corporations de facto*)。有制定法规定,组织化的人类团体须以社团的名义实施某些行为。在此种情况下,即便团体无法实施该行为,法律也会按照该行为已经得以实施的情形授予某些法律权利,施加法律义务。这意味着此种团体已经被国家出于某些目的认可为社团,但并非所有的社团都是如此。此类社团被称之为事实上的社团。对此问题,我在哈佛法学院的同事沃伦(E. H. Warren)教授有两篇很有价值的文章,刊载于《哈佛法律评论》(*Harvard Law Review*,20H. L. R. 456;21 H. L. R. 305.)。

对于所有除了自然之外的法律主体来说，[1]所使用的拟制相差无 52
几，都是将一个人的意志归属于其本人之外的人或事物——无论这些人是谁，这些事物是什么。无论是男人、女人、是白痴、是马、是蒸汽拖船，还是社团，其拟制的步骤都具有同样的难度，或者说并无难度。白痴、马、蒸汽拖船和社团并无真正的意志，其中前面三个所具备的意志并不比最后一个多。然而对于社团，我们还要补充一种拟制。此种拟制生发出一种抽象的实体，以便让人们的意志得以归属。

（社团是真实之物吗？）

认定社团是真实之物，其中并无拟制，此种观点本极为常见。将特定个人的意志归属至的那个社团究竟是真实之物，还是经由拟制而来的拟制实体？如果是拟制实体，我们便采取了双重拟制；首先凭借拟制创立一个实体，再用第二个拟制将特定个人的意志归属于这个实体。如果社团是真实之物，则我们只需要进行第二个拟制。

我并不打算着手解决社团是拟制实体还是真实之物这个问题。恐怕我难找到这个纷繁迷宫的终点。按照某个古老的说法，所有人生来要么是唯名论者（nominalist），要么是实在论（realist）者。对世界来说，真实的东西则很可能就是对我的读者来说真实的东西。我并不打算为读者们提供一套新的先天观念（innate
ideas）。也不会试图回答社团到底是真实的，还是拟制的，因为之 53
于我的目的，此类回答并不必要。事实胜于雄辩；国家因保护名为

① 还要除去超自然存在。参见前文第 39 页。

社团的人类组织化团体之利益而规定了人们的义务，并且允许与这些义务相关联的权利在特定个人意志的发动下行使，而这些个人受制于社团的组织，这些意志将归属于社团。无论社团是真实的，还是拟制的，他人针对社团的义务和发动与这些义务关联的权利的意志都不会有什么差别。无论依照何种观点，社会与法律的运转方式不改。

不难发现，即便社团是真实之物，它也是拟制主体（fictitious person），因为它并没有真正的意志；与白痴、船舶一样，它们都是拟制主体。然而，白痴与船舶并没有与社团一道被称为法人；之所以如此，乃是因为在罗马法与普通法中似乎一直流行着这样一种看法：社团是拟制实体，只能凭借拟制而存在，因此便区别于白痴和船舶的拟制，正如我已经说过的那样，它需要双重拟制，应该用一个独特的名字以示区分，即法人。

在罗马法中，关于社团的性质鲜有讨论，而普通法中的情况也差不多。此类讨论对于这两类极具实践气质的法律体系来说是陌生的。时下盛行的看法毫不犹豫地认定社团并非真实之物，不过
54 我并不认为这是一个如此板上钉钉的问题。①

（法人有真实的意志吗？）

在撇下这个主题之前，我还应该注意到一个近年来兴起于德国的理论，该理论认定非但社团是真实之物，连其意志都是真实的。吉尔克是该理论的主要阐述者，不过他说该理论并非自己原

① 可参加有关社团人格的讨论参见梅钦（Machen）在和拜迪（Baty）在《哈佛法律评论》上的论文（24 *Harvard Law Rev*. 253，347；33 *Harvard Law Rev*. 358.）。

创,而是最早来源于拜斯勒(Beseler)。他认为这一原理仅在古代日耳曼法(German law)中有效,并且认为罗马法中的社团就是拟制主体;他还认为该观点当然也一定会与那些试图赋予罗马社团人格的学者发生龃龉。[1] 在他看来,日耳曼古老的国家观念与罗马人一直在争夺支配权,而前者正在占据优势。吉尔克的观点简短地见诸《霍岑道夫辞典》(*Holtzendorff's Lexicon*)的“法人”条目。

假如社团果真是真实之物,则其是否具备真实意志的问题便取决于是否存在普遍意志(general wil)这种东西。我认为并不存在。或许存在合意的意志(agreeing wills),却不存在集体意志(collective will);意志是属于个体的。当我们谈论关于某一问题的多数人意志时,我们的意思是多数人的意志在此问题上达成了合意。集体意志是虚构的。试图通过主张社团具备真实的普遍意志而放弃归属意志的拟制,这种做法无非是用一种拟制替代另一 55
种拟制。

针对、涉及这一问题的文献汗牛充栋。但这类理论适用至实践的效果却毫无二致。其中,人们将承担作为或不作为的义务以保护社团的利益;社团由此获得与这些义务相关联的权利;行使这些权利事实上所依赖的实际意志无非就是那些根据社团组织或国家实在法确定的特定人的意志;这便是这类理论在普通法与罗马法中的实际效果。简言之,无论社团是否为拟制的实体,是否为无真实意志的真实实体,抑或是否为吉尔克理论所称的有真实意志

---

[1] Gierke, *Deutsche Genossenschaftsrecht*, 131.

的真实实体，似乎对实践或利益并没有多大影响。每个理论之下国家所施加的义务都是一样的，凭借真实意志履行义务的主体也没有什么差别。①

我关于社团的权利义务讨论已经足够多了。国家可能规定社团的义务，以保护包括社团成员在内的其他主体的利益。国家如
56 何强制实施这些义务是国家实在法的事情。对此，无论社团是否为拟制的实体，是否为无真实意志的真实实体，是否为有真实意志的真实实体，都并无差异。以社团因诽谤的侵权责任问题为例，上述理论都可以主张社团侵权责任的有无。社团是否应承担侵权责任则取决于法律的实际规定。

（社团的创造）

谁创造了社团这一抽象存在？人们有时说，所有社团都是国家的创造物。这种表述并不准确。无论何时，当人们为了某个共同的利益聚拢起来，他们都会自然而然地将自己或其领袖人格化为一个抽象存在，并为之命名，设置机构。从罗马教廷到乡村酒馆中的扑克俱乐部无不如此，只是这些组织化的团体具有不同程度的重要意义而已。

如果国家对公民的控制是全面的，那么说上述这类社团是国家的真实创造物的说法可能不会遭致反对，因为社团的存在必须依赖国家的许可。假设国家能以强力(power)禁止公民用语言进

① 我还须补充的是，刚刚去世的梅特兰(F. W. Meitland)教授是吉尔克皈依者。可参见节译的吉尔克的《德意志社团法》(*Genossenschaftsrecht*)之导论，题目为"中世纪的政治理论"(Political Theories of the Middle Ages)，又见《论文集》(3 *Collected Papers*, 304.)。大概没有人比我对梅特兰更为尊重和热爱，但必须指出，他的贡献主要在于历史考证，而非独断式的推测。

行宗教方面的任何交流，则在这个国家的领土内绝不可能存在教会；可是国家并不具备此项强力，因此该国禁止存在的组织化社团仍会滋生，国家纵然因此费力也是枉然。在伊丽莎白女王统治下的英格兰，天主教会屹立不倒；在奥地利与波旁家族控制的意大利，烧炭党（Carbonari）屡禁不止；在美国内战时期，金环骑士团（Knight of the Golden Circle）大行其道。

但是，要使得社团成为法人，国家拥有唯一的权威。国家或许 57
不去创造社团，但除非它认可社团并保护其利益，否则社团便不是法人，因为这样的社团无法享有法律权利。

（独任社团）

普通法还有“独任社团”（corporation sole）的说法。若一个因官职或职权享有权利承担义务的人亡故，将发生如下三种可能：权利义务归于消亡；或是由其继承人继承；或是由其继任者继任。如今，已经难以见到那种因官职或职权享有或承担的权利义务由继承人或继任者获得的情形，但在英格兰，仍然能够看到此类权利的一鳞半爪。

在某些诸如权利被官职的继任者占有的情形中，独任社团便被创造出来。但只是在有些情况下，并非所有的情形。例如，某个市议会的继任书记员针对某个奴隶享有与其前任相同的权利，但这种情况通常并不构成独任社团。在独任社团的多种特征中，区别于那种单纯的官职继承或由其他法律主体行使同样的权利，最为重要且并非程序事务的特征是，官职的占有者一般能够如同为自己的利益那样为其继任者获取财产；针对那些与他官职相关联的财产，即便它们还处于其前任的手中，他也可以因财产损害而获得赔偿；而且，他还可以签订将来会约束或符合其继任者利益的合同。

58 是否要在某些情况下创造独任社团是司法体系中特定实在法的事情。这种社团并不鲜见。英格兰教会的主教便是独任社团，马萨诸塞公理教区的牧师亦是如此。

独任社团似乎并非是拟制的人或是法人；它只是一类特殊的自然人，其权利与众不同，且一般可以一种别样的方式自某些自然人那里移转。

我已经说过，在普通法中，社团才是唯一的法人。财产绝不可能称为法人。在英格兰和美国，若以慈善用途捐赠财产，该财产也必须由特定的自然人或社团以慈善用途而掌控。假如一个立遗嘱人将财产捐赠于慈善用途，但却没有指明谁来执行这一愿望，那么该财产权将一直由其继承人或遗嘱执行人掌控，直至另有受托人受命获得该财产。那种没有主体的权利义务观念对于普通法来说完全是陌生的。[①]

（基金会）

然而在德国，法人不限于社团，它可以没有成员。这就是所谓基金会（*Stiftungen*，foudation）。基金会由捐献用以慈善用途的财产构成，财产权无需由个人或社团掌控。这个法律概念既有趣又令人感到陌生，因此我要多费一些笔墨。

异教时代的罗马已有救济贫困与苦难的慈善机构，就其存在而论，必定是国家的机构，其管理属于国家职权的一部分。它们不

① 但是试比较前文第46页。

过是国家机器的组成而已。直到罗马教廷建立之后，那种独立于 59
国家的慈善机构才得以出现。它们很有可能被认定为社团。[①]

先撇开拟制不论，基金会事实上到底是怎么回事？它之为法律主体，承担了与财产相关联的义务，这些财产捐赠的目的在于慈善。此类义务依照某些特定主体的意愿而强制实施，但这些主体却对此并无权利，因为他们本人的利益并未因此得以保护，也没有将其意志归属于什么人；他们实施意志并非因为某个特定的个人，而为了特定的目标；即是说，在基金会的情形中（我已言明，此种观念在普通法中是陌生的），虽然存在义务，却不存在与之对应的属于确定个人或社团的权利。凭借独断拟制，相关的财产构成了法人，而此种拟制是正当且有益的，这是因为，因创造社团而出现的义务与存在于自然人之间的义务毫无二致，而此种拟制的使用可以使得两类义务被归为同类，并被予以同样的对待。

在我看来，上文对基金会事实情况的展现与布里茨（Brinz）在 60
其《潘德克顿教程》（*buck der Pandekten*）[②]中的理论实际上如出一辙。然而，布里茨却否认基金会是法人。他认为，的确存在没有权利的义务，基金会便是一例。该理论引发了大量激烈且富有德国风格的争议。布里茨的对手宣称没有权利的义务是不可思议的，没有主体的权利同样不可思议，因此，容忍基金会的存在必然要容忍将其视为法人。我们或许该为普通法中没有此种争论而感

① 参见后文附录一。在异教皇帝统治下的罗马，或许已经出现了以行会（collegia，guild）为目标的捐赠财产。迪尔（S. Dill）：《罗马社会：从尼禄到奥勒留》（*Roman Society from Nero to Marcus Aurelius*，pp. 254-255，282.）关于以自治市（municipality）为目标的捐赠财产，同上第193页至195页、第224页。

② 第二卷第228页，还有其他地方。

到庆幸，因为我们的法律体系中没有类似基金会这样的观念。

有两个词语涉及罗马法中的两种实体，它们亦属于法人，即国库（*Fiscus*）与待继承遗产团（*hereditas jacens*）。

（国库）

“国库”一词的原始含义为用树枝编制用于存放金钱的篮子，意为帝国的财产，区别于金库（*ærarium*）或公共财产；后来，国库吸纳了金库，成为国家的财产。国库从未被称为法律主体，但《学说汇纂》（*Digest*）与《法典》（*Code*）中的某些段落表明，国库之于公民，如同债权人与债务人之间的关系，它可以充当诉讼中的一方当事人，即法律权利义务的主体。不过罗马人似乎并不大看重国库的人格，也没有将其与社团加以比较。他们好像认为国库与国家是分离的。在现代，“国库”一词仍在某些由罗马法演进而来的法律体系中使用，其含义是与财产相关联意义上的国家。如果保留这一用法，它是个好定义，然而在此意义上它又似属画蛇添足，
61 最好废除其作为法律术语的资格，而将国家视为主体，享有和承担那些原本由国库享有和承担的权利义务。[①]

（待继承遗产团）

在被继承人死亡和继承人接受其继承物两个时间点之间，罗马人放置了“遗产”这一术语，这便是民众所熟知的“待继承遗产团”。遗产是抽象的存在，并至少在一定程度上属于法人。在普通

① 关于国库及其特征，参见吉尔克：《德意志社团法》（*DeutscheGenossenschaftsrecht*，58-61）；卡洛瓦：《罗马法学史》（Karlowa，*Rom. Rechtsgeschichte*，64）；霍岑道夫：《法律辞典》（Holtzendorff，*Rechtslex*. sub. voc.）。

法中，亦无与待继承遗产团相对应的东西。[1]

（耶林的被动权利论）

关于法律权利，还有一点值得注意。耶林这位人们即便不同意其观点，却也值得聆听的学者，他虽然反对布里茨，强烈否认能够想象没有主体的权利，但其本人有关权利的看法却不限于法人，而是涉及所有法律主体，并对此作了长篇大论。[2] 他将权利划分为两个面——主动面是“权利具备的法律状态，即之于其享有者所产生的后果”。而其被动面则是“法律义务的状态或限制，由法律权利将人或事放置于其中”。他认为，作为一种常态，权利的两面不可能分离；但其被动面却偶尔能够脱离主动面而独立存在，此种分离发生的情形有二：或者发生在一方主体出现而另一方主体尚 62
未露面的间隔期，或者发生在附条件的权利且条件尚未满足的情形中。耶林将此种权利比作床，已经布置好却还无人上床休息；而他自己的例子是这样的：某甲有一块土地，作为所有权人，他有权经过某乙的土地；某甲现在抛弃了该土地，致使其变为无主地（此种情况可以在民法法系中发生，而我们的法律体系中，土地所有人并不可以声明抛弃其所有权）。耶林认为，在此种情形中，不再有什么人享有经过某乙土地的权利，但此种权利依然存在于其被动面；而当此一被抛弃的财产在此被某丙获得时，权利便回到了双面的完整状态。待继承遗产团亦可作为耶林的例证。

一个向具备耶林般才智的学者提出批评的人恐怕不会太自

① 关于待继承权利，参见后文附录二。

② 大量存于：*Wirkungen der Rechte*，10 Jahrb. f. Dogm. 387-580。

信，但耶林在此是否已被语词的形式所蒙蔽？某些事实赋予土地的前所有者某甲以特定的方式处分某乙土地的权利，即经过某乙的土地这一特定的用益；而某些事实又赋予某丙这个目前的土地所有人（该土地被某甲抛弃）一项类似的经过某乙土地的权利——仅仅是类似的权利，并非同一权利。第一个权利已经终结，新的权利已经开始。

即便我们将某丙的权利看作与某甲的权利相同的东西，那么在某甲与某丙权利的间隔期，权利处在悬置状态，但此时的权利是完整的权利——并不仅仅存在权利的主动面，还存在其被动面。
63 无疑，主动面与被动面必须同时存在，耶林所坚称的两者分离和只存在一面的情况是不可思议的。耶林本人已然承认两面分离作为常态是不可思议的，而事实上，即便暂时分离也是不可思议的。即便暂时，也不可能存在没有外面的里面，或是没有后面的前面。

然而，假设在刚才的案例中，某乙在某甲抛弃土地与某丙获得土地的间隔期内为进入该土地设置了障碍，那么是否可以说，某丙在获得该土地之后，无法迫使某乙移走障碍，或是无法因此获得损害赔偿？我对市民法不太熟悉，这让我不清楚是否能够如此，但我肯定在某些法律体系中的确能够如此。可这又证明了什么呢？不过是某乙或许承担了一个法律义务，由国家命令某乙必须做出某种行动，该行动又是某丙有权做的；而该法律义务或许起源于发生在某丙获得权利之前的某些事实（包括某乙的某些行为）。然而，这并不表明某乙在某丙获得权利之前就承担了针对某丙的法律义务，无非是，那些引发权利的作为或不作为，甚至事件，常常包含了那些发生在过去的作为或不作为，这是一个极为明显的命题。

虽然耶林小心地主张他是在主观意义上使用"*recht*"这个词的，即我们所谓的权利（right），但他似乎仍然被"*recht*"一词的多重含义所误导。[①] 他说道，"*recht*"无法独立存在，必须指向一定的目的——目的通常是持续的、有意的，例如可以延续于任何个人的
生命之外。正如我们所言，"*recht*"的客观意义为法律。法律规则 64
的目的可以因诸多持续的目的而被设立，为了实现这些目的，权利（主观意义上的"*recht*"）便被赋予接连不断的个人，但这些权利本身却无需是接连不断的。

---

① 前文第8页。

65

第三章　论国家

（作为虚拟主体的国家）

在宗教神学中，主要的虚拟主体（artificial person）或许就是教会；而在法理学中，主要的虚拟主体便是国家（State）[*]。创造国家这一虚拟主体的目的在于，将国家设定为一实体，其机构（organ）由多人组成，旨在保护人类大众免受来自外部或内部的欺诈与暴力，并由这些机构统一管理国家。

正如人们认定的那样，奥斯丁极为厌恶神秘和虚假之物，以至于在其《法理学的范围》一书中，他并未处理虚拟主体。[①] 在他看来，“通常来说，国家是主权者的同义词，它的意思是指一个独立政治社会中具有最高权力的具体个人，或者，由若干个人组成的具体机构。”如果我们仅仅将“国家”视为此物之代名词——其全体成员的命令在既定社会内获得遵守，我便追随了奥斯丁，更应该乐于将虚假实体意义上的国家丢在一边；然而对我而言，似乎并不该如此；科学法理学的正确做法在于，针对所有社会中那些“具有最高

---

* “State”一词在本章中颇难翻译，该词多指政治社会（国家），但有时又可单指政治社会中的政治组织体（此时译为“政府”更为贴切），译文通译为“国家”，请读者多加留意。——译者

① 《法理学》（第四版），第249页注释（*Jur*.［4th ed.］249，note.）。

权力的个人”，遵循大众所感所见，而他们有关国家的见解便是，国家的组成人员被看作机构。 66

让我来解释一下我的意思。可以想象，许多人服从了某个人的命令，不过是因为这个人本身。这不但是可以想象的，而且纵观世界历史，有理由认定这的确是已经发生的事实。然而如今，在所有文明、半文明国家，以及许多未开化的社会，政府（government）的职权即便掌握在一人之手，他获得服从也不是因为他是阿卜杜勒·阿齐兹[*]（Abdul Aziz），或疯马[**]（Crazy Horse），而是因为他是土耳其的苏丹或是普塔沃塔米斯（Pottawottamies）的部族首领。无论如何，一旦存在针对掌权者死后其绝对权力继承的有效规则，我们便可以说在苏丹个人和首领个人之外存在一个更大的实体，这便是国家；这就正如在大多数类似家庭这样的原始组织中，家庭成员若遵守某个人发布的规则，并不是因为他是诺亚或亚伯拉罕，而是因为他是父亲；在他去世之后，组织并不会终结，掌控家庭的权力会根据一些极为复杂的规则转移给另一个人。

然而，我们还需注意一种情形：更为明显的是，所谓主权者集合的背后存在某种已获认可的权力。假如我们像奥斯丁那样假定，议会是英格兰的主权者，这也不意味着，那些碰巧是国王、贵族或是下议院议员的个人，作为尚未组织化的人群就是英格兰主权者，即便他们形成了多数派也是枉然；然而根据高度人为的规则， 67
国王、上议院与下议院各自独立充当了主权者。国家这一抽象实

---

* 土耳其苏丹，1861—1876 年在位。——译者

** 北美印第安苏族人的首领，军事家。曾于十九世纪六七十年代抵抗白人的入侵，以作战勇敢著称。——译者

体存在于主权者的背后，前者创造了那些规则，而主权者不过是国家的机构而已。

（国家的创造者）

谁创制了国家？国家存续的基础何在？在任何人群聚集的地方，都会存在一些人，他们可以将自己的意志强加于另一些人，后者习惯性地服从前者，而前者实际上就是社会的统治者。统治者权威的来源在性质上很不相同。他们中有些是或假装是因神的恩赐，有些因自己的体力、才智、狡黠、美德、邪恶——或是最为常见的勤勉与执着——而获得了权力。此种权力的来源的确数不胜数，权力的运行模式亦如此难以捉摸，甚至连权力的行使者对此也不甚了解，以至难以确定无疑地追溯它的来源。

统治者占据官职，但有时也没有。一个决定国王或总统人选的人物、君主的宠臣、国家政治的首脑，或许仅仅因自己的私人地位而志得意满。国家的运转也不会因此而发生什么变化。一个民主国家真正统治者的数量可能并不比专制国家多。就政党制政府而言（其中，政党是政府运行获得起成功唯一可识别的条件），无论共和制还是有限专制，要求服从政党领袖的思想或意愿时常十分
68 过头。认定掌管国家机器运行的人就是真正的统治者，如果对统治者的服从没有那么严格的话，将此种看法诉诸实践的尝试已经产生了荒唐的错误与灾难。美国很多地方发生的事态为这种邪恶提供了绝好的例证。[①]

有些统治者有时会突然产生，且极为明显，例如因叛乱获胜或

---

① 参见：A. M. Kales, *Unpopular Government in the U. S.*, Chap. II。

国家独立；但渐进且模糊的情形其实更为常见，他们将借助人格化，创造或掌控一个抽象实体，并将有关该实体的某种信念强加于其组成部分；他们还将某些自然人指定为该抽象实体的机构，并通过人为规则将这些自然人的行为约束在一起，使之在真实生活中发挥作用。

人们有时说，国家是人民的创造物。这句话的意思如果是说人民事实上掌控了国家，则并不正确。因为毋宁相反，针对那些须服从其意志的人，人民并无权力。人民并没有创造或掌控国家，因为他们即便有力量杀死统治者，也跟骑兵军团中的战马因有力量掀翻骑士而为难骑士的情形差不多。

然而必须承认的是，人格化国家抽象体的创造与掌控，以及为其安排机构，极大地影响了人民的统治者。如果某人是国家的官员，则这一事实导致的趋势是，他不但是名义上的统治者，还是真正的统治者。国家机器的存在为变革设置了障碍；有关国家组织 69
化人格的信念，特别是这种信念的持续存在，深刻地影响了政治领袖们的欲求和想象力。

为了满足政治领袖的社会本能或欲求，实现那些他们靠着单打独斗无法实现的目标，统治的精神创造了抽象体并将之人格化。统治者团体恐怕没有别的方法能够如此剧烈地且无章法地影响他们的目标。此种抽象体的人格化，无论是——家庭、村落、部族、城市、国家——并指定自然人作为其机构，似已成为人类之必然。无论如何，这是世界进步之道。组织化社会中的法律假定了此种社会的存在，否认它将导致自我毁灭。

我已然言明，运用人格化的抽象体而使得统治者的努力得以连贯和持续，即便不是完全，也几乎是人类之必然；然而如同其他必然之物一样，它亦毁誉参半。一方面，它在爱国精神的旗帜下极大地巩固了利他主义。如果说人们应该为了大多数人的最大利益而牺牲自己的生命这种说法于身于心都是蹩脚的，但在很多人看来，为人格化的国家(*patria*)而死则是甜蜜的。然而另一方面，国家的观念无非是某些人的工具——国王、州长、选举人、法官、税务官、刽子手——这种观念推动了促进人们利益的统一行动；如若有观点认为，国家具备一种价值，该价值独立于组成或将要组成国家的男男女女，这种说法完全是痴人说梦。

(国家的权力)

70 关于国家的权力是否有法律上的限制这一问题，早已众说纷纭。正确的观点似乎是国家的权力没有限制，至少在与此一抽象观念吻合的意义上如此：国家机构——立法、司法、行政——的存在总是表达国家的意志，而不可能与之相悖。然而，国家毕竟乃一人格化的抽象之物，它只是玩偶，一个蠢哑的玩偶，其功用不过在于赋予立法者和裁判者一个名份，而民众的真正统治者则是国家的组成人员，他们能够限制那些归属于国家的意志。

我认为，国家是抽象之物，它由社会真正的统治者创制并配备以各种机构。不过，讨论某些一度盛行的理论可能有助于获得有关国家的正确观念，这些理论主要涉及国家的起源与其权威的渊源。

(有关国家神圣起源的理论)

第一，国家的组建有赖主神的意志。当然在某种意义上，所有人格化主神的信徒都一定相信万物之存在，包括国家的机构，皆需仰仗主神的意志。但这并非该理论的要领。同时，该理论也不是要说，主神明示的只言片语或自然宗教中的指令规定了对所谓国家这一组织化团体命令的遵守。情况可能是，遵守某个已存组织化团体的命令的义务，总是会进一步要求遵守新国家的命令，如果该新国家事实上（*de facto*）已经建立且取代了老国家的话——例如法国王政、共和制、帝制相互交替的情形便是如此。当革命式的变革接连发生时，对此即便还存有疑虑，但一旦变革完成，服从已存国家的义务就会进一步要求继续忠诚于新的国家。

认为国家的组建有赖主神意志的看法需要此种信念的支撑： 71
国家的组织形式——例如君主制或联邦制——授命于神，除非触犯教义，否则不得改动。但假若主神的意志就是国家组织形式的起源，那此种意志一定要由主神所明示，因为毫无疑问的是，无论议会由国王、贵族和平民组成，还是总统的否决可以因国会两院三分之二以上多数而被推翻，此类原则都无法从自然宗教的启示（light）中推得；而就天启宗教而言，目前还没有人在神谕中寻找或找到哪怕一条规则，用以支持一院制或世袭贵族制。正确的原理已经被很好地表达如下："上帝的命令似乎并不是法律的基础，而只是将服从合法（lawful）国家的法律义务提升为宗教义务而已。"

无疑，大众有关组成国家的主流观点通常主张组建活动须在神圣的导引下进行，此种主张不但为普通民众，亦为其统治者所笃信；进言之，正是此种笃信赋予了统治者以权力；其实在此种情况下，真正组建国家的是统治者意志。无论国家的创制者是否获得了天启，国家的组建都别无二致。一些人信心满满地主张他们所热爱国家的神圣起源，可他们中的很多却成了最早否认努玛

(Numa)和约瑟夫·史密斯*(Joseph Smith)神启地位的人。

(强权即正确)

第二,强权即正确(right)。反对这一命题的意见依赖“正确”一词的模糊性。如果“正确”意味着道义上的正确或与正义相一
72 致,则该命题是错误的。相反,如果该命题的意思是个人的法律权利有赖于国家权力的保护,那么上述主张便足够正确了,不过即使在后一种意义上,这种说法亦有被误解的风险。创制国家的强权并非国家机构所实施的强权,它只是统治者创制并维持国家的强权。

(社会契约)

国家的基础在于契约。如果说“契约”不过意味着当下舆论认可事实上存在的国家,那么如今几乎没有必要去费力地反对这一观念。原始的社会契约论近来已经被政治学方面的学者塑造成一个呆板的模型,以便于他们进行抨击。奥斯丁正是这样不辞辛劳地摧毁这一理论,虽说其篇幅令人厌烦,却十分有效且一劳永逸。[①] 我们并不会因为要罗列出与所构想的体系相符合的事实就去想象虚妄之物,只是关心事实过去如何,现在又如何,而面对我们这样的人,可以说原始社会契约论的捍卫者中无人能够假称曾经的确存在过这样一个契约。[②]

---

* 努玛·庞庇里乌斯(Numa Pompilius),罗马王政时期第二任国王,创立了罗马国家宗教;约瑟夫·史密斯(Joseph Smith),1830年在美国创立的摩门教(Mormonism)。在基督徒看来,罗马国家宗教和摩门教均属异端。——译者

① 1 *Jur*. (4th ed.) 309-335.

② 但是参见:16 Jour. Comp. Leg. (n. s.) 322。

的确，自康德时代以来，几乎无人愿意以那种毫无伪装的形式提出原始社会契约的观念，其拥趸已经将社会契约论隐藏在康德提供的装束中。康德将“社会契约”定义为“恰当地说只是用来表达某种观念的外在模式，通过此种观念，组织宪法过程的正当性 73
(rightfulness)才得以想象”。[①] 这段话的意思并不清楚，但其推理线索却似乎是这样的：“国家的组建是正当的。”“我却并不承认。”“我会使你理解这一点。我会说，所有组织化政治社会的当前成员的先祖相互签署了一项契约，由此出让了某些权利并创制了目前的国家组织：既然如此，你必须承认，难道你不应该承认国家的组建是合法的吗？”“或许是这样，但若说这项契约是真实的，果真如此吗？”“就起码的真实而论，它当然不是真的。但我之所以对你这么说是为了使你能够想象出国家组建的正当性。”有鉴于此，奥斯丁的确有了更好的口实对其进行粗暴的批评，因为他批评的对象仅仅是“假想出一种从未在任何地方存在的原始公约，但却将之作为政治国家和社会的基础”。[②]

康德的意思或许是，政治社会的组建无法被认作良善(good)，除非能够合理地认为，当社会的原始成员被问起时，他们会相互同意，或者换句话说，他们会将人们关于社会组建的契约达成一致作为检验社会组建是否良善的标准，因为假若社会的原始成员设定了某个标准的话，他们设定的标准一定是这个。假如这便是康德原意，他的表达便并不恰当。他的意思并不是说，任何政治组织，任何国家都无法存在，除非其成员如此英明，已经缔结了

① Kant, *Rechtslehre* (Philosophy of Law) sec. 47. Hastie's Trans. p. 169.

② 后文第334页注释。 74

契约来创制国家；由此看来，他的意思一定是，那些起初没有由其英明成员缔结契约而组建的所有国家形式都是邪恶的，这似乎才是他的意思。康德讲到："可是，这（社会契约）是理性单纯的观念；然而却在这一方面具备不容置疑的（实践的）真实性，它命令所有的立法者都必须以此方式制定法律，即这些法律起源于人们的集体意志。"[①]无论这是不是立法者的义务，似乎并无必要假想出一个规定该义务的原始协定。其实本可以简单地说（也是正确地说），国家的组建是邪恶的，因为其目前的成员无法被想象为已经签署了某个契约。

（主权）

有关主权的讨论同样汗牛充栋。我并不否认讨论主题的好处，也不否认它某些视角下的重要性；但从法理学的角度来看，我认为不必夸大其重要性。

撇开那种一群人习惯性地服从某一个人的情形，有两种政治组织形式。其一，所有的政治权力在形式上都掌握于一人之手，即国王或领袖，依据有关继承的人为规则，某自然人被主体（persona）所遮盖，如同普通法中所谓的独任社团。[②] 其二，所有的
75 政治权利被赋予了经特定方式而组成的自然人团体。在第一种情形里，存在主权者与臣民的两分，而在第二种情形中则是共和国（commonwealth）与公民。

希腊城邦与现代的许多政治组织形式都属于第二种类型，而

① *Ueber den Gemeinspruch*, *Das mag in der Theorie richtig sein*, II, Folgerung.

② 前文第 57 页。

在一些欧洲国家，第一种类型亦是现实的存在，或是存在于那些称自己为君主或国王的人的观念中，“利维坦”[①]式的国君便是这类统治者的理想；而在所谓有限君主制的政体中，我们仍然可以发现那种根源于第一种类型政体的名词术语，尽管事实上其政治组织形式其实属于第二种。由此，在大不列颠及爱尔兰联合王国，国王不是，其本人也不相信自己是政治权力的唯一拥有者，然而他却是形式上的主权者；海陆军被称为国王的海陆军*。因此在国际事务中，英国与他国间的条约常常被宣布为天主教陛下与不列颠陛下间的条约。

然而，“主权者”一词的此种用法虽然常见，却并不科学。正如亨利·梅因所言，奥斯丁“极为简明地定义了主权者”，即“如果一个特定优势者，没有习惯地服从一个相似的优势者，相反倒是获得了一个特定社会中大多数人的习惯服从，那么，在这个社会里，这特定优势者就是至高无上的，而且这个社会（包含了这个优势者）是独立的政治社会。就这个特定的优势者来说，这个社会的其他成员属于臣民。换句话说，这个社会的特定的优势者，具有依附性。相对于这个优势者，其他成员处于一种隶属的状态，或者依附 76
的状态。他们之间持续存在的相互关系，可以被描述为最高统治者与臣民的关系，或者，主权与隶属的关系”。[②] 他进而指出，只有在绝对的君主制下，主权才由一个人所掌控，而在除此之外所有的

① 利维坦是共和国的形式和权力，参见霍布斯：《利维坦》[Thomas Hobbes (1651)]。

* 英国的海军号称“皇家海军”(Royal Navy)，故有此一说；但其陆军并无“皇家陆军”的说法，作者表述似不准确。——译者

② 1 *Jur*. (4th ed.) 226,227.

政体中,即所谓有限君主制、寡头制、贵族制、民主制之下,主权由一群人所掌控。

不过,奥斯丁并未阐明此种事实:当权力由多人而非一人掌控时,这些人的行动总是要受制于某些人为规则,只有当其行为符合这些规则时,他们才能获得社会大众的服从。例如,按照奥斯丁的说法,议会是英格兰的主权者,但假如国王、贵族与平民聚在同一议会一道投票,他们通过的命令则不会获得英国民众的遵守*。

在政治权力由多人掌控的情形中,不特这些人的行为模式要受到限制,他们行动所指向的对象亦被限制。某些事项可能被排除在他们可以发布的应被遵守的命令之外。

(美国的主权者)

美国的主权者在联邦政体中表现得最为明显。奥斯丁对此的意见是:“每一个州的主权以及源自几个州的联盟的一个较大的州的主权,掌握在形成了一个集合体的州政府(states'
77 governments)手中。在这里,州政府的意思不是指一般的州立法机构,而是指州公民群体,这一群体任命了这一立法机构。除了联邦之外,公民群体准确地来说是州的最高主权者。”[1]然而,合众国(United States)的权力——即超越特定州的个别公民而作为“形成了一个集合体”的所有州的权力——依然在性质上十分有限;这些权力由宪法规定,该集合体若在宪法之外发号施令,则不会为公民个人所遵守。

---

* 因为依英国宪法,议会分为上议院(贵族院)和下议院(平民院),国王在议会中并无投票权。——译者

① *Jur*. (4th ed.) 268.

奥斯丁试图借助《美国宪法》第五条来克服这一困难，该条规定，宪法修正案须经四分之三以上州的批准方可生效。但这仍旧难以解决这一困难。假设国会向各州推介了这样一条修正案，该案规定了一项不考虑人口因素的所得税，又假设该案获得了大多数州的批准，但并未达到四分之三，国会随后通过了这项税收法案。此法案依然不会获得遵守[*]。

那么，究竟谁才是美国的主权者呢？作为集合体的各州？可各州的大多数亦无法在上述情形中行使它们的意志。难道我们要说持不同意见的少数州是美国的主权者？它们的确在上述情形中发挥了影响力。它们主张所得税应该根据人口征收的法案不得被修改，这一主张获得了遵守；可这些少数州并不能被称为主权者，78
除非作为修改宪法的反对者，否则它们并无权力。

再举一个更有力的例证：修改美国宪法的权力受到了此一例外的限制，即"任何一州，没有它的同意，不得被剥夺它在参议院中的平等投票权"。假设犹他州之外的所有州都同意犹他州只可有一位参议院议员[**]，此种合意并无效力，却也很难说明犹他州就是合众国的主权者。

或许会出现这种情况，在其他所有的州都一致赞同犹他州只能有一名参议员的情况下，这些州强制实施了该方案。同时，各州人口规模的差异不断持续，州的多数派被人口的多数派所压制，以至于在参议院中保障小州地位的宪法保护被放弃了。不过，此种

*《美国宪法》第一条第九款规定，国会不得在宪法规定的人口统计或调查之外征收人口税或其他直接税。——译者

**《美国宪法》第一条第三款规定，任何州都拥有两名参议院议员。——译者

情况将会是一场革命,主权者发生了变化。

事实上,国家无论是观念上的实体还是拟制的实体,都只能通过机构来显示自身,这些机构限制重重,以至于总是存在它们无法实施的行动,因此便不存在奥斯丁意义上享有绝对权力的主权者。美国的情况正是如此。[①]

独立的国家是一个法律单位,但将国家的成员划分为统治者和被统治者,并将前者称为主权者,将后者称为臣民,这种做法对
79 于理解国家的法律毫无益处。断定何人才是一个政治社会中真正的统治者是一件几乎不可能完成的任务——对于法理学也是一件几乎无法解决的难题。即便粗略一些,评估政治社会中某个政客拥有或曾经拥有的权力亦是难题,因为其中各种因素晦暗不明且相互冲突,人类难以明辨。

(主权者观念并非必要)

试图在任何一个政治社会中将主权者与臣民分厘不差地划分开来,这是为法理学增添了一项毫无必要的困难。在法理学中,国家的观念确是根本,但在预设了国家之后,我们应立即转向其各类机构,即立法、司法和行政机构,并思忖它们所遵守的规则。奥斯丁的方法是要试图在社会中发现主权者,然而再讨论之于主权者的国家机构,这完全是一个多余的中间步骤,而欲妥善回答,却又艰难异常。政府(government)的各类机构原本可以直接归于主权者,正如它们可以直接归于国家(state)一样。

---

① 密苏里大学的比利斯教授(Professor Bliss of the University of Missourii)曾于1885年发表了一篇关于主权的文章,清楚详细地阐述了这一观点。遗憾的是,该文开头有关自然法的那些令人不满的讨论阻碍了学生的深入阅读。

一个政治社会的主权者无法被发现。他们是那些掌控其同伴意志的人。在所有的政治社会中，我们都可以发现国家机器、国王或是总统，议会或是民众大会，法官或是大臣。我们必须假想一个实体以将之与这套机器联系起来，可为什么一定要让主权者这样一个实体硬插进来？将其引入似乎毫无益处，不过是在法理学的门槛上放置了一道难题，一个纯粹学理且无关痛痒的难题。

（国家的法律权利）

法律权利已经被定义为与义务相关联的权利，国家要么依据 80
其自己的意志，要么依据个人意志而强制执行义务，与前一种义务相对应的权利是国家的权利，后一种义务则对应个人权利。[①] 不过，有人曾否认国家享有对抗社会成员的权利。

据我所知，认为国家不享有针对社会成员的权利，这一看法不会早于奥斯丁。抛开奥斯丁的某些长篇大论，他的基本观点是这样的：一个主权政府（sovereign government）没有对抗其臣民的法律权利。所有法律权利都是实在法的产物，它回应了与之相关联的义务，后者由实在法规定并由权利享有者之外的人或人们承担。因此，每一项权利中都存在三个方面的参与人：设置实在法的主权者国家，它通过实在法赋予权利，施加义务；享有权利的人或人们；承担义务的人或人们，他们也是实在法设定或指向的对象。……主权政府自身无法通过设置法律而获得针对其臣民的法律权利。一个人无法赋予自己权利，恰如其无法为自己施加律令和义务。每个享有权利者都必须通过他人的权力或强权获得权利；这就是

① 前文第 12 页。

说，通过法律和他人设置给另一人的义务而获得。这样一来，假如主权政府享有针对其臣民的法律权利，这些权利一定是实在法的产物，而这些实在法则必定由第三人设置给其臣民。同时，由于所
81 有的实在法都由主权政府创制，以使人或人们服从自己，于是该第三人必定是该社会中的主权者——该社会中的主权政府享有法律权利；由此，在这个社会中，社会大众既是其主权者的臣民，又是那个赋予自身权利的主权者的臣民。这绝无可能且荒唐透顶。[①]

（创制权利之权力的部分行使）

然而我并不赞同奥斯丁的看法。在个人追求的某些目标中，有些是国家保护的，有些则并不保护。我的邻居不要驾车驶过我的土地，这是我的利益，也是我追求的目标。这也是国家保护的利益；我便享有一项法律权利。我要驾车驶过邻居的土地，这是我的利益和追求的目标。国家并不保护我的这项利益；我便没有驶过邻居的土地的法律权利。国家的利益亦是如此。防范盗抢符合国家的利益。通过发布命令和设置义务，国家便保护了这项利益；它也为自身创制了一项法律权利。公民的手要干净，每天应至少洗手一次，这或许也是国家的利益和其追求的目标；不过国家如果没有通过设置义务而强制实行该利益，它对于每天洗手这件事便不享有法律权利。

当然，国家与个人之间的差别依旧存在：国家能够创制权利，个人不能如此。国家的利益不计其数，这些利益同时也是公民生活的条件，这些利益或条件的存在，对国家也有好处；但国家并不

---

① 1 *Jur*. (4th ed.) 290-292.

依靠设置义务来保护这些利益，因为如此处理将损害更大的利益。82
人们应该每天洗手当然是可欲的，这会让国家更为健康和愉快，它也希望如此；但它却并不会强制实现这一利益，因为强制实现将导致出现大量刺探家庭内部情报的活动，这对于国家的伤害远胜于那些没洗过的手。不过只要国家愿意，它依然可以强制实现这项利益。

以下两类利益之间的差异极为重要，也值得作出区分——一类是国家通过其司法或行政机构事实上保护的利益，无论该利益是其本身的还是个人的，另一类是国家事实上并不保护的利益，无论是其本身的还是个人的，尽管如果它愿意的话它也可以保护；对于前一种能够引发保护的权力来说，类比法所建议的和习惯法所给予的名称都是"法律权利"。可以确定的是，沃特金斯的利益将依其意志获得国家的保护，而且，如果对于他的哪些利益应该受到国家的保护这件事还存有疑问的话，这一问题将由国家中的法院依据组成国家法律的规则来确定。法律说要保护的利益便是沃特金斯法律权利的对象。同样，国家的某些利益也可以依其意志，通过国家官员而被国家自身加以保护，假使出现了哪些国家利益应被国家所保护的问题，同样要由国家中的法院依据国家法律来确定；法律说要保护的利益便是国家享有的法律权利的对象。

此种命名术不特为有关人类关系的正确理论所接受，还适用 83
于任何实践视角。对于生活中的行动来说，我们所需的是了解国家都保护哪些作为和不作为，它又强制我们实施哪些作为和不作为；换句话说，法律权利与义务究竟是什么？至于谁的行为或不作为受到了保护或强制实施，这一问题即便重要，也是第二位的。

上述道理或者也可以这样表述：所有国家都配有司法机构，其职能在于，借助那些被称为法律的规则，来确定当前什么利益有资格获得保护，依据国家自身的或个人的意志，国家当下要强制实施哪些作为或不作为。如果国家官员为国家的利益要求实施某种行为，比如主张绞死某位在剧场中头戴高帽的女士，而法律对此并无规定，则国家便没有权利将这位女士绞死。当然，国家可能会为法官规定一个与之不同的规则；或者这使得法律发生了变化，以致法院将绞死该女士；但此时国家所享有的法律权利是其过去所没有的。国家拥有为自己创设法律权利的无穷权力，但国家在任何时候所享有的法律权利都是此时法律保护的利益——法律就是国家司法机构行动时所遵循的规则。

第四章　论法律 84

（法律的定义）

国家或任何人类组织化团体的法律（Law）都由规则构成，并由作为该团体司法机构的法院发布（lay down），用以确定法律权利与义务。对于这一问题，各类相互竞争的法学流派间的分歧很大程度上源于没有区分法律和法律的渊源（the Sources of the Law）。一方面，主张存在非实在法（*nicht positivisches Recht*），或法院所不遵守的法律，这种说法着实荒谬；另一方面，宣称一个大国的法律只是六位老人*（他们中的某些人显然在智力上十分有限）的意见的看法也同样荒谬。

事实上，上述两种意见都只是看到了盾牌的一面而已。如果这六位老人组成了一个国家的最高审判庭，那么他们拒绝遵守的规则或原则便不会是这个国家的法律。然而可欲的是，例如可以说，假如某人已经作出承诺，他便应该有义务进行赠与，可如果这个国家的法院并未强迫他履行程序，那么“内容为赠与的承诺是有约束力”的规则便不是该国的法律。另一方面，此六人找来遵守的 85

---

* 指美国联邦最高法院的法官。美国联邦最高法院最初由六名法官组成，后来增加到九名。——译者

规则绝非其臆测之物，而总是从最为一般和永恒的渊源中获得，就此，他们所从属的组织化团体将为他们的工作提供指引。我坚信我前面所给出的法律定义是正确的，但还是让我们讨论其他一些一度盛行并且还在盛行的法律定义。

在诸多曾在不同的时间地点里冒出来的法律定义中，有些定义毫无意义，有些定义的真理火花则淹没在华丽辞藻的迷雾里。但敏锐的思想家们应该留意三种定义。这些定义已经获得了广泛的认同并将继续获得这种认同，因此它们值得检讨。所有这些定义都否认法院是法律真正的作者，它们坚持认为法院不过是用来表述法律的喉舌而已。

（法律是主权者的命令）

这些理论中的第一个便是主张法律由主权者的命令[①]所构成。这是奥斯丁的观点。他讲到："任何社会中所有的实在法都是主权者或国家的创造物，这些法律由君主或高阶团队即刻建立，以行使其立法或司法职能；抑或由作为臣民的个人或团体即刻建立，以行使其直接或司法中的立法权利或权力，而这些权利或权力是由君主或高阶团体以明示或暗示的方式授予的。"[②]

在某种意义上，上述看法是正确的；国家的确能够约束其法院遵守这样或那样的规则；但时常也会留给法院遵守其所认为正确之物的自由；此种说法无疑有些勉强：只要某人拥有禁止他人做某
86 事的强权（power）（他可以不行使该强权），他就能够命令他人必

① 参见前文第 24 页。

② 2 *Jur*.（4th ed.）550，551.

须做此事。

某甲想要一座房屋，他雇佣了建筑工某乙为其建造。某乙以某种特定的方式搭设屋内的楼梯，他十有九次都是这么搭设楼梯的，因为他从来都是如此搭设楼梯，或是因为建筑学方面的书籍说应该如此搭设楼梯，或是因为他的同行都是以此种样式搭设楼梯的，或是因为他觉得如此搭设会把房子建得更好、更有品位，或是因为此种搭设方式比起其他方式会让他减少麻烦；某乙很少会想到某甲是不是也喜欢这么搭设楼梯；某甲大概也从未想过楼梯是不是还有别的样式。在这种情况下，类似奥斯丁那样的说法显然就有些勉强了：楼梯是某甲的“创造物”；某甲原本不必使得楼梯以那种方式搭建，而且他原本不必建造任何楼梯或房屋。

某个代理人、仆人或官员，如若在没有接到其首长明示指令的情况下行动，他的目标或被期待的目标可以是**直接**使得首长满意，也可以不是。前者的例子是，一个烤肉或煮蛋的厨子如若要成为理想中的厨师（无论何种意义），其直接的志愿都在于主人的口味。另一方面，若某个大画家被请来在教堂的墙壁上作画，便不必指望他总是牢记如何才能取悦教区委员或教区会；他们并不是画家脑中的全部；而如果他们是正常人，他们也不愿意如此；画家可以随处寻找自己的灵感；已完成的画作并非教区委员或教区会的“创造 87
物”；相反，如果画家采取了相反的做法，将自己的所有精力都花费在思考如何才能最大限度地取悦教区委员或教区会这件事上，他才是他们的“工具”，把画作视为后者的“创造物”也将是公平的。

既然如此，将法官归为哪种类别也就十分清楚了。当法官并没有接收到国家的直接命令时，他便没有考虑，也不必期待他考虑什么才能**直接**取悦国家；他直接思考的是这些问题——其他法官主张什么？乌尔比安或柯克勋爵（Lord Coke）对这个问题说了什么？“优雅法律”（*elegantia juris*）或合理的道德所要求的判决是什么？

快乐主义的道德论者常说，虽然快乐（happiness）是人生的目的，但只有不要直接以快乐为目标，快乐才能最大限度地实现；对于法院来说也同样如此，如同其他机构一样，要该机构的意愿，就不要直接考虑那些意愿。

因此，奥斯丁有关法律完全由国家直接或间接规定的命令所组成的观点只有凭据此种理论才可成立，即国家禁止其法官做的所有事情以及法官事实上做的所有事情，都是国家命令使然，尽管实际上法官并非受制于直接贯彻国家的意愿，而是某些与之完全不同的意愿。

（“一项法律”与“法律”）

与此相关联的是，“法律”一词因缀以不定冠词或定冠词，其意
88 义大不一样*。奥斯丁的确将（定冠词的）法律（the law）定义为政治优势者制定的规则集合；[1]而边沁也说，“法律或（定冠词的）法律，不大精细地说，是抽象的集合术语，如果说它有什么意思，它只是多项个别法律和在一起的总称”。[2] 然而我认为，这并非“（定冠词的）法律”的通常含义。（不定冠词的）一项法律（a law）的意思

---

* 指“a law”与“the law”的不同。译者将之分别译为“一项法律”和“法律”，并在必要时加括号说明。——译者

① 1 *Jur*. (4th ed.) 89.

② 1 Benth. *Works*, 148.

是由国家立法机构通过的某一部制定法。“（定冠词的）法律”则是法院适用的全部规则体系。这个集合体的定义暗示法院适用的所有规则全部都是国家的命令；可若将此种暗示提升为某种论证，这就是说——法院适用的规则是“（定冠词的）法律”，（定冠词的）法律无非是个别法律的集合，所有的个别法律都是国家的命令——却是难以证成的。

在此，我们受惠于梅因爵士，他明白无误地指出奥斯丁的理论“建立在言语的诡计之上，它假定正义的法院总是按照某种方式行动，对自己依据的动机毫无觉察。……可以理解的是，虽然有可能使得这一理论符合上述情形，但其过程不过是语言的扭曲。只是依靠将一些词语和语句笼络在一起，使得该理论领域习惯性地与这些语言发生了联系”。[①]

奥斯丁的理论其实是一种自然反应，以反驳他所见到的这一领域中的支配性观点——法律被定义为“有关善与公平的艺术”；
“其中所包含的理性确定了须被实施的善”；“是一般意志存于自身 89
或为自己而存在的抽象表达”。“是知识生活外部条件的有机整体”。[②] 即便说奥斯丁在主张法律总是起源于国家时走得太远，他也在明晰法律受制于国家这一点上为法理学贡献良多。

（法律是民众的意识）

有关法律本质的第二种观点是，法院在判决案件时，事实上总是在适用早先已经存在于民众普遍意识中的东西。萨维尼

---

① Maine, *Early Hist*, *of Inst*. 364, 365.

② Celsus, Hooker; Hegel; Krause. 参见：Holland, *Jur*. (11th ed.) 20。

(Savigny)是这一理论最为精明的阐释者。在《当代罗马法体系》(*System des Jieutigen romischen Rechts*)一书的开头,他言明:“实在法存在于民众的普遍意识中,我们因此将之称为民族精神(Volksrecht)。……民族精神寄生且作用于所有普通的个人,它生发了实在法,以至于对于每一个人的意识来说,其中都必定而非偶然存在着某项相同的法律。……存在于民众普遍意识中的法律,其形式并不是抽象的规则,而是法律机关就其有机联系来说的鲜活直觉。……当我主张一定要将民族精神在个案中的应验视为民族精神的获知方式时,一定要将这里的认识方式理解为间接意义上的——这一点对于此类人必定如此:他们处于该民族精神产生并引导其发展的社会之外,并非其社会成员。在此类社会的成
90 员看来,诉诸个案并非必然,因为他们有关民族精神的知识是直接的,而且根源于直觉。”①

萨维尼还小心翼翼地区分了民众的普遍意识与习惯,他提到:“法律的基础自有其存在,有其真实,那便是民众的普遍意识。此种存在并不可见。我们如何获知它呢?当民族精神以外部的行动显示自我,有如它在实践、礼俗、习惯中出现那样,我们便获知了它:依据持续不断发生的行为模式的一致性,我们认定人们的信念有其普遍的根本,而非偶然。因此,习惯只是实在法的标志,而非其根本。”②

(法学家的意见)

萨维尼面对着与奥斯丁相似的困难。在任何社会中,大部分

① 1 Savigny, *Heut. rom. Recht*, § 7, pp. 14, 16 ; § 12, p. 38.

② *Heut. rom. Recht*, § 12, p. 35.

法律的存在对于社会的统治者来说都是未知的，只有借助如下原理，即主权者所允许的都是他所命令的，法律才可能被认为出自主权者；然而同样，大部分法律对于民众来说也是未知的；那么，如何能说法律是民众意识的产物呢？法律怎么能是那种民众“感觉必然是法律”的东西呢？

举一个简单的例子，可谓沧海一粟。按照马萨诸塞州的法律，书面合同直至接收到承诺之时方为成立。[①] 而根据纽约州的法律，书面合同在承诺寄出之时就已经成立了。难道马萨诸塞州民
众的普遍意识在这一点上与纽约州的民众有所不同吗？是不是 91
说，马萨诸塞州的民众觉得此乃法律之必然，而纽约州的民众却恰好认定彼乃法律之必然？事实上，两州民众中能对此问题有模糊看法的人不及百一。即便他们之中果然有人对此有些看法，也很有可能与其所在州的法律相悖。

萨维尼如此应对这一困难：“法律虽说起源于民众的普遍性质，但由于真实生活中错综复杂的关系，它的细节如此之发达，以至于不再为民众所普遍掌握。由此一个独立的法律专家群体便形成了，该群体依然是民众的组成部分，在这个思想领域代表着全社会。在这个群体特定的意识中，法律恰恰是持续存在之物，而且是民族精神的特别发展。因此，后者将导致一种双重生活。就其根本原则而论，法律持续存在于民众的普遍意识中；而具体地确定与细节的适用则是法学家们的特定职责。”[②]

---

① 这曾经是马萨诸塞州的法律，我不能确定现在的法律是否还是如此。参见威尔顿：《论合同》(1 Williston, *Contracts*, § 81.)。

② 1 *Heut. rom. Recht*, § 14, p. 45.

然而，认为法学家的意见就是民众的意见，这一看法并无根据。在英格兰普通法国家，认为法官与法学家的意见构成了法律，将他们的意见视为民众意见的表达这一看法或许并不十分荒谬；可在欧陆国家，以德国为例，很难认为那些非官方且并不确定的法
92 学家群体表达了民众的意见，虽说法学家们的作品无论过去还是现在都在法律的来源中占了很大比重。在他们进行推理时，他们各自国家民众的意见并没有指引他们的判断，无论在普鲁士王国还是施瓦茨堡-松德豪森亲王国（Schwartzburg-Sonderhausen）。法学家们或许会屈服于制定法的权威，但在制定法之外的法律领域，民众有关法律的看法即便存在且可知，也是法学家最后考虑的东西，更何况这些看法在其寄生人群中大多未必存在且可知。法学家所要寻找的往往是外国法律人的看法，比如帕比尼安（Papinian）、阿库修斯（Accursius）、居雅斯（Cujacius）*，或是“优雅的法律”，或是“法学的必然”（juristic necessity）。①

法学家陈述民众的意见，这与一个社会中其他特定的知识或专业阶层陈述该社会的意见的情形相差无几，他们都是在各自的领域进行的。法学家们在陈述法律领域的民族精神时，并不比专业的医师陈述医疗领域的民族精神更为高明。或许可欲的是，各种民族精神的观念就是一个社会中最专业阶层的观念，但这可能尽管可欲，却并非事实。民族精神总是在自己的上衣口袋里放一

---

* 帕比尼安（Papinian），罗马五大法学家之一；居阿库修斯（Franciscus Accursius），注释法学的代表人物，罗马法复兴的功臣；雅斯（Jacques Cujacius），法国人文主义法学家。——译者

① 参见庞德教授在《哈佛法律评论》(31 *Harvard Law Rev*. 1047.)上的文章。

块硫磺，以预防风湿病，同时也认为庸人不能坐在陪审席上*。

与其他领域一样，法律领域的大众意见不但与专业意见大相径庭，这种意见还时常具有真切的敌意。那些主张法学家是大众 93
信念法律领域喉舌的人，从来没有令人满意地解释过德国的罗马法继受，因为这些法律的引入不但没有广大民众的支持，甚至与民众的意愿相悖。[①]

（法官是法律的发现者）

还需考虑有关法律的第三种理论。这种理论的效果是：法院在决定疑问时所依据的规则既非国家命令的表达，亦非民众普遍意识的表达；毋宁是，法官裁决（rule）的东西就是法律，可要说法律就是法官裁决的东西则是本末倒置。法律无疑与法官发布的规则相一致，但这些规则之所以由法院发布是因为它们是法律，而不是说，它们因为被法官发布才成为法律；正如詹姆斯·卡特（James C. Carter）先生近来指出的那样，法官是法律的发现者而非创造者。正是在这个意义上，法官才可能谈论自己的职责。[②]

（只有法官发布的东西才是法律）

这一理论承认法官所发布的规则恰好表达了法律，却并不认为由于法官的表达才使得这些规则成为法律。在考虑此一否认之前，我们先来看看上述承认。在我看来，这种承认是大多数普通法

* “口袋里放硫磺能够预防风湿，陪审团里不能有庸人”，这些都是普通民众在医疗和法律领域可能与专业人员相悖的看法。因此作者这里的意思是，如果民众的意见就是民族精神，这种意见与专业阶层的意见或许并不一致。——译者

① 参见后文附录三。

② 参见后文第218—240页。

律师都会同意的命题。而我们也应该肯定的是,我们的这一观念并非受制于我们所熟悉的特定法律体系中的理论与实践。在普通法中,法官对建立法律起到了重大作用,这一点如今已经获得了普遍的承认——这在很大程度上依赖过去数代法官们的观点;然而
94 在市民法中,正如我们将要看到的那样,上述说法的正确性却极为有限。换句话说,之于普通法的建立,司法先例功不可没,但其在欧陆法系的作用却较之远不可及。[①] 然而,即便姑且承认欧陆学者有关司法先例在他们国家缺乏影响力的论述是正确的,哪怕过去的判决不是法律的渊源,可当下的判决也一定是如今何为法律的表达。对于空白背书的汇票是否携带权利这一问题,法国的法院或许几乎不关心法国从前的法官对此所表达的意见,可是,当下法院对此问题的意见却是当前法国法的表达,因为这符合此种观念,即国家会强迫法国的居民,以规制他们的行动。要说某国的法院拒绝采取的某个原则是这个国家的法律,则是在谈论"非实在法"。[②] 因此毫无疑问,民法法系与普通法的情况一样,一国法院发布的规则恰好表达了当前的法律。

就根本的观念而言,上个世纪法理学重大的收获在于对此真理的认可,即国家或其他组织化团体的法律并非理念的(ideal),而是事实上的存在。它并不与宗教或是自然或是道德相一致,并不是"应该是"(ought to be)的东西,而是"是"(is)的东西。将此真
95 理在普通法的法理学中确定无疑地固定下来,恰是奥斯丁所完成的功绩。将国家的法律当作主权者的命令,这或许已经是他的错

① 后文第 205 页及以下。

② 前文第 84 页。

误，但他还教导说，那些由作为国家司法机构的主体发布的行为规则就是国家的法律，没有如此发布的规则不是法律，对这一点，奥斯丁是正确的。

独有德国人不欣赏边沁与奥斯丁，经常发生的结果是，合理的结论被命名术(nomenclature)所阻碍。在欧陆思想中，伦理学被分为两部分，一部分处理可以由外部强制力实施的事务，另一部分是那些无法由之实施的事务。前者被称为法(哲)学(*Rechtslehre*)。依照康德(Kant)的看法，道德哲学(Moral philosophy，*Metaphysik der Sitten*)分为两部分：(1)法学的形而上学(*Rechtslehre*)与(2)伦理学的形而上学(*Tugendlehre*)。① 法学的研究对象便是所有那些可以由外部立法颁布的法律之总和。② 但凡义务，要么是法律义务(duties of justice，*Rechtspflicht*)，要么是伦理义务(duties of virtue，*Tugendpflicht*)。前者是外部立法的范围，后者之于此种立法则是不可能的。③ 由此，法(哲)学不仅处理国家事实上强制实施的行为规则，还包括所有可能(*potentially*)被此类规则所约束的行为；因而便会使得事实上发布的规则与可能发布 96
的规则之间的区别模糊起来。不过近年来，德国人用自己的方式接

① Kant，*Rechtslehre*，(Philosophy of Law)，Preface，at beginning. Hastie's trans，p. 3.

② 同上：《法理学导论——什么是法理学》(A)，开头部分第 43 页(Introduction to Jurisprudence，A，What is Jurisprudence? at beginning. Hastie，43.)。

③ 《道德形而上学基础》第三章，“道德哲学导论”开头部分第 24 页(Introduction to Moral Philosophy，III，Divisions of the Metaphysic of Morals，at beginning. Hastie，p. 24.)。我受惠于萨尔蒙(John W. Salmon)发表于《法律季评》上有关自然法的论文(11 *Law Quarterly Rev.*，121，140)，其中引述了康德的某些段落。又见威洛比(Willoughby)：《国家的本质》，第 113 页注释(*Nature of the State*，113，note)。

受了奥斯丁的看法；如今已有有识之士已经公开放弃了所有的“非实在法”。①

（前文尚未解决的问题）

现在来讨论这个问题，即法官究竟是在发现已经存在的法律，还是说法官发布的一系列规则不是对已存法律的表达，而是法律本身。我们来举一个具体的例证：很多事项对于司法裁判来说都有疑问，对此并无万世不易的（*semper*，*ubique*，*et ab omnibus*）原则。比如说，亨利·皮特在其土地上修建了一座水库，并储满了水；在他对于水库的看护和建筑并无过失的情况下，水库发生了崩裂，由此形成的洪水淹没了皮特的邻居托马斯·安德希尔的土地。安德希尔有权从皮特那里获得赔偿吗？在英格兰的罗伊德诉弗莱彻案（*Rylands v. Fletcher*）一案②中，其有权获得赔偿得到了支持，该判决也为美国的一些法院所遵循——例如在马萨诸塞州；而据我所知，在另外一些州，例如新泽西，相反的判决则得到了支持。③

现在，假设皮特的水库位于美国的某个新州，例如犹他州；接下来进一步假设此种问题从未在犹他州出现过，对此既无制定法，又无判决和习惯；法院还必须以某种方法作出判决；假设法院应该
97 遵守罗伊德诉弗莱彻案，应该判决此类案件中受害方能够获得赔偿。此时，犹他州便通过其司法机构（由州的强制执行力支持）认可了此类事故中受害方的权利，也因为如此，罗伊德诉弗莱彻案无

① 参见注释：Bergbohm，*Jurisprudenz et Rechtsphilosophie*。

② L. R. 3 H. L. 330.

③ *Wilson v. New Bedford*，108 Mass. 261；*Marshall v. Welwood*，38 N. J. Law，339.

疑就是犹他州目前的法律。

同样，假设类似的事实情形出现在了与犹他州相邻的内华达州，同样的问题出现了，对此没有制定法，没有判决，没有习惯；内华达州的法院也必须以某种方法作出判决；假如法院不应该遵守罗伊德诉弗莱彻案，应该判决在此类案件中受害方不得获得赔偿。内华达州便拒绝认可此类事故中受害方的权利，因此毫无疑问的是，此类事故中的受害方无权获得赔偿就是内华达州目前的法律。

我们现在假设上述两种相毗邻州的生活状况和习俗都是一样的；这样一来，两个相反的原则便不可能都遵循了某个理想的法律规则。我们再假设一位全知全善的智者在考虑此一问题时，根据真正的道德标准，认定上述其中一个原则是正确的，而另一个是错误的，无论是哪一个。就我们讨论的主旨而论，上述原则哪个正确，哪个错误都无关痛痒，且假设上面那位智者赞同罗伊德诉弗莱彻案；即由此认定内华达州法院因其判决而建立的法律没有遵循那个外部的权利准则。

理想的法律理论并不认同内华达州的法律，可这一事实不会 98
影响当下该法律的存在。无论该法律在智力和道德上有多么错误，它也是如今该州的法律。不过，在内华达州法院采用某个针对这类问题的规则作出判决的一个星期之前，内华达州的法律是什么呢？可能有三种观点：其一，那时的法律是理想意义上正确的东西，与现在法院宣示并实践的规则相反；其二，那时的法律与现在宣示并实践的东西相一致；其三，那时针对此事项并无法律。

就“发现”这一概念而论，第一种理论似乎难以站住脚。发现者总是发现存在的东西——而不是不存在的东西。按照这种理论，当安德希尔遭受损害并提起诉讼时，他便拥有将由国家给予保护的利益，而现在的结果是他并没有这种利益——此种用法便产生矛盾。

（不判决，无法律）

因此，我们便只能在此两种理论间作出选择，要么彼时的法律与此时的相同，要么认为彼时针对该议题根本不存在法律。后一种观点无疑有理由且与通常的感觉想一致。据推测（*ex hypothesi*），在上述讨论中的那个时间点上，针对该议题并不存在制定法、先例或是习惯；该州的居民中对此有或曾经有一定看法的人不及百一；对于那些遭遇到此类问题的个别民众（如果有的话）来说，他们的看法很有可能相互冲突。如果硬要说内华达州过去的确已经存在应对此问题的法律，似乎只能说明某种根深蒂固的法律拟制如何强有力地冲击了我们的思维过程。

在引入漫长的时间跨度因素之后，那种认为在法律宣示之前就已经存在的观点之荒诞便更为明显。在“狮心王理查”（Richard
99 Coeur de Lion）[*]时代，关于电报公司针对收报人的责任有何法律规定？或许可以说，虽然法律在其宣示之前就已存在，但在法律的强制力被发现之前，法律的自然强制力（natural force）并不存在。就此，让我们假设一起发生在十一世纪的交易：在一起动产买卖中，卖方通知买方自己已经破产，又要求运输方不再送货。可在征

* 狮心王理查，即英格兰国王理查一世，1189—1199年在位。——译者

服者威廉时代，有关在途交易中止(*stoppage in transitu*)的法律又是什么[*]？

当法院的判决发生了变化时，相信法律的提前存在将会遭遇更大的困难。1849 年，马萨诸塞州高等法院认定，如果有人星期天在波士顿雇一匹马前往纳汉(Nahant)而不是南塔斯克(Nantasket)，马房经营者无权以追索侵占物为名起诉他对马匹的强占。但到了 1871 年，这个判决被推翻了，权利又被赋予了马房经营者。[①] 如此说来，马房经营者在 1845 年享有这项权利吗？如果他们享有，1849 年的法院便没有发现这项法律。如果他们不享有这项权利，则 1871 年的法院没有发现这项法律。

(法院创制了溯及既往的法律)

我们由此得问一问，为什么法院和法学家会拼命主张法律的提前存在，为什么学者们要老生常谈地主张法院仅仅是在陈述法律，为什么卡特先生在朝向真理进发之后，又说法官是法律的发现者。原因就在于不愿承认这一事实：经由国家同意，法院总是处在 100
适用规则以处理争议案件的实践中，这些规则原本并不存在，自然无法在争议发生时为当事人所知悉。不愿面对这一事实：法院总是在创制溯及既往的法律[②](*ex post facto* Law)。

这种不情愿是自然的，尤其对于法院一方来说，它并不愿意让

---

* 征服者威廉(William the Conqueror)时代系英格兰十一世纪的同义词，因为威廉于 1066 年征服了英格兰，系英格兰第一位诺曼人国王。从作者行文来看，有关在途交易中止的法律在普通法的起源时间想必晚于十一世纪(威廉时代)。——译者

① *Gregg v. Wyman*，4 Gush. 322；*Hall v. Corcoran*，107 Mass. 251.

② 一般来说，"溯及既往的法律"将我们限定在创设犯罪和刑罚的制定法中。我在这里对该词的使用要比"有溯及力的法律"(retroactive Law)宽泛一些。

人们注意到自己一直在实施着一项名义上并不为人所知的权力，但这种不情愿又没有什么道理。在门外汉看来，所有的法律，特别当其适用至实际事物时，除了其基本原则中所包含的那些稀少且简单的公平观念，都是溯及既往的。当一个人结婚，或是缔结合伙关系，或是购买一块土地，或是从事其他交易，他对于规制这些活动的法律总是稀里糊涂，而对于我们复杂的法学体系，更是一无所知。如果他要等到自己理解所有相关的法律后果之后，才去缔结合同或实施其他行为，则合同将永远无法缔结，行为永远无法实施。如此一来，若一个人对法律毫无所知，对他来说这便与法律并不存在没有两样。

同样，法官的职能主要不在于宣示法律，而在于用裁决争议的方式维持和平。假设问题出现却还未被解决——此种问题恐怕要比常人而非律师通常想象得更为频繁——法官就必须以某种方式
101 裁决该案件；他正确地希望自己裁决时不是随性而至，而是依据原则；他还发布某些为法院所接受的规则，将来的案件也要依照同样的方式加以裁决。这些规则就是法律，而权利义务的当事人对此并不了解，也不可能了解。这就是法院对待当事人的方式，也只能如此对待。如果主张说，没有被发现的法律或无法被发现的法律，最终要由两个相互分离的团体（他们之间的界限仅仅是人为的）以某些并不一致的方式加以确定，它们竟然早就同时一直存在于这两个团体中，这种说法岂非儿戏？我将在讨论司法先例时再次回到这个问题。

（法律与自然科学）

有人或许会说，某法律之所以是这样，而不是那样，背后总要

有些理由(人类种族的最高福利也以这些理由为基础);调查这些理由便是法官的职能和义务;他是这个领域的调查者,正如艾萨克·牛顿(Isaac Newton)爵士是自己领域的调查者一样;法官会犯错误,牛顿也会,不过真理在很大程度上依然要由牛顿所使用的方式来揭示。然而,法官与艾萨克爵士之间的差别在于,后者在计算地球轨道时所犯的错误不会将地球以加速度发送至围绕太阳运动,他不过是给问题提供了一个错误答案而已;然而,如果法官在调查作为法律基础的原因时,得出了错误的结论,便产生一项与永恒真理相悖的规则,该规则却依旧是法律。地球会安全地忽略牛顿的错误,但地球上的居民却不得不遵守那些由法院发布的被视为邪恶和不义的规则,或是被移交给司法警长。

(作为法律结论性证据的判决)

凭借在普通法中已为人熟知的策略,以发现为名来陈述那些 102
事实*是可能的。我们或许可以说,规则始终存在,法官的司法判决和随之而来的行动仅仅是规则的决定性证据(conclusive evidence);然而,这种说法不过是用来掩饰真理的表面文章。结论性证据根本不是证据,它只是占据了证据与已确证之物的位置而已。当我们说人们被决定性地假设为已经知悉刑法,我们的意思是,人们会因为某些行为而受到刑法的惩处,无论他们是否知道这些行为有无违反法律;当我们说对某种行为的登记是其针对全世界的结论性证据,我们的意思是全世界都要受制于这种经登记

* 指作为法律的规则。——译者

的行为，无论他们是否知道登记的存在。[①]

由一国法院发布和适用的行为规则与该国的法律是同步的，当前者发生变化时，后者亦随之而动。霍德利主教(Bishop Hoadly)尝言："无论是谁，只要他拥有解释成文法或口头法(spoken law)的绝对权威，就所有的意图和目标而言，这个人而不是写下或说出法律的人，才是真正的**造法者**(*law-giver*)[②]"；进言之，无论是谁，只要拥有解释法律和决定法律是什么的绝对权威，他便是真正的造法者。"如无必要，勿增实体"(*Entia non multiplicanda*)。针对所谓"法律"这一神秘实体，试图找寻其渊源、目的与关系似乎并无收获；进言之，法律就是对法院判决时所依据的规则的精确表达。最
103 好直接考虑这些规则本身的渊源、目的和关系，并将这些规则称为"法律"。

法律由法院所遵守的规则构成，人们之所以难以接受这一理论，还在于他们感觉到这种理论似乎是在治疗学意义上对法律的理解，这就好像将医学理解为有关医生在诊断和治疗疾病时所依据的规则的科学；然而，其中的区别在于，医生并没有接收到世界上任何一个统治者的委任，以确定何为疾病，乃至依据自己的意见来治疗疾病——无论疾病是否是致命的；然而，接受委任这一情形恰好符合法官处理摆在自己面前的案件的情形。如果一个国家的法官认定，法律就是崩裂水库的所有人必须进行赔偿，则这就是法律；可是，即便一个城镇中的所有医生都宣布某人得了黄热病，他

---

① 试比较前文第 36 页。

② 班戈主教本杰明·霍德利(Benjamin Hoadly)：《王前布道》(*Sermon preached before the King*，1717，p. 12.)。

也依然可能只是患了德国麻疹。假如当一群医生宣称患者是“提丢斯腹痛”时，他便是事实上真的（*ipso facto*）腹痛，我就承认上述对医学的看法是不可辩驳的。

总而言之，国家因保护和促进人们的利益而存在，这主要是以权利义务为媒介而实现的。倘若每个社会成员都能精确地知悉自己的权利义务，国家便不需要司法机构，行政机构也是多余的。然而，并不存在如此普遍的知识。在真实生活中，要确定国家与其公民的权利义务，国家就需要建立司法机构和法官。要确定权利义务，法官不但要认定事实，还要发布规则，以便他们借此从事实中获得法律结果。这些规则就是法律。① 104

（法律如何区别于其他行为规则）

关于法律，还剩下三两个需要讨论的问题。第一，社会中构成法律的规则之所以区别于社会中其他的行为规则，乃是因为事实上前者是法院发布的规则，法院以此作出判决。常常会出现这种情况：在许多社会成员看来，这些规则与其他规则相冲突，比如他们所设想的道德或是风俗，像允许救助逃亡的奴隶或是进行决斗。同样，当实施由法律规则规定的行为时，这些规则由法院发布这一事实，不总是也不通常是那些遵守法律者心中主要的或支配性的动机。阻止某甲杀死某乙的动机，或是阻碍某丙从某丁手袋里拿

---

① 法律有时被说成是法院将要遵守的规则。参见霍姆斯法官发表在《哈佛法律评论》（10 *Harvard Law*，Rev. 457）和《法律论文集》（*Collected Legal Papers*，167）中的文章；以及他对“美国香蕉公司诉联合水果公司案”（*American Banana Co. v. United Fruit Co.*，213 U. S. 347，356. 一案）的意见。当使用这一表达方式时，我们便能不引用类似第 96 页中的案例，即主张内华达州并无应对此种问题的法律；而是要说，法律将会是什么，那时还不知道。

走其手绢的动机，主要不在于他们害怕被绞死，或是害怕被监禁；而是一些其他的原因，例如宗教的、道德的、社会的，情感的、美感的，推动了他们的行动。这里通常并非法院适用其规则的场合，但如果需要的话，一旦法院适用了规则，这一事实将使得这些规则成为法律。

105 此外，当人们并非自愿地按照由法院发布的规则行动，而是因其强力被迫而为时（强力时常发生），他们的行为便不是司法秩序的结果，而是因为某些因此种遵守行为而直接获利的人，或是某些不享有司法机构权威的行政官员，例如下列情形就是如此——斯泰尔斯将拜特金斯当作入侵者而驱逐出自己的私家城堡，或是X警官因沃特金斯醉酒和扰乱秩序而将其逮捕。[①] 但即使在这类案件中，法院发布的规则仍然是法律，因为就最后的结果而言，法官仍然会将适用这些规则，以应对任何暴力行为，或是应对在法庭上针对拜特金斯的入侵和沃特金斯的滋扰所提出的指控。

（法律并不总被遵守）

第二，假设一个社会的大部分成员的行动都习惯性地与法院发布的特定规则相悖——你还会将这些规则称为法律吗？至于法官依据国家立法机关通过的制定法发布的规则是否就是与法官本意相一致的规则，则在所不问。假设立法机构颁布一项制定法，该法律对于这个国家的居民来说是如此的可恶，以至于社会的大部分成员从一开始就不遵守该法，而法官却宣布这项法律正当且合宪。在那些制定法可因不被使用而废止的国家（这一问题我将在

---

① 参见前文第21页。

后文加以讨论[1])，法院或许会在一段时间过后宣布这样的制定法不再被认为具有约束力，然而，我们考虑的情形是，法院如果的确经常依据此种制定法来发布规则，这种规则还是法律吗？我主张，按照惯例和实践中的常态，应将法院遵照立法机构的行动所作的 106
宣告当作“法律”。如果一项禁止售酒的制定法为法院所认可，而酒类贩卖却依旧不受惩罚地公然进行；对此我们最好说，并非法律允许售酒，而是禁止售酒的法律被视而不见。而且，法院所作宣告的基础无论是制定法还是来源于其他法律渊源，效果都是一样的——正如我一向主张的那样。[2]

在某些情况下，对法律是什么的误解会产生一种不必要的困难。让我们找一个我已经举过的例子：假设美国某州的一项制定法规定，任何售酒者都将被处以罚款或监禁；再假设该制定法如此的令人厌恶，以至连陪审团都不以为然。这项制定法为法院所遵守，是该州法律的一部分，却不是其全部。同样毫无疑问的是，在该州某人只有经由陪审团确认有罪，才能因犯罪被惩处。所有的法律必须被放在一起考虑。我们说法律规定售酒者应被惩处，但真正的法律其实是，一个售酒且因此被陪审团确认有罪的人才应被惩处。如果不存在陪审团的确认，法律所宣告的施加惩罚所必需的要素便不存在。在过去的一些制定法中，这种必然成分常常如此表达，以伊丽莎白法案（*St. 13 Eliz. c. 12*）[*]为例：“如果任何

① 后文第189页及以下。

② 不过，这里涉及有关司法权限制的讨论，参见后文第121页及以下。

* “*St. 13 Eliz. c. 12.*”指伊丽莎白一世时代的一个法案，正文以其年代指称，下同。——译者

一人或多人"伪造硬币,"行为人因此依据有关此种犯罪领域的法
107 律被确认有罪,则将被处以监禁",等等。

(法律由国家制定的规则构成)

第三,如果要说,一个组织化共同体的法律就是那些因其法院而起作用的规则,这种说法或许有些宽泛。依照通常的语言习惯,只有那些法院依其本意发布的规则,或是那些法院遵守的、好似由法院所在的共同体为法院规定的规则,才是这个共同体的法律。

以政治社会的法院来说,在由其处理的情事中,法院总会不得不适用一些并非法律的一般行为规则。即若甲与乙达成合意(agreement),甲的对价是,明确或含蓄地许诺自己在某些事务上听从乙的命令;这些命令的形式可以是一般规则,则这些规则的存在与效力便成了法庭上的问题。在大多数情况下,主仆关系中就存在着此类规则。格拉迪斯雇佣诺拉为自己的家仆,后因诺拉的不当行为将其解雇。诺拉起诉格拉迪斯请求支付薪水,声称自己的不当行为不过是没有戴帽子;虽然有规则要求必须戴帽子,但其合法性与范围却应由法院决定,而格拉迪斯家中的指令并非该国的法律。

或许可以说,这类规则是由双方当事人的合意创制的,又被双
108 方提交至法院,以此作为解决他们之间争议的规则。不过,此类规则并不总是来源于契约。在很多国家,主仆关系已经成了法律中的一个重要议题;现在,在所有地方,父亲都拥有在很多方面为子女制定规则的权威,例如他们必须生活在某地,必须在某个时间上床睡觉。但这些规则并不是法律的组成部分,正如通常理解的那样,即便它们不出意外地进入法庭,法院也必须在判决中判断这些

规则的存在与效力。

有一类规则并非一国法律的组成部分，却时常被法院讨论和适用，这便是社团的内部章程（by-laws）。奥斯丁[①]似乎将社团的内部章程算作某地法律的一部分，如同由最高立法权威明示或暗示的法律一样。在同一标题下，他以同样的方式将司法先例也视为法律的一部分。奥斯丁认为内部章程与司法先例都是主权者的命令，因为主权者允许他如此命令。

不过，社团内部有效的规章与家父（*paterfamilias*）的有效规章似乎并无差别。我可以想见，奥斯丁很难将后者视为该国法律的组成部分。这样就等于说，所有并不直接针对那些国家允许实施或借助奖惩强制实施的特定行为的命令，也都是某地的法律——此种命名术与普遍用法和专业用法相距甚远，至少可以说极不寻常。

（国家之外其他共同体的法律）

应该能认识到的是，这些规则虽然不是国家（state）的法律，109
却可能是其他组织化共同体的法律。由此，私人社团的内部章程可以是该社团这一组织化共同体的法律，而非该国的法律。因此提丢斯用来管教自己子女的规则并不是提丢斯所在国家法律的一部分，却可能是提丢斯家族法律的组成部分。

此类组织可以由国家创制，犹如保险或商业公司；抑或独立于国家，例如罗马教廷（Roman Catholic Church）；抑或对国家抱有敌意，例如虚无主义俱乐部；但这类组织是否有自己的法律则无关

① 2 *Jur*. c. 28(4th ed.)p. 538.

紧要。可以确定的是,若某个俱乐部成员(比如说)的利益在于同一俱乐部另一成员的作为或不作为,此种利益可能因国家中的法院对某些规则遵守而获得保护——例如通常情况下缔结合同;俱乐部的利益也可能因国家中的法院对某些规则遵守而不被保护——例如赌博。但抛开与国家的关系不论,如果某个组织化团体委任专人或团体来处理问题,这个组织化的团体便有了法官或法院。并且如果这些法官或法院在处理问题时遵守了一般性的规则,这个团体便有了法律,该组织体的成员也就享有了该法律之下的权利。就此而论,罗马教廷设有法院和法庭,并且由于它享有开除教籍和其他某些精神审查的强权,它便为自己和自己的成员赋予了权利。[①]

---

① (英国国教)英国国教(Church of England)的历史尤为特殊,于宗教改革时期发生的现世利益与精神利益间的妥协,以及教会各成员就教会政体结构之基础而产生的根本争议,让教会的法官们很难断定此种结构的基础在于上帝的意志还是议会的法案。因为分离教会罪被除名的图雷街(Tooley Street)传教士们(他们自己认为是其他基督徒如罗马人、希腊人、新教徒的遗民)的看法,已经延伸至国王信仰的守护人(Keeper of the King's conscience),后者曾向长老会代表团说道,"先生们,我为了英国国教而反对你们,不是因为我较之其他教派更偏爱英国国教,而是因为它现在已是官方宗教"(瑟罗勋爵(Lord Thurlow),参见坎贝尔(Campbell)的《大法官的一生》[*Lives of the Chancellors* (5th ed.), vol. 7, p. 319)])。罗伯特·菲利莫尔(Robert Philimore)爵士与韦斯特波里(Westbury)勋爵都是英国国教的法官,但他们很有可能对于对教会结构所依据的基础看法不同。然而,要说某个宗教组织[其最高法院是皇家长老会司法委员会(Judicial Committee of His Majesty's Privy Council)]直接或间接来源于上天,的确难以置信。正确的原理似乎是英国国教的结构受惠于政府,然而即便如此,在很多教会成员看来,说国家赋予了教会某种组织结构无疑是异端邪说,虽说教会的法官必须要求助于世俗世界的法律与国王的宗教法,以断定他们所在宗教组织的本质,而在英国国教确立之后,相反的说法在实际中应该是不可能的。关于此问题,哈姆登案(*Hamden Case*)的报告(11 *Queen's Bench Reports*, 483 (1848)[完整的报告来自杰布(R. Jebb)] 极富启发意义。

(一般性行政规则都是法律) 110

第四,还有一个问题会自我呈现出来:由政治组织的行政机构所创制的一般行为规则是否都可被称为“法律”? 或者说,是不是其中的某些规则不可被称为“法律”?

我们必须明确前文我已提到的所谓“一项法律”与“法律”之间的区分,正如这对术语的通常用法那样。[①] 一项法律是国家或其他组织化团体的一项一般性的正式命令;法律则是该共同体的法院在判决案件时所使用的全体规则。因此,这里有两个问题:其一,某组织化团体的行政机构的某个一般性指令是这个团体的一 111
项法律吗? 其二,此类指令是该团体法律的渊源吗?

这类指令似乎确是组织化团体的一项命令,因而便是该团体的一项法律。举一个类似费雷德里克·哈里斯先生(Frederic Harrison)曾举过的例子[他以此表明某些国家规则(rules of States)并非法律],某项来自正当权威(或者说就是最高立法者)的规章规定,陆军招募的新兵身高须为五尺六寸,或有口令要求步兵团正步走的步幅应为二十八寸,或有驻地司令官的指令要求在某个最低标准内必须设置岗哨。[②] 这些规章、口令、指令都是法律吗? 它们无疑都是附带制裁的命令;它们都具备一般和永久的特性;它们都由某人正式发布,而此人的发布获得了国家的授权,且这些规则符合国家的利益与所设想的福利。它们似乎与由立法机构通过的制定法这种国家法之间没有差别。

---

① 前文第 87 页。

② 30 *Fortnightly Rev.*, 690 ; *Jurisprudence and the Conflict of Laws*, p. 49.

所有这些规章与命令都是法律的渊源吗？很难想象的是，此类规则不被送至法院适用，并且其规定的最终制裁并非法院所为之适用的制裁。我们还是用哈里森先生的例子，一项来自英国陆军部的规章规定，身高不是五尺六寸者不得招募入伍。假设某招募官招募一个身高只有五尺五寸的人，还支付了他入伍先令[*]（King's shilling）；后来，该军官因账目短少而被国家起诉；别的不
112 论，他主张自己已获许支付先令给身高未达标的新兵。对此，法院便必须考虑和适用此项规章，无论该规则的效力如何，法官将赋予该规章效力，犹如赋予效力给规定故意杀人者须被绞死或遗嘱须有两名证人见证的制定法一样。

由此，我对主题所能给出的最佳意见是，政治组织体（或是其他团体）的行政机构发布的所有一般性行为规则（如果必要的话，经由法院适用）很难说不是法律的渊源。

---

* 入伍先令（King's shilling，又作“Queen's shilling”），旧时英国征兵，应征者宣誓入伍可先领一先令，称为入伍先令。——译者

第五章　论法院

由于某个组织化团体(政治的或是其他类型的)的法律就是该团体司法机构所发布的规则,所以便有必要讨论法院和法官;我将这两个词视为同义词。

(法官的职责) 113

当然,法官被称为法官并不是必然的;是法官的职能而不是其名称决定了他的本质特征。就此而论,英格兰上议院议长是一位法官。进言之,具备司法职能的主体可能还会具备司法之外的职能。这样,上议院议长又不仅仅是法官,他还主持上议院,负责分配国王的神圣庇护。在某些原始社会,立法权、司法权与行政权统一在同一主体或个人手中。[①]

---

① 行政权与司法权由同一人行使时,两者的职能并不相同,这种区别在学院(college)访问者的例子中表现得淋漓尽致。访问者有两个职能。其一是擅自访问学院,而非受邀前往。此类访问起初很容易被滥用。若访问者是一位主教,他旅行时带来一大队教士和侍从访问学院,住在学院旁一个狭窄且贫苦的住所中。对此,地处牛津与剑桥的各个学院的建立者已经意识到此种访问活动并非纯粹的祈福活动,因此在其基本的制定法中规定,此种访问的频繁程度不能超过每三年或五年一次。在每个第三年或第五年,学院为主教提供帮助,并允许主教进入其所心仪的所有边边角角;但一旦如此,就必须再间隔三年或五年。这就是所谓一般访问。但在一般访问的职能之外,学院访问者还具有另一种职能,即司法职能。访问者有义务听取学院成员对院长、校董或是其他管理部门的投诉,或是院长、校董对学院成员的投诉,以及学院成员间的(接下页注释)

114 某组织化团体的法官受该团体的委派，依当事人主张其权利的诉求，断定义务和与该义务相关联的权利。事实上，此类诉求只能递交给法官，这也正是法官与行政官员的区别。

法官职责的本质在于他应不偏不倚，不要干涉事实事务中的自由意志，不要主动出击，只是决定被起诉至己处的案件。借用英格兰教会法院（Ecclesiastical courts）的说法，法官的职责必须由他人推动。

115 法官通常的职能在于裁判当事人之间的争议，其中一方当事人可能是国家或其他组织化的团体，而他就是该国家或团体的法官。即便在一个无争议的程序里（以至于不能说法官此时是在裁判某个事实上存在的争议，法官只是固定权利，防止争议产生），也须由与裁判有利益关联的另一人向法官提出申请。由此，在获准了对遗愿无争议的遗嘱检验程序之后（这一程序完全不涉及争

(接上页注释) 相互投诉。这些投诉会随时产生，访问者也会随时听取。当他听取投诉时，他便实施司法职能，他的法庭也始终开放；而一般访问行使的则是行政职能。同一访问者这两种不同职能间的此种差别，是由胡特首席大法官勋爵（Lord Chief Justice Holt）在对菲利普诉巴里案（*Philips V. Bury*，2 T. R. 346，348.）的判决意见的经典段落中指出的。“现在，虽然访问者受到了学院章程的限制，因此在五年内访问不得超过一次，但作为访问者，他在所有时间内都享有持续不间断的权威，以听取特定成员的投诉，并为冤屈提供救济。……因为访问只是一项活动，他被限制了时间；但听取诉求，救济冤屈，却是他的本职工作，当然在任何时候都是有效的。”

这位博学的大法官有关行政职能与司法职能间永久区别的意见还出现在一个囚犯的案例中，在该案中，囚犯宣称自己授命于圣灵，以此要求法官进入撤诉程序（nolle prosequi），法官对此回应说：“汝口出妄言，实乃无赖。若圣灵果遣汝至此，他也应将汝遣至总检察长处，而非我处，因他必知我无权开启撤诉程序。”（“我不愿起诉”是中断刑事起诉程序的形式要求。）此类奇闻异事的不同版本见于坎贝尔的《首席大法官的一生（第三版）》（*Lives of the Chief Justices*，3d ed.，p. 9.）、《国家传记词典》“胡特”条目的最后部分（*Dict，of National Biography*，“Holt”）。

议)，法官要裁判这样一个问题——即某张特定的纸张是否就是死者的遗愿，以此防止在相关利益人或主张的利益人就死者的遗产继承产生争议；法官获准了遗嘱检验程序，并非源于其本人意愿，而是源于遗嘱执行人的申请。如果没有申请送至法官，那张记录文本的纸张就不会进入遗嘱检验程序；自愿破产程序的情况亦是如此。

法官以权利为裁判对象。他可能，并且经常会被赋予执行其判决的权威，但这并非必然。裁判功能是司法职位的本质要素，执行判决的强制力则是偶然的。

(执行判决的强制力并非本质)

有时，甚至某个非国家的组织化团体的法院作出了判决，却要
由国家而非该团体执行。就此，在某些时候，当教会法院宣布某人
为异教徒之后，“将有判决规定，他必须被让渡至世俗法院……圣
母教会对上述各项事务不再参与”。此时，要由国家签发焚烧异教 116
徒(*Hæretico Comburendo*)[1]的令状。直到今天的美国，教会法院
的判决也常常借由民事法院的驱逐之诉(action of ejectment)或
侵权之诉来执行。[2]

甚至当这个组织化的团体是国家时，其法院的某些职能依然限于作出裁判。就此，检验遗嘱的法院确定某人临死时是否留有遗嘱，从而固定向受遗赠人或旁系亲属主张权利之人的权利；但该法院却可能并无执行这些权利的机制。

---

① 1 Gibson, *Codex* (2d ed.) 338, note.(原文为拉丁文，根据英文注释译出。——译者)

② 例如：*Watson v. Jones*，13 Wall. 679。

虽说强制执行其裁判的强制力并非成就法官的必然因素，然而必定要有某种执行裁判的方式。以上面的案件为例：检验遗嘱的法院或许没有强制力执行其判决，但若在遗嘱中被称为遗嘱执行人的人获得了对遗嘱的检验权，他便可以在普通法院作为遗嘱执行人执行其主张，不过在没有进行遗嘱检验的情况下，他并不能这样做。

（法院间的不同意见）

有时候，同一政治团体或其他组织化团体中的不同法院间会产生不同意见。它们可能适用不同的规则。在此种情况下，该团体的法律究竟是什么呢？是被普遍遵守的规则。如果某国的各个法院普遍地遵守了某些规则，这些规则便不会因为个别法院偶尔
117 的不遵守而不再是法律。某法官曾偶然判决星期天在马萨诸塞州的支付不能导致偿还债务，但这绝不会成为该州的法律。[①]

此种事实通常会防止同一团体内的法院出现永久的不同意见：在大多数配备法院或法官的组织中，有一个最高上诉法庭，其他所有法院都是该法庭的下属。如此一来，最高法庭遵守的规则便是该组织的法律。当然，正如我们后面将要看到的那样，[②]当我们讨论有关德国司法先例的现代理论而非其实践时，上诉法院的判决的确并非下级法院的法律渊源；然而，当判定当下的法律是什么，也即法院现在将会遵守什么规则时，初审法院可能的确不会受制于上诉法院作为先例的以往判决，但即使假设它就是先例，也只

① 参见：*Johnson v. Willis*, 1 Gray, 164。

② 后文第 209 页。

是回答了该组织以往的法律是什么这一问题，似乎可以说，彼时拥有终审权的法院所遵守的规则只是那个时候的法律。

不过有时候，或许(1)同一政治组织内存在多个平级法院，它们的权力相同，并无共同的上级。或者(2)针对不同的事务存在着多个独立的法院，在其各自的领域内，这些法院都是最高级别的，一个可能的例子便是英国上议院与枢密院司法委员会(Judicial Committee of the Privy Council)。[1] 或者(3)美国非常普遍的情 118
况是，当案件所涉的金额在一定数量之上，该案则由上诉法院受理，反之不能由该院受理。

(多个独立的平级法院)

(1) 若同一组织内存在两个或两个以上的平行法院，无共同的上级，又享有相同的地域管辖权，相同的对人和对事管辖权，相同的权力，同时这些法院又针对同一问题遵守不同的法律，我便看不出我们如何才能避免认定该组织对于此问题并无法律。不难发现，不大可能会出现此种无政府状态。

(针对不同事务的多个独立法院)

(2) 我们来考虑此种情形：多个法院受理不同类型的诉讼或救济请求，它们之上却并无共同的上诉法院。举例来说，假设某人因向安吉丽娜供货而起诉埃德温，同时安吉丽娜又起诉埃德温请求离婚。就同一没有争议的事实，普通法院可能将之作为法律问题，判决安吉丽娜与埃德温并未离婚，而离婚法院(Divorce Court)

---

① *Dulieu v. White & Sons*，[1901] 2 K. B. 669，677，683；*Smith v. Brown*，L. R. 6 Q. B. 729，736.

却可能判决他们离婚。同样，某海员一方面在海事法院起诉轮船要求支付工资，另一方面以同样的目的在普通法院起诉船东，而海事法院与普通法院或许会遵守不同的规则。在这些案件中，就这些事实而论，我们不能确定，法律究竟规定了婚姻存在还是已经解除，或是海员应获得还是不应获得其工资。我们只能说，就这些事
119 实，法律规定某男子对某女子的债务无需承担责任，但他可以同作为其妻子的女子离婚；同样就这些事实，法律规定海员可以向轮船而非船东提起诉讼，反之也是可以的。

应该不难发现的是，在两个具有不同机制的法院并存的情况下，其中一个法院遵守的规则可以说是该国的法律，即便这些规则不同于另一法院遵守的规则。由此，将英格兰的法律如此表述并不为错：若某土地被遗赠给某甲与其继承人，某乙及其继承人为受托人，此时虽然某甲在衡平法上的抗辩出现之前，能够在普通法院提出驱逐之诉，将占有土地的某乙逐出土地，但若依据衡平法，某乙将受到保护，不能被某甲逐出。此时，衡平法院在此问题上所依据的规则也是该国的法律。

（有限上诉权的法院）

（3）我们来讨论上文提到过的这种情形：上诉权因案件所涉金额而受到限制。在英格兰普通法原理盛行的国家，这并无困难。上级法院就一定金额之上的上诉案件所发布的规则，对下级法院具有约束力，也会被下级法院所遵守，无论是涉及金额太小不能上诉的案件还是可以上诉的案件，这些规则都同样适用。然而在德国，对于初审法院来说，这明显是一个开放的问题；如果初审法院的法官不同于上诉法院的意见，他就可以针对上诉限额以下的案

件按照自己的意见作出最终的裁判，即便他的判决意见通常会在上诉限额以上的案件中被推翻。

假设这样一个具体的案例：在某个德国法原理盛行的国家，所 120
有的初审法院都坚持认为，持有从债券上剪切下来的过期息票*(coupon)者无权获得息票所记载的利益；而高等上诉法庭却判定此种持有者有权获得上述利益；进一步假设，诉讼标的少于二十五马克的案件不得由上诉法院审理。汉斯现在有一张超期一年的二十马克息票，而弗里茨的息票同样超期一年，却是三十马克的。要说这个国家法律规定汉斯不能得到其息票上的利益，弗里茨却可以，这种说法似乎是荒谬的；更为荒谬的说法是，如果汉斯有两张二十马克的息票，他等到第二张息票(与第一张同属一张债券)也过期之后，他就可以就这两张息票起诉，并获得其中记载的利益。然而，这却是事实。单独一张息票的持有者不会就其利益获得国家的帮助；国家对此什么都不保护；他对此利益并不享有权利。就此而论，他的处境如同其他的情形一样，虽然有道义上的权利，却没有法律权利。这的确荒唐，但这就是司法机构与司法义务的逻辑——允许下级法院不顾已经被上级法院接受的判决规则。

此处不宜讨论美国联邦法院与州法院的冲突这个话题，因为此种冲突并非发生于同一政治组织内的法院间，而是不同政治组织间法院的冲突，虽然发生冲突的法院有着相同的地域管辖权。
这个问题将会在有关美国司法先例的章节中加以讨论。① 121

---

* 息票是旧时债券票面的一部分，债券持有人可将其剪下，在债券付息日携至债券发行人处要求兑付当期利息。——译者

① 后文第248页及以下。

（司法权的限度）

到目前为止，我们一直将法律视为由法院发布的用来裁判案件的规则所构成；所有这些规则都是法律；法院不会适用的行为规则便不是法律；法院适用这一事实使得这些规则成为了法律；除去这些规则，并不存在“法律”这一神秘实体；而法官与其说是法律的发现者，不如说是创造者。

那么，法官的权力是绝对的吗？寥寥儿人，占据了国家的司法职位，他们就能凭着一时兴起发布规则来规制人们的交往活动吗？不能。法官只是国家的机构而已，它们仅仅享有拥有国家组织形态(organization of the State)赋予的权力，而国家组织形态则要受制于国家真正统治者的意志。

谁是国家的统治者？这是一个事实而非形式问题。在一个名义上是独裁制的国家，真正的统治者可能是法院的一群宠儿，或是宗教中的神职人员；而在民主国家，真正的统治者可能是某个政治煽动家或某个政治大佬。[1]

可以想象的是，法官群体总是一个社会的统治性意志，他们也会借压制其他意志来保有自己的权力。但除了某个原始社会，上
122 述想法几乎不是事实。六位老者端坐在一个铺着红布或绿布的台子上，可能并不具备命令的意志或强壮的体格，他们仅仅是在国家真正的统治者允许行使的范围内行使着自己的职能；因为国家与作为其机构的法院都是这些统治者意志的产物。

由谁判断法官的行动是否超出了上述限制呢？就不太重要的

---

① 前文第 67—68 页。

事务而言，统治者将这个问题的决定权交托给法官群体自身；由此，法官便被允许说出国家组织形态以及权力在其机关间分配的细节；但就重大事务而言，要由统治者自己决定国家组织形态及其机构运行的限度；作为国家机构，如果其行动或宣告与组织形态的本质不相一致，便不能被视为该国家的行动或宣告，也就不是该国家的法律。

法院如何被告知，它发布规则或是因为与统治者建立的国家组织形态不相一致，或是因为超出了统治者设定的法院权力范围而不被认为是法律？若法官的宣告与国家组织形态不相一致，或是超出了其被设定的行动范围，主要的判断依据便是社会成员对此的意见。要确认此种意见是否已经如此的强烈与普遍，以至于必须交由国家的统治者加以判断，抑或确定法院的宣告虽被社会
成员所不顾，却依旧要被认为是法律，[①]对此似乎并无可以适用至 123
所有情形的一般且确定的规则。

应该可以发现的是，社会统治者的那些没有表达的、非正式的、无法表达的意见总是会隐藏在法律的背后，对此，无论成文宪法国家还是不成文宪法国家都概莫能外。普通立法机构的组织形态与权力的确可能规定在宪法中，但是否存在某种使得宪法生效的权力则不是宪法本身能够决定的，宪法自身的力量充其量只如同一本书证明自身的精妙的力量，或是一个人握着靴子将自己举起来的力量。举例来说，宪法具备实效的地理范围有多大？对此有谁投票决定——男子、女子还是儿童？乞丐、奴隶、外国人可以投票吗？创制宪法的代表需通过何种集合体被推荐——城镇还是

① 参见前文第 105 页及以下。

市镇？这些问题都要由统治者来决定；他们的决策是宪法产生的先决条件。大象或许可以踩在乌龟背上[*]，但我们最终还需回溯到那些社会统治者的意志上。

（法律渊源的指示）

国家或其他社群的统治者涉及司法机构或法院的权力是通过两种方式来行使的——首先，创制它们；其次，限制它们的行动，或者说，指示渊源，让它们通过这些渊源找寻构成法律的规则。国家或其他社群指引其法官获得法律的渊源是什么呢？这些渊源的大
124 多数都以极为模糊和概括的方式加以定义，但有一个规则却清晰且精确。国家要求立法机构的法案要对法院产生约束，就此而论，此种法案优先于其他渊源。这可以说是从有关人类组织化社群的观念中得到的必然结果。

此外法院能够获得一般性规则的渊源还有四种——司法先例、专家意见、习惯、道德原则（使用该词也包含了公共政策）。在大多数社会里，是否存在可以获得规则的先例、专家意见、习惯、原则，乃至规则是否可以由这些渊源获得，都是留给法院自己解决的问题；而另一方面，或许所有社会都对法院从上述渊源中寻找规则设置了限制，虽然这些限制未必被精确指明。举例来说，在某个英格兰普通法盛行的国家，法院如果在处理制定法没有规定的事项时，完全拒绝适用任何司法先例，该国的统治者便不大可能将法院

* 典出印度神话。古印度人在解释世界时，认为在地面之下，有力大无穷的四只大象支撑着，大象则站在象征力量的乌龟的背上，乌龟又卧在首尾相衔的眼镜蛇上面，至于眼镜蛇又被何物托住，就不得而知了。此典常被用来形容对事物的解释不得不无限回溯这一哲学困境。——译者

这一原则认可为法律；抑或如果法院依据杀婴并非不义的原则创制了规则，那么该规则也不会是法律。

（作为法律渊源的制定法）

社会统治者的命令对法院可寻找的上述四类渊源作出了限制，虽然这些命令并不明确，但立法法案必须被遵守这一命令还是精确且绝对的；然而事实上，当这一规则真正被实施时，它与法院
所承受的有关其他渊源的规则同样不明确；这是因为，立法机构表 125
达的毕竟仅仅是一些语词；这些语词是什么意思还是要取决于法院，即是说，要由法院解释立法法案；无疑，对法院的解释权依然存在限制，但这种限制与对法院处理其他渊源时的限制一样，几乎都是不明确的。

这便是为什么立法法案或者说制定法应被当作法律的渊源来处理，而不是法律本身的组成部分，同时也解释了它们为何会与我上文提到的其他法律渊源相并列。人们有时会说，法律由两部分构成——立法机构的法律与法官造法，但实际上，所有的法律都是法官造法。某个制定法在某个社会作为行为规则被实施，其形式就是通过法官对制定法的解释来实现的。正是法院将生活纳入了制定法僵死的语言中。再引述一次我在前文已经引述过的霍德利主教的话："不仅如此，无论是谁，只要他拥有解释成文法或口头法的绝对权威，就所有的意图和目标而言，这个人而不是写下或说出法律的人，才是真正的造法者。[①]"

---

① 班戈主教本杰明·霍德利：《王前步道》(*Sermon preached before the King*, 1717, p. 12.)。

第六章　论万国法

（国家间的关系）

126 有可能，或许很有可能的是，一群人会按照某些模式与风俗生活在一起，或者说，人们生活在同一社会里，但并没有形成一个组织化的团体。然而，此类非组织化的组成单位本身却是一个有机体（organism），这可能已经早已是普遍的事实。一群习惯性地走在一起的蛮人即便没有国王和法官，也可能由有机体组成，即由家庭组成；每个家庭都有自己的统治者（如同立法者和法官）和法律。

考虑非组织化群体组成单位间的关系似乎是一个距现代生活很遥远的讨论，但实际上，这种关系不但存在于当下，还是这个世界上的生活里最重要的因素之一。此种关系在现代文明国家（nation）之间依然存在。每一个国家都是一个组织化的单位，但放在一起，它们却没有形成组织化的团体。规制此类国家间关系的规则被称为万国法（Law of Nations），或者国际法（International Law）。它真的是法律吗？

127 （国际法）

有两类问题必须被排除在这个主题之外。现在谈第一类问题。除了神学之外，关涉人类利益的主题中还没有哪个主题像国际法这样存在这么多松散且含混的论著。在它所涵盖的众多领域中,没有哪个问题被客观地裁决,或是被公正地裁决(无论何种意义上的);然而,一大堆问题,还是非常重要的问题,常常被送至法院加以裁判,例如因交战国在公海中俘获中立国船只所产生的问题。当中立国的船只被交战国的战舰所俘获,基于某些被主张的理由,比如该船运载的货物属于敌对交战国,或是运载了战时禁运品,或是冲破了封锁线,它便被带到交战国的港口,被其俘获者在海事法院提起诉讼。如果海事法院找到了俘获的正当原因,该船将受到惩处;若不存在正当原因,该船将被释放。

此时,海事法院的法官一般来说并不是作为国际社会(nations)的一个机构而出现的,而是特定交战国的机构。他用来裁判俘获是否有效的规则是特定国家的法律,他之所以适用这些法律是因为它们是该特定国家的法律。该法律的渊源或许是盛行于文明国家间的习惯,但他提及这些习惯,不是因为国际社会命令他如此行事,而是因为他由其所在国授权如此行事。如果他的国家通过了一项与文明国家间的一般习惯相悖的制定法,该法官也一定会遵守该法。该法的颁行或许会遭到部分中立国的抱怨,甚至可能成为宣战的原因(*casus belli*),但法官还是会遵守 128
该法。

在公海俘获案中,国家间有争议的关系交由一国的法院来处理,但还有可能出现其他情形。例如,某大使驾驶机动车撞死了人,被指过失杀人。他能被审判并被判有罪吗?所谓犯罪发生地的法院必须处理这类问题,但法官所依据的规则一般来说是其本国法律的一部分,而非该大使所在国的法律,更非国际社会的法律。

（国际私法）

第二类问题。在某个国家，依照该国的法律，某人因发生在多个地方的交易活动，或是因不同国家间公民的交易活动而产生的权利，可能会取决于地点或国籍的变化。假想一个货物运输的合同，若要约以信函的形式从巴黎发出，并在马德里获得承诺；合同约定货物将由里斯本用利物浦的货船运至那不勒斯；合同一方当事人的居住地是斯德哥尔摩，另一方当事的居住地是圣彼得堡；当事人因合同争议在柏林提起诉讼，并在此获得了判决；该判决又在纽约引发了另一起诉讼。纽约法院必须断定，应以何种方式，又在
129 何种程度上，分别考虑适用法国、西班牙、葡萄牙、英国、意大利、瑞典、俄国、德国乃至纽约州的法律。纽约法院在考虑这些国家的法律的效果时，所遵行的规则并不是任何外国法，而是纽约州本地的法律。外国法仅仅是一些事实，如同法院需要考虑的其他事实一样。它们并非纽约州法律的组成部分。

由于明显值得期待的是，因多重地点和国籍而产生的法律效果不应在不同的国家有所差异，因此当本国法院针对某一事项发布规则时，就应该注意到外国法。此种做法已经成为多数文明国家法院的通例。针对同一事项，不同国家的法律规定有很多相似之处，而且，纵然在某一事项上存在具有特定管辖权的国际条约，但从比较法理学（comparative jurisprudence）的角度来看，不同国家的法律间仍然有一些涉及文明国家通行原则的相似之处。

无论采用何种处理方式，本主题最好的题目便是斯托里法官[*](Judge Story)引入英语的“法律冲突”(conflict of laws)一词，他用该词为自己的一本著作命名，而正是这本书为作为法学家的斯托里赢得了其本人的最高声誉。然而，此一命名其实来源于某一法律部门——国际私法(Private International law)，这个法律部门虽然为很多令人尊敬的学者所钟爱，却是不幸且有害的。我并不总是同意霍兰先生的看法，这让我更愿意只是借用其法理学著述中的一段精彩评论[①]：“‘国际私法’完全是模糊不清的。依照‘国际’一词含义(该词不仅常见于普通语言之中，还在科学意义上是通用的，在语源学意义上是正确的)，这个短语的意思将会是‘国 130
与国之间规则整体中的私人部分’。然而，这一短语言不达意；使用该短语不幸地导致了对这一法学部门真正本质无休止的错误观念，因为该部门法原本是要阐发出某些原则，以规制法官对私法体系的选择适用，进而处理既定的案件。这一名称还使得对国际法(International law)的表述必须更为冗长，所谓恰当的称谓须要加上‘公的’(public)这一赘语。更为重要的是，对于这一四十年来一直被错误地表述为‘国际私法’的主题而言，要清晰地理解其真正的特征，就必须抛弃这个粗鄙的合成词。这也正是戴雪先生值得赞同的原因，在他那本很可能会长时间作为标准教材的著作里，他回到了‘法律冲突’这个标题。”

---

* 指约瑟夫·斯托里(Joseph Story)(1779—1845)，美国历史上著名律师、法官、法学家。曾任美国联邦最高法院法官，著有12卷本的对美国法律的评注。——译者

① (11th ed.) 416.

(国际法是真正的法律吗?)

在厘定立场之后,我们回到这个问题:从独立国家的角度来看,所谓国际法是真正的法律吗?奥斯丁曾否认国际法具备法律的本质属性,虽说他这一否定常被人吹毛求疵地加以批评,却很难依据合理的法律定义找到一个反驳奥斯丁的例子。正如我们已经看到的那样,国际法若是特定国家法官发布的规则,那它就是该国的法律;但问题在于:它们是文明国家这一整体的法律吗?国际法并不由国际法院所发布,因为世上并无国际法院;国际法也不是某个普遍优势者的命令,因为对于独立国家来说并无优势者可言;国
131 际法也不会被联合部队(joint force)强制实施,因为文明国家并不会将其武装力量联合起来以此将国际法付诸实施。使得国际法可以在国家间运行的制裁并不是物理制裁,而是文明国家间舆论的制裁,这种舆论认为,那些规则是正确的,国家在道德意义上应该遵守。正如奥斯丁所言,国际法就是实在道德的规定。[①]

围绕着"国际法"这一术语,布朗(Brown)先生在一本有关奥斯丁法律理论的有益著作中,提出了一些有趣,或许还有些预言味道的评论[②]:"作为事实问题,国际法这一术语目前已被如此广泛地接受,以至于无法质疑其适当性(propriety)。但若抛开这一点,针对这一术语最严重的指责至多在于,它有一点点超前了。在特定社会的历史中,会有那么一段时期,其时法律与道德间的区分正在变得在事实上难以实现——此时,将要变成法律的东西正在缓

---

① 1 Jur. (4th ed.) 187; 2 id. 593-594.

② § 157.

慢地从实在道德中分化出来——今日国家间的关系也是如此，存在一组规则，规则间的差异一直在形成和发展，有些规则必须被遵守，哪怕没有相应的制裁，而有些规则只是对国际礼仪之善良意愿的表达。前一种规则是正在形成中的法律——它正在为自己成为法律而努力，努力让自己在与国际道德的对比中获得优势，它就像未开化社会的习惯法一样，之所以有资格被称为法律，是因为与严格意义上的法律之间的相似性——后者就是实在法，法理学的研 132
究对象。”[1]

自本书写作以来，国际会议已然召开，建立国际裁判法庭亦被讨论，这一法庭的建立似乎并非不可能。一旦完成，联合起来建立国际裁判法院的若干国家将会成为一个组织化的团体，将会设置法院作为其机构。该法院将会发布并遵守一般性的规则。如果联合起来建立法院的若干国家宣布自己必要时将加入用武装力量实施法院指令的行列，那么这些规则也就变成了法律，而建立该法院的每个国家都将享有法律权利，承担法律义务。[2]

① 又见罗纳德·格雷在《哈佛法律评论》上的论文（32 *Harvard Law Rev*. 825.）。

② 作者是在 1908 年讲这番话的。后来国际联盟（the League of Nation）的建立便是与其预测方向相一致的进步。

第七章　论法理学*

133 法理学是法律的科学，是对法院所遵守的规则以及规则所涉原则所作的陈述和系统整理。法理学分为三种：其一，特定法理学（Particular Jurisprudence）；其二，比较法理学（Comparative Jurisprudence），即是对两个或多个社会的法律进行比较；其三，一般法理学（General Jurisprudence），即对世界上的所有法律体系进行比较。

（特定法理学）

奥斯丁认为，法理学恰当的研究对象是实在法；实在法被限定在法律体系中，它是特定的，或者国家法；许多法律原则在所有法律体系中都普遍存在；这些成熟法律体系中的普遍原则便是一般（或比较）法理学，或者说是实在法哲学（philosophy of positive law）的研究对象。[①] 就此，我们还会看到，奥斯丁将特定法理学视为有关特定国家法律体系的科学。而霍兰教授反对“特定法理学”的提法；他说这一术语的意思不过是“认识特定人群的法律”。[②]
134 这个词的确有这个意思，但却不限于此；它意味着有关特定人群的

* 关于“法理学”在本书中的特定含义，请参看导论中的相关译注。——译者

① 2 *Jur*.（4th ed.）1107.

② *Jur*.（11th ed.）10.

法律的科学知识。用一个术语来表达这一学科是可欲的，这便是“特定法理学”，尽管普通，在我看来却一语中的。

当然，如果特定法院的“法理学”是指“法官思考问题的特定方式”，①那么霍兰教授提到的这种在法国的盛行用法似乎并不会遭遇反对意见。法院（其规则构成了法理学的研究对象）并不是政治社会所独有的东西。谈论罗马教廷的法理学依然是正当的；如果“涡轮管修理者联合会”配备了带有司法职能的法院，那么它或许也会有法理学。

无疑，“法理学”一词还常常在一种难以成立的意义上被使用。某些著作被称为有关法理学的论文，虽然其中的一些论文有些价值，但其处理的是那些有可能在诉讼中出现的事实，这些事实对于特定职业者或交易者来说应该是非常熟悉的。由此，医事法理学（medical jurisprudence）不过是律师和医生的指南手册而已，它包含了一大堆诸如毒理、分娩等方面的信息，并非完整的科学知识，也没有被认为是“法律”主张。因此，当人们在法国谈论“兽医法理学”时，我们也可以类似的方式谈论“建筑工人法理学”或“驾驶员法理学”。

（比较法理学）

比较法理学的目标在于对两个或多个国家或组织体的法律进行系统的比较，发现其中相同和不同的要素。无论如何，我们现在对某些法律体系知之甚少——其中有些是古代的法律，例如亚述 135
或埃及的法律；有些是今天的法律，例如中国或祖鲁人的法律；但

① *Jur*.（11th ed.）4.

所有这些法律都处在或曾经处在与我们生活中的法律不尽相同的发展状态，研究这些法律，将它们与普通法或市民法联系起来，这种做法的主要收获与其说是对未来的改善或变革的期待，不如说是一束投向历史的光线。

然而，虽说普通法和市民法的范围之外的比较法理学研究没有多少实践价值，但在此范围内却可获得大量的素材。英格兰的法律，美国除了路易斯安那州之外所有州的法律，乃至其他一些英国殖民地的法律，包括澳洲大陆的法律，都有着同一个共同的根源，从此根源出发，这些法律后来的发展则不尽相同，而对这些发展进行比较便极富启发意义。因此同样成立的是，欧陆不同国家的法律、苏格兰的法律、路易斯安那州的法律、南非的法律，全都以罗马法为基础，却因自然发展和各自的法典而各有千秋，这就为对这些国家的法律体系进行富有成效的比较创造了大量的机会，此种比较可以是各国相互比较，也可以是将这些国家与那些英格兰普通法刚刚起步的社会进行比较。

一般法理学的自然含义似乎是比较世界上所有的（而非一部分）法律体系。由于我们对于许多在这个星球上已经存在的国家
136 或部落的法律一无所知，或接近一无所知，而且还对某些法律一知半解，以我们目前掌握的素材，便不可能构建出一套有关一般法理学的科学，并且这种不可能还将延续很长一段时间。

一般法理学有时还有另一重含义，即其对象在于所有法律体系中共同的法律规则。针对此种意义上的一般法理学，仍然存在质疑其可行性的反对意见。按照第一个定义，这门科学的成果将何止汗牛充栋；而按照第二种含义，其成果却又寥寥无几。从勘察

加(Kamschatka)到巴塔哥尼亚(Patagonia)*，所能收集到的所有时空中的法律规则的目录很有可能非常简短。

(法律的必然原则只是猜想)

一般法理学有时还被称为有关所有国家法律中必然原则的科学。此种界定在今天恐怕不会获得多少青睐。无需否认的是，法院发布的规则受制于一系列确定的事件，这些事件与因自然的物质力量而发生的事件相比，两者的确定程度没有差别。这便是关键所在。我们知道，语言看起来似乎仅仅是个人毫无规律的活动，实际上却在遵守着一套严格的规则，这套规则可以在事实上遵守它的人或许对规则缺乏明确认识的情况下，依然有效运转。然而如果是这样的话，我们依然对人性(human nature)的一般力量知之甚少——正是它迫使法律发展成为它现在的样子。如今，人们做了大量的工作，以表明特定机构(例如陪审团)或特定原理(例如占有)如何在这个或那个国家发展成现在的样子，但却难以说明， 137
人性中的何种普遍力量成就了地球上的法理学，换句话说，作为人类学的分支，法理学还处于自己的婴儿期。那种有关人类存在的基本法的先天(priori)理论已经稀松平常，同时也完全远离了所有已知的事实，而如若作为以观察为基础的科学，一般法理学目前还并不存在。

不过进言之，我们完全了解这一论断令人极为生疑：存在某些扎根于人性以至于是永恒且必然的法律原则。作为一种有关必然

---

* 勘察加半岛位于欧亚大陆的东北部，在太平洋的西北角；巴塔哥尼亚半岛位于南美大陆南部，在太平洋的东南角。作者这里的意思是，如果一般法理学采取第二种含义，那么哪怕环游全世界也获得不了多少共同的法律规则。——译者

原则的科学，一般法理学之所以可能，依赖某种普遍性的理论，这种理论认为社会关系中存在着某种永恒性，然而最近以来，该理论被强烈地动摇了，是否存在那种永恒性其实极不确定。对此，巴克兰(Buckland)先生说得非常好①：

"通过将法理学称为进步科学，霍兰教授承认了法律原则总是在发生变化这一事实。此种承认有些令人吃惊。如果一个学者仅仅讨论单个国家的法理学，这种承认或许会容易一些。然而，如果说十个国家以不同的样态发展，其中法律原则的命运为何呢？这种情况的出现与法律原则作为普遍的原则而存在是相悖的。如果认为，另一个普遍原则总会产生并替代前一个原则，这种看法与其说是某一科学可以依赖的基础命题，不如说不过是某种顽固的说辞罢了。"

不仅如此，正如巴克兰先生进而指出的那样，此种法律研究中所要找寻的一般性绝非如此：它涉及某些有待发现的制度和
138 原则，能够在所有时间、所有国家的法律体系中都得以确立；这种一般性其实只是个别制度与原则本身的变革所依据的一般性法则。②

---

① *Law Quart. Rev.* 444.

② "被某些法哲学所认定的'抽象人'事实上从未在任何时空中存在过。"[冯特(Wundt)：《伦理学》(*Ethics*, p. 566. Translation by Titchener and others, vol. 3, p. 160.)]；"我这一生曾经见过西班牙人、意大利人、俄国人，等等；感谢孟德斯鸠，我还知道波斯人；但至于'人'，我要宣布在我的生命从未遇见过；如果他果真存在的话，我也对其一无所知。"[美斯特(J. de Maistre)：《法兰西之思》(*Considerations sur la France*, Euvres, vol. 1 (ed. 1851), Chap. 6, p. 88.)]；又见克雷克(Kocourek)教授为《法律方法科学》(*Science of legal method*)撰写的序言第1页，"现代法哲学系列"(Modern Legal Philosophy Series)。又见庞德教授在《哈佛法律评论》上发表的论文的注释(28 *Harvard Law Rev.* 343, 353, note.)。

如果我们打算同时使用比较法理学和一般法理学这两个术语，那么似乎后者的意思一定是可适用至全世界的法理学。然而，奥斯丁却在一个狭隘的意义上使用它，他说道："我所谓的一般法理学，意指对各种法律体系中共同的原则、概念与区分加以解释的科学；它根据这些法律体系去推断更为广阔和成熟的体系。"[①]然而，如果我们对"更为广阔和成熟的体系"有些认识，或者说可能有些认识，那么这种认识也只可能来源于罗马法和英格兰普通法，因此这种认识的范围有限，按照通常的用法，应该将这种认识称为比较法理学。或许可以说，将比较法理学称为"一般的"并无太大危害，然而，如果主张某些法律命题具有普遍乃至必然性质，而其依据又仅仅在于这些命题在某些罗马法学家或英格兰法学家看来是真理或通说，则定会招致恶劣的结果。

（道义或伦理的因素） 139

在界定法理学的范围时，还需注意考虑道义因素在多大程度上应该引入这门科学。[②] 奥斯丁认为，一般法理学并不直接涉及法律的好坏，由此区别于立法科学(legislation of Science)；有些原则作为一般法理学的研究对象是必然的，另一些虽然并非必然，却"由于它们以功利原则为基础，而功利原则扩散到了所有社会中，在所有有教养的社会中都一目了然，因此在所有成熟的法律体系

---

① 2 *Jur*.(4th ed.) 1108.

② 某种研究法律的方法是"从社会的需要开始，考虑法律在多大程度上满足或没有满足这些需要。由于这种方法处理的是法律应该是什么，我们将其称为道义的或伦理的。"本书第一版第1部分。社会学法理学(Sociological Jurisprudence)恰好就是这种道义法理学(Deontological jurisprudence)。

中通常都会存在”。[1]

按照奥斯丁的看法，立法科学与法理学的区别在于后者并不关心法律的好坏情况；但是奥斯丁并没有以他时常的那种盛气凌人来强调这一区别。他说道：“试图将法理学与立法学分离开来是不可能的。”“如果无法确认法律出现的原因，法律本身一定也难以理解。”“在某些不会用热情冒险的情形中，(法理学教授)发表有关法律优劣的观点是有益的。”[2]

140 正如我们看到的那样，奥斯丁承认，按照自己的定义，法理学仅仅凭借自身无法被讨论，任何试图如此定义的人都将同意他的这一看法。学者们畏缩在这两者之间：一方面，法理学被限定为仅仅是已有规则的分类汇编；另一方面，法理学是有关法律乌托邦应该是什么的科学。而法律作为事实而存在则始终被承认，虽然这种存在并不总是十分精确，但它就是法理学研究对象中的必然内容。

实际上，有三种讨论法律(即法院适用的规则)的方式。其一，我们只考虑那些事实上被采纳的规则。这便排除了讨论那些没有被已有规则涵盖的案件。我们只需确定哪些规则在事实上被采纳了。或者是第二种方式，我们既考虑事实上被采纳的规则，确定这些规则是什么，又在已有规则不能涵盖的案件中考虑哪些规则应

---

① *Jur*.(4th ed.) 1109.

② 同上注第 1113 页、第 1114 页。依照奥斯丁的观点，必须牢记的是，立法科学关注法律应该是什么。他将法律所有的变革与进步都看作是立法，无论直接还是间接。立法中通常只有制定法才能引发法律的变革，但奥斯丁将所有引发的变革都归于立法。

该被采纳。或者是第三种方式，我们在所有案件中都只考虑法律应该是什么。

应该承认，最后一种方式并不等于退回了“白纸一张”（*tabula rasa*）。以制定法和先例为基础的规则总是与有益于整体的制度相联系，以至于抵制这些规则或许并不明智，虽然在一个新社会里，这些规则可能至今也未被确立。举例来说，陪审团须有 12 人 141
组成，它的意见必须全体一致，刑事案件陪审团的无罪裁判不得被驳回——所有这些可能都没有被某个新兴国家纳入到一部新的法典中，虽然在一个这些规则长久盛行的国家，改变这些规则并非明智之举。

然而，虽说这就是第三种处理法律的方式，但在此种方式之下，当下法律的存在不过是社会处境中的一个事实，如同社会中的语言及其通常的地位一样——此种地位被用来决定什么才是处理它们的最佳方案。在所有情形中，一个社会的法律应该是什么，这个问题受制于提问者独有的目的。因此，第三种方式在立法科学看来是适当的，在法理科学（Science of Jurisprudence）看来则是陌生的。[1]

（必要的伦理因素）

第一种模式无疑与法理学相契合。第二种呢？我认为它也契合。过去，构成法律的规则被认为能够从确信无疑的原则中毫无差错地推导出来（无论何种意义上），于是说法理学仅仅处理已经

① 按照近来一些学者（特别是社会学派）的看法，立法科学被包容在法理学之下，因此上述第三种方式也就被法理学包容了。

存在的规则便是一种习惯性的说辞了，因为这些规则被假定为涵盖了所有可能的法律原理；然而，我们现在已经对法律发展的模式有所了解，有吸引力的法律原则并非万世不易，这恰好为法律原则未来的发展提供了前景。

142 可以如此阐明这一点：遗赠物（*donatio causa mortis*）[①]在没有送出时是否应该保持完好并非英格兰法理学中的问题，因为它已经假定送出是必然的。若某甲终身享有某遗赠，其他继承人是否应该依据舍雷案（*Shelley's Case*）[②]确定的规则向其支付费用，这也不是问题。另一方面，在马萨诸塞州高等法院作出相关判决之前，[③]关于支票流转之后，银行对支票开立者的检验是否应该算作对付款人的解付的确是该州法理学中的问题。而现在，马萨诸塞州法理学的相关观点是，此种检验的确是为付款人解付了。考虑如今发生在马萨诸塞州的这种检验是否应该算作解付，则是立法科学的问题，而非马萨诸塞州法理学的问题。

在法理学中，有时的确有必要考虑已有法律原理的优点与害处，并以此判断其是否应该被适用。例如，美国的大多数州的法律都认定，一项经约定担保的契据（deed）是为后来获得的土地移交了法定产权（legal title）。尽管建立此种法律是否明智已经广受质疑，但该法律依旧照常存在。不过，该原理是否应该适用至那些契据条款披露产权诉求的案件——其中的担保仅限于对赔偿的承
143 诺，关于这一问题，对于规则优点与害处的考量便是法理学的内容。

---

① 死者去世后才生效的礼赠。

② 1 Co. 93.

③ *Mimot v. Russ*, 156 Mass. 458.

（比较法理学中的伦理因素）

在比较法理学中，首先要认为存在两个或多个独立的法律体系，接下来的结果便是进行比较，并显示其相同之处与不同之处；进一步来说，如果确认法律体系在某一些点上一致，在某些点上有区别，那么就要在比较法理学的范围之内，在考虑其相同之处的同时，讨论哪个法律体系在就其不同之处提供了更为合理的观点。例如，假如两个国家有关票据的法律在大多数要点上都是相同的，但根据其中一国的法律规定，持有承兑票据以偿还先期债务的人被认定为价值的买方，但根据另一国的法律，此类人却不是买方。就这一特定问题而论，哪个国家法律的结论更好便是比较法理学要回答的问题。不过，要讨论在此问题上（在这两个国家，应对此问题的法律都是以同样的方式确立的），法律应该是什么，则超出了比较法理学的范围。

某些法律在所有人类社会中具有一致性，针对这些内容若问法律应该是什么这一道义问题，则不属于一般法理学。而在这个可能并不广阔的领域之外，法律应该是什么这一问题便是一般法理学恰当的研究对象，一般法理学吞没了上述内容，或者如何有人愿意这么说的话，一般法理学本身又被立法科学吞没了。

就其已经阐明的范围而论，法理学包含了对法律应该是什么 144
的考量，因为道德原理将在很大程度上成为最重要的法律渊源——法官凭此找寻或应该找寻那些创制法律的规则，对此，我们将在后文中看得更加清楚，而如果我对法理学的这一看法是正确的，那么正确的道德理论便恰当地进入法理学的范围；因此，我也就不能责怪奥斯丁在其论著中同样也讨论了道德基础。当然，从其本人的观点来看，他的这一做法似乎很难获得证成。他一直在努力使得法理学的范围不超过事实上已经确立的法律，尽可能地排除道义因素，因此讨论道德基础便在其著作中显得极不相称。但就定义“法理学”而论，这种讨论倒是合理的，正确的伦理基础似乎的确是恰当的思考对象。

（作为纯粹形式科学的法理学）

还有三种或是四种更为狭义的法理学定义，它们不应该被忽视。霍兰教授将法理学定义为形式的而非实质的分析科学：“这就是说，它处理的是法律规则规制的各种关系，而非规制这些关系的法律规则本身”；他将法理学比作语法学：“名词所有格是否要因特定的结尾或是前置的介词而做改动，这是一个语言上的问题；但是‘所有’这种观念虽说有很多表达形式，这些表达却可见于所有类别的人类言谈，所以这一观念便是与语言形式相关联的一个主题”。霍兰教授接着说道，“比较法(Comparative Law)收集并罗列各个国家的法律制度”，而法理学则阐发“较为成熟的观点，这
145 些观点涉及在各类现实法律体系中已经被广泛认同的观念与方法。举例来说，比较法的职责在于查明不同时间地点内有关时效取得期间(the period of prescription)的规定是什么……而法理学则要就时效与所有权和诉讼的关联来阐明其含义。一个法理学体系能够仅由对一个法律体系在其成长的某个时间点上的观察而被有意识地建立起来……因此，法理学并非有关各个国家之共同法律的实质科学，而是有关那些被普遍认为具有法律后果的人类关

系的形式科学”。[①]

这种说法貌似合理，但其实对法律的实质没有作出多少反思，就逻辑学而论，“有关形式与形式关系的观念绝不会如此简单，这些观念只会身陷某种模棱两可之中，即借助这些形式和形式关系，人们能够立刻解决哲学方面的某个复杂难题”。[②] 实际上，法理学并不比生理学更像形式科学。正如骨骼、肌肉与神经是生理学的研究对象，人们的作为与不作为，乃至发生在人们身上的各种事件，都是法理学的研究对象，生理学不能排除前者，法理学同样也不能排除后者。正如普拉特(Platt)教授正确指出的那样：“如果不顾作为与不作为，乃至对它们被命令时的事实情况置若罔闻，则根本无法界定法律，甚至连法律主要部类的基本框架也无法建立。在脱离法律的所有内容的情况下，尝试构建最为一般的所有权或 146
合同概念，这种做法无异于画饼充饥。”[③]

让我们举一个有关时效[④]的例子来说明这一点，这也是霍兰教授曾经使用过的一个例子。在时效这个问题之下，以下事项将会产生，并在不同的国家遭遇不同的处置方式。1.时效的限制是对权利的补救还是对权利事实上的让渡？2.时效必须在善意占有的情况下才可开始计算吗？3.继任的独立时效占有人能够将自己的占有时间算在所要求的时效内吗？4.推定占有能够因权利的表象而计算时效吗？5.无能力继任者能够计算时效吗？6.当时效开

---

① Holland, *Jur.* (llth ed.) 6-9.

② 安德森(Adamson)教授，“逻辑”(《不列颠百科全书》)[“Logic”, *Encyc. Brit.* (9th ed.) p. 780.]。

③ 24 *Am. Law Rev.* 605-606.

④ 即因经过一段时间而获得财产权。

始计算之后,能够发生中止吗? 7. 在反对时效发生的主体没有察觉的情况下,时效可以发生吗? 这些问题以及其他与之类似的问题都是法理学中的问题吗? 如果是,那么所有有关时效的问题,除了时效期限的长短是任意的之外,都属于科学的范围;如果不是,法理学便仅仅是对各类时效的规定进行枯燥地罗列;不仅如此,当然还可以说法理学教导我们,财产权可以在不发生财产让与的情况下从一个人手中转移到另一人手中,而比较法则提供了时效作为上述原则的实例。

147 (法理学的本质在于方法)

法理学与法律的关联不在于处理何种法律,而在于如何处理法律。一篇法理学的论文可能去钻研一个极其特定的问题,也可能限定在阐发最为一般的原理上,这两种情况都不会辱没法理学之名;对于法理学来说,本质的东西在于论文必须是有序的、科学的,其中所涉及的问题应当被恰当地分类与归位。"我们必须将法理学这个最为一般的词语赋予任何对法律的科学处理,而无需受到该词自然含义的限制。"可以发现,正如普兰特教授评论的那样,霍兰教授实际上并没有在他有关法理学的著作中排除法律的实质内容,而是依然恰当地在书中对特定法律体系中的特殊问题采取了开放的态度,如同这些问题是普遍的那样。

在其一篇有关实在法的重要著作①中,莱伍德(Lightwood)先生对法理学采取了一种与众不同的观点。他认为:"如果我们只从英格兰法中获得法律的特征,而且只在历史中解释它们,我们就不

① p. 10.

会涉及科学，因为法律的特征与原则都是偶然的，历史原因或许与功用毫无瓜葛。然而，假如我们能够表明这些特征与原则的真正基础在于人们的需要，我们就可以科学地处理法律，还可以炮制出这个国家的特定法理学。对于‘法理学’这个词，这至少就是我能给出的仅有的自然含义。”

但是，对于那些被某位学者认定并非“根源于人们的需要”的法律来说，将所有这些法律全都排除出法理学恐怕也是难以令人
接受的。正如前文所言，在已经确立的法律的范围内，虽然法理学 148
或许也要考虑法律应该是什么，但它还包括了对已确立法律的有序解说，而我们如果忽略了后一种因素，就会将特定法理学的阵地留给立法科学。

（两个法律体系的共同原则）

莱伍德先生还讨论了一般法理学。他认为，若将一个国家的法律体系与其他国家的法律体系进行对比，就会发现某些共同的特征与原则；这些共同之处将被认定为比其他特征或原则更具永恒价值；至少可以发现，这些共同之处“与其他东西的区别在于它们明确地遵循了功利原则”。并且“因此，我们可以暂时假定，通过比较不同的法律系统，功利原则便获得了检验；但如果此种方法没有成功，我们便只能直接适用这一原则”。[①]

然而，上述猜想与假定似乎难以成立。共同的要素（比如说英格兰法与罗马法之间的）一定比其他要素更具永恒价值吗？将有关规定婚姻限制条件的规则与有关授权剥夺子女继承权的规则加

① Lightwood，pp. 15，16.

以比较,普通法与罗马法的相同部分在于,两者都规定限制婚姻的一般条件是无效的,但两个体系在剥夺子女继承权上的规定却有所不同。显然,我们不能说有关婚姻限制条件的规则要比有关继
149 承权的授权规则"更具永恒价值"。我们也看不出,前者与后者的区别"至少"在于"它们明确地遵循了功利原则"。

在阅读莱伍德先生的著作时,我们应切记,罗马法与英格兰法中所显现出来的共同规则并不能必然被当作"应该是"的法律。不仅如此,虽说如果某个法律原则被某些贤达(哪怕不是像乌尔比安或柯克勋爵这样的人物)所认同,那么这种认同一定会对该原则起到支持作用,但是,这种说法绝非危言耸听:即便是乌尔比安与柯克阁下也会在很多问题上对什么才是有益于社会的东西茫然无知。举例来说,罗马法的损害赔偿之诉①(noxalis actio)*,以及在英国普通法中主人因仆人的行为而承担责任,它们是不是明显建立在明智策略的基础上呢?或是以上文提到的那个婚姻限制条件的问题为例,很多最为聪慧与优秀的人都只会非常乐见于法律为限制婚姻助力。即便有了罗马法与普通法基础,从一个完全不同的角度来看,依旧会存在是否具有普遍性的问题。

关于什么才是社会介入其成员生活的最好模式这一问题,虽然人之公义(personal righteousness)的观念可能不会有太大变化,但如今,人们肯定不再求助于那些"经典法学家"或是"普通法的圣贤",而且人们也不会心安理得地认定,由于这些备受尊敬的

① 英格兰法中,此种诉讼会产生一个同样针对主人的权利。

* 因本人的奴隶、动物、仆人或子女所造成的损害而向本人提起的诉讼,故原文注释中出现了"主人"字样。——译者

人在社会道德与政治经济方面的解决都是相似的，他们就一定正 150
确；存在这样的看法，即认为罗马法与英格兰法中一致的东西一定是正确且基础性的，此种看法已经让某些学者混淆比较法理学与一般法理学，还让他们理直气壮地将某些规则当作普遍乃至必然的规则加以阐述，而之所以如此，只是因为他们在《学说汇纂》和威廉的桑德斯（Williams's Saunders）[*]的注释中找到了共同的东西。

莱伍德先生还在纯粹法理学与一般法理学之间作出了进一步的区分，[1]——前者处理特征，后者处理原则。不过在实践中实现此种区分似乎是不可能的。按照此种区分，一项合同是什么与不同种类的合同是什么都是纯粹法理学的内容，而什么样的合同可被强制执行则是一般法理学的问题。但此种合同在数量上是无限的；它们可能关于帽子和羊群，可能发生在白人与黑人之间，可能写在白纸或蓝纸上；合同可能的特征不计其数；只有那些涉及可强制执行问题的特征在法理学（无论是哪种法理学）中才有意义；因此，用特征与原则来区别纯粹法理学和一般法理学实际上是行不通的。

（历史法理学）

对于理解制度的本质来说，历史的作用不可小觑。某个事实上存在的法律体系的内容若很难分类且难以记忆，则处理其中的
不寻常和不齐整之处便极富意义。此种处理能够帮助人们将法律 151
中相同于现代观念的部分与自古代就一直存在的部分区分开来。

---

* 或指16世纪英国王座法院的首席大法官爱德华·桑德斯（Edward Saunders）。——译者

① pp. 13-17.

举例来说,按照我们现代的观念,法律的措施(arrangement)主要在于权利和义务的本质,诉讼的样式反而已经成了障碍,但要理解非法侵入、追索与允诺如何从法律的措施没有权利而只有救济的时代发展起来,诉讼样式便基本上不再是障碍了。同样,记忆如今已经没有合理理由的法律原理确有困难,但一旦将这些原理追溯至其起源的时代,此种困难便会减轻。今天的理由要好于昨天的理由,但昨天的理由无疑好于没有理由。

不过,此种历史的方法亦有其缺陷:它将引发文本式的而非实践式的研究;它不利于人们将如今的法律作为一个整体而加以掌握。弗雷德里克·哈里斯(Frederic Harrison)先生对此作出的评论令人注目。[①] 在谈到对罗马法的历史研究时(此种研究因盖尤斯的发现而盛行),他说道:"此种加重学生记忆负担的后果如此频繁地发生,使得那种过时的法律精神与真正的法律思想常常发生冲突。去了解罗马法体系曾经如何无序、如何武断、如何陈旧当然是应该的,但更重要的任务是去了解罗马法最终变得如何有序、如何明智、如何正确(科学意义上的)。"

① 31 *Fortn. Rev.* 120-130; *Jurisprudence and the Conflict of Laws*, pp. 86-87.

第二部分　法律的渊源

第八章　论制定法 152

迄今为止，我们已然讨论了法律的性质。我已将法律定义为法院为确定权利义务而发布的规则，亦试图指出法律与获取法律渊源之间的区别，以及混淆它们所产生的混乱与错误。[1] 我们现在将要讨论的便是这些渊源。

（立法）

在任何一个人类社会中，法院所能获得法律的第一个渊源便是该社会立法机构的正式意见。我们能够想象一个具备司法机构却无立法机构的社会。此类社会的法院将会遵守其他渊源，例如其本身先前的判决或是习惯。然而事实上，所有现代文明的政治社会都具备立法机构。

在任何组织化的社会，特别是政治社会中，都存在着某些承担立法职能的团体（body），这些团体由该社会的组织形态，或是由最高立法团体以指令或认可的方式加以确立。在成文宪法国家， 153
颁行宪法的团体便是最高立法机构，其余所有享有立法权的团体或主体，包括常见的立法院、国会、公民大会、考特斯（Cortes）[*] 都

---

① 前文第 84 页。

* 考特斯（Cortes）是西班牙和葡萄牙议会的名称。——译者

从属于最高立法机构。

在大多数现代社会,主要的立法权属于集体,而非个人。在政治社会中,这类集体通常都是所有社会成员的代表;但有时,全体社会成员都被认为享有集会和投票的政治权力,例如,古希腊的城邦、瑞士的某些州、新英格兰的市镇集会便是如此。在非政治的社团(会)中,立法机构也由该社团的所有成员构成,例如公司的全体股东会议或俱乐部的全体会员大会。

虽然现代社会的主要立法职能由组成人员数量不等的各类团体(无论是否是全体社会成员的代表)所掌控,但仍有某些立法权属于个人。例如君主或政府(government)首脑发布公告的权力,财政部长或邮政署长发布规章的权力,总司令发布一般性命令的权力——这些命令通过各级军官,传达给某个指挥所的下级军团。

(制定法的多种称谓)

立法机构法案的名称数量繁多:宪法、制定法、法案(act)、条例(ordinances)、公告(proclamations)、规章(regulation)、指令(order);罗马法中的法律(*leges*)、平民大会决议(*plebiscita*)、元老会决议(*senatus-consulta*)、告示(*edicta*),敕令(*constitutiones*);
154 德国法中的法律(*gesetze*)与法令(*verordnungen*)。然而不幸的是,没有哪个词语能够被认可为上述种种法案的属概念。在我看来,除了用“制定法”这一称谓之外,已经没有更好的属概念来命名一个政治社会中普通最高立法机构(the highest ordinary legislature)的诸多意见了。

之所以会有如此繁多的名称,乃是因为此种观念,即认为制定法与公告(比如说)之间存在着本质的区别;当然,就其涉及的政治而言，它们间的区别或许的确十分重大，但从法理学的角度来看，制定法与公告之间的差异没有实质意义。它们都阐明了具有同等约束力的一般规则，并以同样的方式约束着法院。在没有成文宪法的国家，最高立法机构的权力实际上是无限的，纵然享有立法职权的官员在行使权力时通常会被限制；不过，我们更为熟悉的是那种有成文宪法规定的政府，至少在美国，对普通最高立法机构的权力有着频繁而严格的限制，区分制定法与公告也就没多大意义了。低级官员的大多数意见，只要属于立法权的范围，那么按照该国的组织形态，将与高等议会或集体的法案一样，而直接或间接地约束法院；最高立法团体在其宪法能力之外的任何意见，如同最低级别的官员的未经授权的指令一样，都是无效的。[①]

立法权并不为政治团体所独享；所有组织化的人类团体都可 155
能具备立法机构，而大多数诸如教会、公司、慈善社团、社会俱乐部之类的团体也的确具备立法机构。

非政治的组织化团体立法机构的正式意见一般并不被称为制定法；我们一般将其称为教会法或公司章程。但这仅仅是说辞上的问题罢了；对于法理学的研究目标来说，它们在性质上与国家的制定法是并无差异；即是说，作为某些组织的教会或章程，它们对该组织内的法院同样具有约束力。

对于非国家的组织化团体来说，有一种特征值得重视。某些团体虽然并非国家，但依然是政治性的；这便是国家的机构，这些机构因执行国家的目标而被组建；某些国家权力也因这些目的而

① 参见前文第110—112页。

被委派给此类机构；不仅如此，如果此类机构也具备立法机构，那么由此立法机构所宣布的一般规则也就等于国家所宣布的一般规则，也是该国的制定法。某些自治性团体，例如自治市（municipal city），便属于此类政治团体。它们发布的条例事实上也是其所在国的制定法。由此，若立法权被赋予了某个个人，例如君主、元首、秘书长、或是总长，而且该个人还发布了包含一般性规则的公告或规章，则这些规则事实上也是由其所在的国家发布的；对于法学家来说，它们与普通最高立法机构的制定法没有差别。

（非国家团体的规则）

然而，教会、公司、慈善团体、社会俱乐部全非国家的机构；它们并非是因政治目的而被创制的政治团体；教会法或章程也就并
156 非国家的制定法。毫无疑问，这些团体的存在常常依赖国家，它们只能在个别事项上立法，还需受限于国家的规定，但是，某个汽车制造公司的股东大会并非就是国家用来实现自身目的的机构，而只是公司实现其自身目标的机构而已。国家仅仅是允许公司实现自己的目标，国家自己并不创设这些目标。

如果我们只是因为国家能够在其认为适当的情况下禁止公司股东通过章程，便将公司章程称为国家的制定法，那么我们就应该将所有主体经由国家允许所发布的，且被其自己的法院所倚重的一般性规则称为国家的制定法。由此，家长有关其子女须在每晚八点上床睡觉的规则，乃至厨师煮蛋时间应为两分半的规则，都是国家的制定法。

无疑，这还不只包括一般性规则，所有由有权发布指令的主体发布的特殊规则虽说因为缺乏一般性而不能被称为国家的制定

法，却可以是国家的命令。主人有权指令仆人为其递来一瓶芥末，如果她拒绝，他便有权利解雇她，而国家也会保护此种权利；因此，如果按照上述理论，递来芥末的指令也是国家的命令。[1] 我想，即 157
便是奥斯丁也会在这一结论面前打退堂鼓。

虽然国家的法院经常会碰到实施非政治组织立法的情况，但这些立法却并非法律的渊源。就此而论，假设某俱乐部成员因不当行为而被起诉，俱乐部按照相应的章程组建了一个委员会来审判该成员，那么对于这个作为俱乐部司法机构的委员会来说，俱乐部章程便是其法律的渊源；这些章程是俱乐部向该委员会发布的命令，对其有约束力；然而，若该从事不当行为的成员被开除，且被诉至国家的法院请求恢复原状，则此时俱乐部规章便不再是针对那位来自国家的法官的命令了；这些规章仅仅是事实，是该成员与俱乐部签订的入会合同中的一部分。这一区别一般会在诉讼程序中展露出来。俱乐部的委员会将会对俱乐部章程进行司法认知（judicial cognizance）[*]，而国家的法院则会要求证明（prove）这些规章。

不难发现，就性质而言，被视为非政治团体的法律渊源并非国家的法律渊源（这在考虑立法法案时最为明显）。不仅如此，同样正确的是，非政治团体的某些其他法律渊源，例如教会法庭中的先例，也不能被恰当地认作国家的法律渊源。[2]

---

① 参见前文第 107 页。

* 司法认知是诉讼程序中无需当事人证明的事项，案件需适用的法律应由法官确定，而无需当事人证明，而某些案件事实则需要当事人提供证据加以证明，故有此一说。——译者

② 当然，这种说法在那种虽然被称为教会法庭，但实际却是国家机器一部分的法院那里行不通，英格兰的教会法庭便是如此。参见前文 109 页注释。

158 我们还可以换一种方式来讨论这一问题。法院发布的一般规则(即法律)与法院的判决之间存在差异。在进行判决时,法院将法律适用至事实。这些事实可以是非政治团体的规则,如果你乐意的话,可以将这些规则称为判决的要素或渊源,它们并不是法律的渊源。

将以下两种规则区分开来原本极为寻常,一种是国家创制的规则(无论直接还是间接),另一种是由国家许可的团体或主体创制的规则,前者是法律的渊源,后者是事实(除非就证明而论,某些规则既不属于前者,也不属于后者,它们是许多人为规则的对象);然而,说"国家命令孩童应服从老师的指令,而巴罗先生又指令汤米·莫顿将手指从嘴里拿出来",此种说法与另一说法"国家命令莫顿先生移开放错的部位"在实践中几乎没有差别。在莫顿诉巴罗暴力入侵一案(*Merton v. Barlow for trespass quid vi et armis*)中,法院依据另一种理论获得了同样的结果。

(日耳曼法中的自治权)

上述区分并不十分重要,这一事实也或许可解释德国所谓自治权(autonomy)的存在,而对它的讨论已然不少。自治权属于非国家团体的立法权,它创制的指令可以作为国家法院的法律渊源。所有的学者可能都会赞同以下两种说法。其一,国家的官员所发布的指令不具自治性;它们就是国家通过其官员而非普通立法机
159 构而发布的命令。其二,普通私人社团规章不具自治性,这类规章是此种社团恰当的法律渊源,但并非国家法院的法律渊源,在国家法院看来,它们仅仅是事实。

正确的说法似乎应该是,自治权这一说法是历史的而非逻辑

的;它的出现源于人们清晰洞察力的缺失。就中世纪松散的政治组织而论,许多市镇与社群虽说位于某个王国或公国,却在很大程度上是独立统治的(self-governed),有可称为制定法的成文法。这些社群起初作为独立的组织而从某些政治团体中解体出来,但又处于服从某个封建贵族的状态(无论如何定义),且位于该封建贵族的领地中。如今,发生此种情事的条件已然消失,此种市镇已经成了更大国家(王国或公国)的自治市(municipal city),由其通过的规则将被认为是该大国发布的规则。在此种退化,至少可以说是变革的过程中,虽说此类市镇不再是独立的国家,却并不被认为是更大国家中的机构,于是所谓自治权的说法便出现了。[①]

(制定法的形式)

就法律的目的而论,制定法的形式无足轻重。制定法究竟致力于书面表达还是口头表达都没有关系,当然,因为便于保存的缘故,它在现实中总是书面的。

罗马人区分了成文法(*jus scriptum*)与不成文法(*jus non* 160
scriptum),并将这两个词用文字明确表达。就成文法而言,它不仅包含了最高立法机关的制定法,还包含了长官告示(*edicta magistratuum*)与法学家的解答(*responsa prudentium*)。[②] 在萨维尼看来,[③]正是这些法律形式的起源决定了它的名称。

在中世纪的法国,成文法被当作罗马法而与习惯法相对立,对

① 美洲国家联盟(States of Union of American)间的关系正在慢慢地走向封建国家间的关系,这绝非天方夜谭;只是在现代人的眼中,此种变化难以察觉罢了。关于自治权,参见附录四。

② 参见后文第201页。

③ 1 *Heut. röm. Recht.* § 22.

此，杜坎奇(Ducange)曾引用过一段1277年的议会记录："在有习惯法的情况下，律师不会贸然援引成文法，而是采用习惯法。"

马修·黑尔(Matthew Hale)爵士在其《普通法的历史》(*History of the Common Law*)一书中，将成文法一词限定为议会的法案，"就其最初的形态而论，成文法可以转化为书面形式，因此可以按照它们原始的形态，在不改变初始的格式和字词的情况下加以保存"。他将除此之外的英格兰法称之为不成文法，其中包括了在英格兰适用的市民法和教会法。[①] 布莱克斯通在这一点上也追随了黑尔。[②]

在蒂堡(Thibaut)看来，成文法由直接发源于国家最高权力的命令组成，无论它在事实上是否以书面形式出现；[③]而奥斯丁则用现代文明人的口吻给出"成文法"一词的含义，这是一个十分恰当
161 的评论："没有什么比它所使用的语言更为无用且具误导性了"；它难以表达出任何重要的特征。[④] 而后来的德国学者则抛弃了成文法与不成文法这对术语。

如果认为"成文法"与"不成文法"的含义的确模糊不定，除了在罗马法中之外，难以表达其预设的含义，且这对词语所阐述的两者间的区别也不甚重要，那么最好的办法就是像德国的实践那样，不再同时使用这对术语。

---

① Hale, *Hist. Com. Law* (4th ed.) 23; (5th ed.) 27.

② 1 Bl. *Com*. 63.

③ Thibaut, *Pand*. § 10.

④ 2 *Jur*. (4th ed.) 530.

（制定法的一般性）

制定法是一般性的规则。立法机构有关某市镇应支付一百美元给蒂姆西·科根的决议并非制定法。一般性的特征将制定法与其他不具备这一重要特征的立法法案区别开来；无论是制定法、决议还是其他特点的议案都是由同一权威发布的，它们对法院都有约束力。在科根诉某市镇没有支付一百美元的案件中，或是在该市镇诉其出纳的保证人在无授权的情况下擅自支付的案件中，那项决议与涉及所有市镇居民的一项制定法一样，均约束着法院。制定法与其他立法法案之间的差别虽说在实践中没有多大意义，然而在法理学中却意义重大，因为法理学是对一般性规则所进行的系统且科学的处置；孤立的特别命令通常并非该学科恰当的研究对象。

一项立法法案若要被承认为一项制定法，则其一般性必定要 162
么来自于它能够适用至所有全社会或阶层，要么来自于它能够作为个人行为的永久规则（虽然不必然是永恒的）而被适用；例如，某法案若规定某甲始终无需交税，便可被恰当地成为一项制定法。关于这一问题，在其有关布莱克斯通的《英国法释义》第一版的注释中，[①]哈蒙德（Hammond）先生提出了某些极为明智的评论，但若在这一问题上花费太多的精力，似乎就有些流于琐碎了。

（外国制定法）

只有法院所在国立法机构的法案才可能作为法院的法律渊源而被称为制定法。本国的法律会在某些特别情况下指示其法院考

---

① 前文第125页注释。

虑外国的制定法,但外国制定法是否如同合同或遗嘱中的条款那样不是本国法律的渊源,则存有疑问。[①]

(制定法的颁布)

某项制定法要具备作为法律渊源的力量,其必然条件是什么?当然是它必须被立法团体通过。但除此之外还有公开的要求吗?此问题的相关实践五花八门,不一而论。

(市民法)

在罗马共和时代,"颁布"(*promulgare*)一词意味着提出一项法律计划(project),这一含义也可适用于发布一项法律情况。在
163 共和时代, 除非制定法中有规定,否则并没有什么公布(publication)活动作为制定法律生效的前提条件。而在帝国时代,皇帝既享有立法权,又享有行政权;但除了作为立法者表达意愿之外,对于皇帝作为行政官员而使得一项制定法生效这一活动来说,似乎也并不存在其必须完成的步骤。在我看来,罗马法并没有这方面的讲究:将某种现代文明意义上的公布活动作为制定法生效的必然条件。[②]

按照当下在欧陆盛行的理论,一项制定法要成为法律的渊源,必须具备四项条件。(1)该法须由立法机构通过。(2)该法经由特

① "在外国法被当作权威来引用的地方(这其实很常见,例如瑞士法院对待德国制定法的做法),外国法并不被当作制定法,而是作为'书面理由',如同引用一位学者的意见一样。"[埃利希(Eugen Ehrlich):《司法裁判的自由》(*Freie Rechtsfindung*,Ch. I,9. Transl. in Science of Legal Method,p. 59. Modern Legal Philosophy Series)] 同样的情况偶尔也会在美国发生,例如,美国的法院有时会引用另一国颁布的《可转让票据法》(*Negotiable Instrument Law*)中的条款。

② Krüger,*Geschichte d. Quellen*,§17,pp. 266,267.

定的文件加以宣告。(3)该法被要求公布。(4)该法被公布。这些活动中的第一项由政府中的立法部门实施,其余三项由行政部门实施。在法国与采纳法国现代法理学的国家,第二项与第三项活动通行的名称是颁布(*promulgation*),而在德国则被称为签发(*Ausfertigung*)。

颁布与公布之间的区别可以这么来阐发:“人们有时将这两个术语视为同义词,其实二者的含义大相径庭。‘颁布’是国王以国家行政首脑身份从事的行为,以此将法律的存在昭告天下并要求全社会予以执行;与此相反,通过‘公布’这种宣传方式,法律被打 164
上了公民意识的烙印。”不过,此种区别似乎常常不被采纳,“颁布”一词常在包含公布的意义上被使用。[①]

在某些欧陆国家,行政首脑在立法方面并无一席之地。德意志的皇帝与法兰西共和国的总统便是如此。在这些国家,行政首脑并不涉及上述第一项活动;但在欧洲的君主制国家,行政首脑通常都会参与立法,进而实施第一项活动。当他作为立法者出现时,他的活动被称为“批准”(sanctioning),以此来区分他作为行政管理者的颁布活动。因此,1814 年复辟波旁王朝的宪法性章程规定:“国王批准法律并公布法律。”而 1848 年的共和国宪法则规定:“共和国总统颁布法兰西人民的法律。”

认为有必要对法律进行颁布和公布,这一结论根源于此种现象:在不同地方,颁布活动被了解的时间是不一样的。例如,拿破

---

① 参见:1 Aubry et Rau, *Cours de droit*, § 26; Planiol, *Traité élémentaire*, § 173。

仑法典就规定①:“经国王颁布的法律,在法国全境内有强制力。
165 在王国各部分,自公布可为公众所知悉之时起,法律发生强制力。国王所为的颁布,在首都,视为于公布的次日为公众所知悉,其他各省于上述日期届满后,按首都与各省省府间的距离每百公里增加一日。”这项法律虽然经历了由接连不断的革命和复辟所引发的变革,但依然被保留了下来,只在 1816 年被一项条例所修改。该条例规定,法律的颁布一经发布在《法律公告》②上,则被视为已经颁布。而按照法典的规定,司法部从政府文印处收到《法律公告》后的第二天,便是法律在首都颁布的时间。

一个国家内,制定法的生效时间会因地点的不同而产生差异,这很有可能导致某些与法律冲突领域中的问题相类似的难题;后一种情况下,不同地方的法律发生了冲突;而在前一种情况下,不同时间的法律发生了冲突。由此,假设有两个法国人,其中一个人所在区的主城镇距离巴黎 100 公里,另一人的距离是 300 公里,两人将于 9 月 20 日用电报缔结一份合同,而司法部于 9 月 17 日收到了一份《法律公告》,其中包含一项影响到该合同的制定法——这项制定法能够管辖该合同吗[*]?

此项条款显示了法国人与英国人在思维上的差异。法国人认为,一个人除非已经听到或看到法律,否则他不可能了解法律;而

① 《拿破仑法典》,第一条(原文为法语,中文译文参考了《拿破仑法典》,李浩培等译,商务印书馆 1997 年版。——译者)。

② 依照 1870 年 11 月 5 日的一项法令,《官方期刊》代替了《法律公告》。

* 因为按照前文所引述的法典之规定来计算,该制定法在一方当事人所在区的生效时间是 19 日,而在另一方当事人所在区的生效时间是 21 日。——译者

主张某人受到了他并不了解的法律的约束，此种看法是不公正的；166
一个人居住的地方离政府越远，政府创制制定法的消息抵达其处所花费的时间也就越长；没有类似拿破仑法典中的条文，便会招致极大的不正义。而英国人或许会这样说：谁来阅读《法律公告》？如果它包含的制定法极为重要，那么早在该法已经通过而又未颁布之前，全国就已经知道了这项制定法。而如果一项制定法并不会引发公众的兴趣，就普遍的知识而论，《法律公告》到达某区的主城区也不是什么大不了的事情。一项制定法会立刻为一千个或两万个居民中的一个所即刻了解吗？既然挂一漏万，再去计较沙堆中的几粒粮食便是不明智的。人们难道能够了解规制其行动的所有法律吗？创制一项法律，使之今日可适用至某些公民，明日又可适用至另一些公民，此种做法将法律复杂化了，又为诉讼提供了可乘之机，这才是真正的不幸。

1581 年的苏格兰制定法（*Scotch Statute* c. 128）中提到“围绕着议会法案的公告与相关公布，常会出现许多质疑与问题：有时会主张说，作为臣民，他们并不一定要遵守法律之类的东西，也不会因此而遭受惩罚，纵然它已在苏格兰所有中心市镇中的集市上被 167
宣告”。而要着手颁布议会的法案或制定法，“只需在爱丁堡的集市上公布和宣告，……在本国范围内，此种做法与在苏格兰所有中心市镇上加以公布一样有用且充分，作为法律，只要在爱丁堡的集市上公布已达四十天，全体臣民便应该遵守，而该法案还具有溯及力”。[①] 当然，自从苏格兰与英格兰联盟之后，苏格兰议会已经不

① 参见：1 Erskine, *Inst. Bk.* 1, tit. 1, § 37。

存在了*。

（英格兰制定法的颁布）

在英格兰，议会通过法案须经过国王的同意，因此国王便是立法机构的成员，按照欧陆通行的说法，国王"批准"了法律；但他并不需要"公布"法律。人们若同意布莱克斯通对此给出的理由，就应该接受这一点；他说道："这是因为在判断法律时，所有的英格兰人都是制定法律的参与者——议会是由他们的代表组成的。"①

这一理由的出现其实远早于布莱克斯通。早在议会的法律要抄写在羊皮纸上并由国王的令状送至地方治安官的时代，就已经有人主张该理由了。在爱德华三世继位第十年和理查二世继位第一年的一些令状复件中，柯克勋爵②给出了这些理由，并在一些类似的令状中一直坚持这些理由，直至亨利七世的时代。而在"国王诉奇切斯特主教案"③（*Rex v. Bishop of Chichester*）中（该案涉及一项有关藐视王权的制定法），作为被告辩护律师的高级律师卡文迪什（Cavendish），主张该制定法从未在本国公布，罗伯特·索佩爵士（Sir Robert Thorpe，C. J.）则说："虽然未在本国进行颁布活
168 动，但它（该制定法）一旦由议会制定，每人都应该知道；因为只要

* 十七世纪之前，苏格兰与英格兰是两个独立的王国。1603 年，因苏格兰国王詹姆士六世同时加冕为英格兰国王（即詹姆士一世），苏格兰与英格兰成为"共主联盟"，1707 年，苏英两国合并，苏格兰议会解散。有意思的是，1998 年时，英国政府根据 1997 年通过的公民投票决议，公布了苏格兰法案（Scotland Act），确定消失了接近三百年的苏格兰议会要再次成立。——译者

① 《英国法释义》（Bl. *Com*. 185.）。参见奥斯丁的嘲讽：2*Jur*.（4th ed.）542，543。

② 4th. *Inst*. 26.

③ *Year Book*，39 Edw. III. 7（1365）.

议会作出某种结论，法律就会认定所有人都注意到了，因为议会代表了全国民众，如此一来，颁布活动便并非必需，看看已经生效的法律就知道这些了。”

英格兰公制定法(public statutes)与私制定法(private statutes)间的区分早已为人熟知。针对公制定法，法院进行司法认知，它可以诉诸其所钟爱的任何形式的信息；[①]对此，德瓦里斯(Dwarris)给出的理由是正确的，即是说，古代重要的公制定法是不可证明的，此种不可证明性本身将会在私人性质的案件中充当法律证据。事实上，很多早期的英格兰制定法并没有出现在议会的名册中，也不存在官方文本或范例，然而其约束力却一直被认可。[②]

英格兰私制定法的存在须由档案证据(record evidence)加以证明。

(美国制定法的颁布)

初看之下，美国也存在公私制定法二分的说法。就此，美国联邦最高法院在 1868 年提醒说，[③]针对公制定法，谈论“旁证”(extrinsic evidence)是不恰当的，并判定“无论何时，若对法庭上的制定法存在与否、何时生效，乃至其中的特定术语存有疑问，被 169
请求确定这些事项的法官都有权采纳任何信息来源，只要此来源就其性质而言能够在此类问题上传递给法官清晰且令其满意的答案；法官必须总是首先找寻性质上最为恰当的信息来源，除非实在

---

① 2 Dwarris, *Statutes* (2nd ed.), 465-473.

② 参见：Hale Hist. *Com. Law*, 12-15；Cooper, *Public Records*, 163-184；cf. *Rex v. Jeffcries*, 1 Str. 446。

③ *Gardner v. The Collector*, 6 Wall. 499.

法已经颁布了一个与之相悖的规则”。

不过，“总是首先找寻性质上最为恰当的信息来源”这一说辞的含义模糊不清。如果这句话仅仅意味着，法院在道义上有义务像理性人那样衡量信息，且给出令理性人信服的凭据，那么此种说法似乎并无必要，它虽无害，却也毫无新意。然而，如果这句话的意思是，法院在获得其结论的过程中，有义务按照法律规则采纳某些事实而排除另一些事实，则对于法院为确定公制定法的存在而获取知识的模式而言，有些新意。

第二种含义似乎是这个国家通常的做法，如果说不是普遍的话。1852 年，加利福尼亚高等法院承认法院有权力就制定法的存在从任何来源中获取信息，[①]但这种看法在十四年后又被同一法院否决并推翻，[②]这个国家并没有别的类似判决。我们似乎可以一般性地认定，公制定法与私制定法的存在都必须用档案证据加以确认，一如在英格兰确认私制定法的存在那样；通常需要讨论的事项
170 仅限于哪些档案是可接受的、具有决定性。其中出现的主要疑问是，已登记造册的法案在多大范围内可以被国会的期刊加以确认。[③]

（制定法的解释）

人们或许要迫切地说，既然一个社会的法律就是其法院所适用的规则，那么制定法就是法律的组成部分，而不仅仅是法律的渊源；这些规则为法院所直接适用，不应该仅仅被当作法院获得规则

---

① *Fowler v. Peirce*, 2 Cal. 165.

② *Sherman v. Story*, 30 Cal. 253.

③ 关于此问题可参见“菲尔德诉克拉克案”[*Field v. Clark*. 143 U. S. 649 (1891).]。

的源泉。此种观点在某些著作中十分常见。如果说制定法能够自我解释，则该观点是正确的；然而制定法并不能自我解释；它们的含义要由法院来宣布；只有依照法院宣布的含义，而非其他含义，它们才可以作为法律在社会中实施。这虽然是正确的，但在法院获得法律的所有渊源中，制定法最为严格精确，而法官在制定法方面的权力又非常大；不仅普通法国家是如此，在法官的职责没有被过高评价的欧陆，情况亦不例外。

制定法表达了社会中立法机构的意志；然而，除非有人能够用精神力量将思想转化为有效的控制力（此种对虚拟主体的思想进行的精神转化一定会难倒最好的幽灵猎手），否则立法机构的意志就必须通过语言来表达，无论是口头的还是书面的；即是说，要么发出声音，要么将黑色的印记涂印在白纸上。“只有在某种不恰当 171
的意义上，我们才能谈论思想的交流或转移；思想本身是不可转移的，语言不过提供了类似思想转移过程的推动力和可能性，好像在言说者说出语言之后，聆听者的脑海里产生了类似精神运动后的结果……用语言进行交流的基本原理与用符号交流别无二致；前者的意义是完整的，后者则不完整，但其运作方式是一样的；两者都不能提供思想本身，无论其表达得多么精确；语言只能为人们提供重构语言本身的邀请函与起始点。”①

法官将自己置于印有页码的制定法典籍面前；制定法反射在他的视网膜上，他必须依据这一印象再现（reproduce）立法组织的想法。这完全不只是一个机械式的过程；不难发现，法官的性格与

---

① 2 Ihering, *Geist des rom. Rechts* (4th ed.). § 44, pp. 445, 446.

其脑中范型一定会影响到这一运行过程，法官脑海中再现的想法或许与立法者脑中的想法大相径庭。即便说，法官的职能被认定为只是试图在其脑海中再现立法者的想法，也改变不了上述事实；然而，我们即刻将会看到，法官会从制定法的语词入手，被引导作出的结论常常好似立法者想法的适用结果，虽然他不会相信，也没有理由相信他当下的想法会与立法者真正的想法一样。

（法官有权说出最后的论断）

就一个社会的立法机构与司法机构来说，该社会的法律是什么与不是什么这个问题，恰是由司法机构作出最后的断言。第三
172 次引述霍德利主教的话：“无论是谁，只要他拥有解释成文法或口头法的绝对权威，就所有的意图和目标而言，这个人而不是写下或说出法律的人，才是真正的造法者。”[①]这一点甚至在德国也获得了认可：“司法判决与制定法一样，同是国家运用其造法权力的体现。与对法律的立法决策相类似，司法决策也充斥着国家的权力与强制力。法院的决定具备法律的强制力；它包含了法律所有的强制力。就其所涉的范围而论，一项司法决策具备确定的权力，是有法律约束力的指令，它比起制定法更加充分、有力，实施起来更为直接，而后者不过是对法律的抽象表述而已。法律的权力强于立法权，司法判决即便与制定法相冲突，也常常会自我维持。对于国家法律规制方面的权力来说，不是其立法机构，而是其司法机构说出国家最后的断言。”[②]

① 参见前文第125页。

② Bülow, *Gesetz und Richteramt*, 6, 7.

（立法机构的意图常常并不存在）

然而，事情并没有完。对于法官处理制定法这一事项来说，一种根本性的误解大行其道，且遍布于所有的相关著作中。解释一般只是在说出制定法，其主要职能仿佛只是去发现立法机构真正的含义。然而，当立法机构确有针对某个问题的真实意图（无论何种意义）时，人们对该意图为何也必会发生争议，此种争议的发生 173 并不鲜见。如果法官总是在立法机关有真实意图的情况下处理制定法，那么对制定法的解释将变得极为简单，绝非法官最为棘手的职责。事实上，所谓解释的困难肇端于以下几种情况：立法机构根本没有意图；针对某制定法，出现了一个以前从未被想到的问题；法官要做的不是去断定目前立法机构心中的意图，而是针对一个发生在当下的问题，猜测立法机构过去的意图。如果我有幸能够引起某些律师的注意，促使其思考一些在他们的阅读和实践中经常发生的有关制定法解释的事例，我敢说，他们一定会发现，在几乎所有这些事例中，很有可能且定会获得验证的是，制定法的创制者对有争议的问题并无真实意图（无论何种意义）；如果他们真有意图，他们早就将此种意图清晰化了；当法官自称是在宣布立法机构的意图时，他们事实上是在立法以填补遗漏（*casus omissi*）。①

① “立法机构的意图有时充其量就是一个有益的法律拟制而已，该意图虽然借制定法以一般的方式所描述的那些并无异议的显著目的而被保存，但在处理当下诉讼中的某些特定问题时，它通常难有作为。不仅如此，立法的含糊其辞有时可能并非无意为之。不要忘了，重要的立法时常会具有妥协的意味，此种妥协因立法进程中的突发事件而被促发，而常常模糊不定的字词有利于法院选择恰当的定义，每个利益相关的群体也都可以主张立法采纳的语言包含了他们的观点。”这是休斯（Hughes）法官在马萨诸塞法律季刊[1*Mass. Law Quart*.（No. 2），pp. 13，15.]上的说法。按照此种说法，立法机构有时会有意使其意图充斥争议，参见易尔伯特爵士（Sir Courtenay Ilbert）：《法律创制原理》（*Mechanics of Law Making*，pp. 19-23.）。

（契据与遗嘱的阐释规则）

对于制定法来说，上面提到的所有解释规则（rules of interpretion）的特性都具有普遍性，对于法律文书来说，其解释规
174 则都差不多。然而，有两种文书，即不动产契据与遗嘱（尤其是后者）的条款却有些不同，它们可能使得人们常常求助于一种与之具有类似性质的语言，因此便为阐释规则（rules of construction）的设置提供了机会。*

创制这些规则有时在普通法中走得非常远；此类规则常常被推进到一个如此精致的程度，以至于丧失了自身的特定价值，不仅如此，若“死亡时无子嗣”这句话意味着无限期无子嗣（failure of issue），[①]这类规则就会将正好与立遗嘱人的意图相反的东西归于立遗嘱人。近年来，某些法院已经开始反对此种处理方式。法官们的这类藐视权威的看法被收编在扎曼（Jarman）先生的一部有关遗嘱的大部头著作里，他们宣称处理一个人重大错误（blunder）的模式不能用来指导处理另一人重大错误的模式，尤其强调说，每一项遗嘱都应该按照被继承人的意图来加以确定，司法思维应该直接处理问题，而不是使自身陷入阐释规则的麻烦中。

不过，或许也会引起疑问的是，这种司法理论与实践的钟摆是不是在此一方向上又走过头了。法官应该执行被继承人的意图，此种说辞听起来无疑冠冕堂皇。他当然应该如此，但我敢说，某些

---

* 阐释规则，是普通法中用来指导解释法规、合同、遗嘱的专门规则。这里的意思，由于契据与意志的特殊性，解释它们所依据规则的语言与它们本身的语言具有同样的性质，因此便促生了建构规则这种专门规则的出现。——译者

① 即任何时候都无子嗣，甚至在被继承人去世很长时间之后亦是如此。

法官是将虚构(拟制)当成了事实,并因此受到了并不适当的影响。正如上文提到的立法机构那样,即便被继承人确有真实的意图,他 175
也可能没有将自己的意图表达清楚。举例来说,如果被继承人的头脑中早已意识到留给其妻子的祖产是否已经化为嫁妆是一个问题,那么被继承人若没有对此作出清晰直白的安排便是一件不可思议的事情。当法官们声称自己是在解释被继承人的意图时,他们所做的事情十有九次是在某些特定的情形下处理被继承人财产——这些特定的情形是被继承人压根儿没想过的情况。由此,如果发生了被继承人没有想过的情况,利用固定阐释规则并无大碍,这些固定的规则就如同无遗嘱继承时涉及继承人的规则。

对于涉及遗嘱的争点来说,法官应当问的第一个问题似乎是:"该遗嘱是否表明,被继承人已经考虑到了该争点,并且对此已经有了实际的看法。"如果这个问题的答案是肯定的,那么无疑就可以通过寻找遗嘱中被继承人的意图来解决问题。但在大多数案件中,此种情况都不会出现。实际上,法官要作出的事情是,在并不存在被继承人意图的情况下,说明应该如何处理。我已经提到,现代法官的实际做法便是从特定遗嘱所使用的语言中猜测,假设他如果表达了某种含义(而实际上他并未表达),那么此种含义是什么;而过去的做法则是寻找已经确立的阐释规则。现代实践中的推理方法通常在性质上难有定论,但法官无论如何都得判决案件,在抛弃阐释规则之后,便只得抓住那根最为纤细的稻草来进行猜测了。

举例来说,"继承人"一词经常乃至总是在遗嘱中出现,用来延 176
长最终的时效。在很多地方,没有律师胆敢提出建议,对那些已经遗留给"继承人"的财产打主意。用其自身的字词来判断遗嘱,必会导致所有遗嘱都被拿出来检验一番，而这种做法将使得家庭纠纷与诉讼大量出现。

不可否认的是，某些遗嘱阐释规则不能令人满意的性质造成了这些规则难以在法院中盛行；但我只想指出的是，许多法官用来反对遗嘱阐释规则的东西并不是他们有关被继承人真实意图的看法，而是他们对此的猜测：假如被继承人想过这个问题，他的意图会是什么；被继承人实际上并无此种意图，这种猜测通常会依据对各种考虑所做的极为细碎的平衡。

（制定法的解释方法）

我们将此一过程称之为“解释”：法官（或者任何有机会探究制定法含义的律师或门外汉）从制定法典籍的字词中阐释出某种含义，此种含义要么在他看来是立法机构的意思，要么是他归属于立法机构的意思。德国人将此一过程称为“*Auslegung*”（解释）。[①]

解释分为两种类型，语法解释与逻辑解释（萨维尼分为语法解
177 释、逻辑解释、历史解释和体系解释[②]，此种分法并没有获得广泛的追随）。语法解释是将言语规则适用至制定法；逻辑解释要求将某制定法与其他制定法乃至全部法律体系加以对比，并考虑该制定法通过时的事件与条件。[③]

---

① 1 Savigny, *Heut. röm. Recht*, § 32.

② 同上，第 33 节。

③ 所谓“法律解释”（legal interpretation）这一说法常被提及，但它根本不是解释。此种解释包含了两部分，可信（authentic）解释与通常（usual）解释。可信解释就是由后来的人定义以前制定法的含义。通常解释是借助习惯做法（对于我们来说，更为常见的是司法先例），将某个含义安置于某制定法。法官在依据可信解释和通常解释来采纳制定法的含义时，并不是从制定法本身那里获得其含义的，他采纳的含义来源于另一个权威。

人们有时会说，适用于制定法的解释规则与适用于其他文本的解释规则并无二致；这种说法在某种意义上是正确的，因为制定法与所有文本一样，都要有意识地用语言表达人类头脑中的想法；然而，这种说法需要进一步界定，因为就不同的文本而言，文本作者的言说或意欲的言说倘若更具精确性、确定性与准确性，解释规则的适用就会有所差异；由此，解释议会法案的规则可能与解释拉普拉斯[*]的《天体力学》，或是圣约翰[**]的《启示录》，乃至阿里斯托芬[***]的《蛙》极不相称。①

制定法的效果依赖法官的意志，这一说法通常来源于某个经 178
常被人们采纳的见解，即认为解释是技艺而非科学；这是说，语词含义的确定要根据法官的感觉，并非某种精确且可预知的推理程序。毫无疑问，制定法的阐释规则过去已然有之，可它们的笼统却明白无误地表明，法院自身判断与看法的空间依然很大。为此，萨维尼对解释活动提出了三点帮助：其一，将法律看作一个整体；其二，考虑制定法背后的理由；其三，优化经某种特定解释方法而获

* 拉普拉斯(La Place)，法国数学家、天文学家，法国科学院院士。——译者

** 圣约翰(Saint John)，耶稣的门徒，《新约·启示录》据说为其所作。——译者

*** 阿里斯托芬(Aristophanes)，古希腊喜剧作家。——译者

① 随便说一句，或许不难发现，若试图将一种类型著作的解释规则适用至另一种与之完全不同的著作，这种做法最为不凡的结果发生在神学领域。将经书中的诗篇与预言解释为好似纽约市场上的成文法，将《大卫诗篇》第一百一十章第四篇解释为好似维多利亚十七、十八号条例(*17&18 Victoria*)的第一百一十章第四条，此种精巧的确令人惊叹，但此种精巧不幸地用错了地方。另一方面，“《圣经》一定能被解释为任何书籍”，这一常见的看法来源于此一谬见：所有的书籍都可以同样的方式加以解释，还提出(beg a question)了这样一个问题：“《圣经》属于哪种类型的书?”

得的结果。[①] 然而,萨维尼本人对上述三点的界定缺乏精确性,他只是说第二条规则的适用需要很多准备,第三条规则的适用必须限定在极为狭隘的范围内。[②]

(普通法的规则)

正如黑顿案(*Heydon Case*)所示,普通法的规则[*]其实也不怎么精确。[③]"为确切而正确地解释诸多一般性制定法(无论是惩罚性的还是收益性的,是限制性的还是扩张性的),需注意和考虑以下四点:第一,法案创制之前的普通法为何。第二,制定法因未作规定而产生的含义模糊与缺陷。第三,议会针对全体英联邦的通病而采取了哪些解决办法与安排来补救。第四,此种补救的真正原因是什么;进言之,任何法官的职责总是在于,依据法案创制者的意图,为公共福祉(*pro bono publico*)实施此种阐释,以克服含
179 义模糊,提前补救,并且对含义模糊的持续发生或袒护私利(*pro privato commodo*),要防微杜渐,更为有效地处理与补救。"

对于其他普通法的规则来说,上述原则似乎是说,惩罚性的制定法将被严格地解释,可这只是将问题踢给了司法思维,并没有为其提供应如何运行的确切规则。

不过,对于解释权力来说,依然必定存在某些限制。法官能够走多远?温德沙伊德(Windscheid)回答了这个问题:"解释无论多么清晰,都可能是在识别造法者的真实想法,这种解释将之识别为

---

① 1 Savigny, *Heut. röm. Recht*, §§ 33-37.

② 参见:1 Windscheid. *Pand*. § 21。

* 指普通法的解释规则,下同。——译者

③ 3 *Co*. 7(1584).

已存的法律，需仰赖此种设想：立法者的陈述作为其真正想法的表达（即便不是完整的表达）是可被探知的。由此，解释的主要（如果不是唯一的话）任务便在于确定制定法扩张与限制的幅度。”①例如，假设在某个普通法国家，某个已经通过的制定法规定，任何纵火焚烧房屋的人都应承担被处罚的责任。没有任何法院会将这一法律解释为可适用于七岁以下的孩童，然而立法机构并未排除这类孩童，它压根就没想到过他们。法官很清楚，立法机关如果想到了这一问题，它一定会排除他们，由此，法官便将孩童排除在立法者的真正意图之外。

制定法被如此解释的例子在普通法中还有很多；我上面的这
个例子是限制解释（limiting interpretation），这里还有一个扩张 180
（extensive）解释的例子。从起源来看，因不法行为而产生的恢复原状的权利一般在权利人死后也就不复存在了，爱德华三世法案（*St. 4 Edw. III, c7*）回顾说：“过去，遗嘱执行人不得控告针对立遗嘱人的侵犯行为，因为立遗嘱人是在尚健在时失去其财物与动产的。”但该法案却规定说：“此种情形中的遗嘱执行人可以向侵害人提起诉讼。”依照这一制定法，英格兰的法院主张此种权利的存续并不局限在遗嘱执行人起诉侵害人侵吞立遗嘱人财物的案件中，还可以扩展至遗产管理人（administrator）因为财物被侵害人挪用而产生的诉讼；指控治安官在法律程序中提供了虚假执行报告（return）的诉讼；以及此类诉讼：指控遗嘱执行人遗产处置失当，或是早于立遗嘱人转移了处于法律程序中的财产——如若

① 1 Windscheid, *Pand.* § 22.

后者是业主(landlord),且其债务人已经缴纳了一年的租金。[①]不仅如此,王座法院还因为这一问题而争持不下:它是否可以扩张至那种针对警长在预备法律程序中释放已被拘捕者这一行为的诉讼。[②]

然而,另一方面,一种一再被说起的看法是,无论在普通法还是市民法中,法院都不得让立法机关说出它并未曾说出的话。这是一个真实规则吗?——即应该给出制定的语词原本的含义,如果只有法官本人在运用这些语词的话,除非在法官面临的情形中存在一种东西,使得他相信词语原本的含义并不是立法机关的真实含义。

(对十二表法的解释)

181 法律还会因解释而得以发展,这一现象最为不凡的例证便是罗马法。十二表法[③](The Twelve Tables)在理论上是法律的基础,但它们常常经由解释而被扩张、限制,乃至更改,以至于其原始的约束力已经所剩无几了。"借助时刻变化的习惯法堂而皇之地将十二表法(作为制定法)置之不理,这种做法一定在某个时期让罗马人感到不可思议。直到罗马法发展的终结,直到查士丁尼《国法大全》(*Corpus Juris Civilis of Justinian*)的出现,在整整一千年这样一个漫长的时段内,十二表法中没有哪块石表优先于另一块石表;在理论上,十二表法的权威依旧是全部罗马法的渊源。这种做法符合罗马人在法律事务中保守却不乏远见的看

---

① 1 Wms. *Saund*. 217.

② 参见:*Le Mason v. Dixon*, W. *Jones*, 173。

③ 参见前文第 31 页。

法。十二表法未曾被改过哪怕一个字母，然而却总在这些陈词滥调中被读出新鲜的精神。在十二表法的立法完成之后，留待处理的问题便是‘解释’，是的，发达的解释改变了法律，法律的文字却没有被惊扰。”①

(法院超越制定法的权力)

要阐明制定法在多大程度上由法院所掌控，最好的办法莫过
于如此：拿一部制定法，看一看不同的法院会赋予立法机构多少种
不同的意思，以至于可以说不同社群的人们其实生活在完全不同
的法律之下，虽然他们各自的制定法典籍上写着同一部法案。我
们以《防止欺诈法》(*Statute of Frauds*)为例，该法案要求某些交 182
易活动必须以书面的形式进行，对此，只有第四条作出了规定；在
美国的一些州，这一条款所使用的术语也大致相同。*

该条款内容如下：“以下情况不得提诉讼：(1)在遗嘱执行人或管理人本人的财产之外，要求被告履行有关损害赔偿的特定允诺(promise)；(2)要求被告履行的特定允诺涉及他人债务，或是他人的违约或债务不履行；(3)要求履行以婚姻为对价而达成的合同；(4)要求履行的合同或买卖合同涉及土地、房屋、可继承财产，或是任何存于上述事物或与上述事物相关的利益；(5)要求履行的合同在达成后一年内没有履行；除非诉讼所针对的合同是书面形式的便笺或便条，并已由被起诉的当事人或是其合法授权的他人

① 索姆(Sohm)：《法学阶梯》(*Inst.* § 11.)。参见耶林：《罗马法精神》，第461页及以下(1 *Geist des röm. Rechts*, 461 et seq.)。

* 《防止欺诈法》最早是英国在1677年通过的一部法律，后来美国几乎所有各州都继受了这部法律，故有此一说。——译者

签字。”[①]

在某些管辖区，法院将“涉及他人债务，或是他人的违约或债务不履行的特定允诺”解释为包括此种允诺：甲向乙作出允诺，保障后者不会成为丙的保证人。而在另一些管辖区，法院则会对此条款作出相反的阐释。同样，有些法院将该条款解释为涵盖了第三人在交付之前就已经发生的票据背书。而另一些法院却主张与此不同的解释方式。还有，一些法院对“土地”解释为包含了土地上正在生长的庄稼；有些法院则不这么认为。另外，一些法院将“没有在一年内履行”的合同解释为任何一方当事人无法在一年内履行的合同，而另一些法院则将这些语词阐释为相对于被告履行
183 行为的合同当事人无法在一年内履行合同的；此外还有，以书面便笺为形式的合同被有些法院解释为不仅要包含允诺，还要包含对价，而另一些法院将之解释为仅包含允诺的便笺。[②]

还有很多说明法院权力的例子。缅因州和马萨诸塞州有这样一条制定法，它规定遗嘱订立须有三个合格证人在场，而且任何赠与证人的遗产都是无效的。在这两个州都出现过这种案件，某个遗嘱包含一项赠与某人财产的遗赠，而该遗嘱的证人是该受赠人的妻子。缅因州高等法院将该制定法做了扩张解释，认定此项遗产无效而遗嘱有效，而马萨诸塞州的高等法院则对此做了严格解

① 29 *Car.* II，c. 3，sec. 4.

② 在某一个管辖区内，例如英格兰，《防止欺诈法》的这一条款与其他某些制定法案“当已经成为众多司法解释的目标，因为在法院要花招的意义上，这些条款已经几乎被解释出了其所有真实的含义”[戴雪（Dicey）：《法律与意见》（*Law & Opinion*，2d ed.，p. 362.）]。

释，认定遗嘱整体无效。[①]

（当修订法律有困难时，解释便是自由的）

然而，有一件事情是非常清楚的——当立法少之又少，且获得该立法又有困难时，法官便允许自己自由地解释制定法，而若模糊或有缺陷的制定法可以被立法机构轻易地克服，法官们就不可能这么做。法律的历史已然表明了这一点，而且大概也理应如此；但也正因为这个原因，法院在立法有困难时的相关做法会在立法容易实现的时候，为法院如何做以及应该如何做开了一个不怎么好的头。

当立法的修正面临巨大的困难，法院便享有解释法律的自由， 184
此事在现代最令人瞩目的例证（当然，离现代最近的例子是拟制，就其堂而皇之的面目而言，它似乎是早期罗马裁判的做法在晚近的遗风[②]），便是美国联邦最高法院有关公司有权在联邦法院提起诉讼的看法。如果这个问题产生于国会的法案，那么法院定会将这一困难留给国会去处理；可该问题产生于宪法，宪法的修改会面临许多麻烦和煞费苦心的机制。对此，联邦最高法院的做法提供了一个优秀的范例，表明了当法院绝望于有缺陷法律的修改时，它能够走多远。

这件事的来历是这样的：宪法规定联邦法院的司法权“限于不同州之间公民的争议”，按照使该条款生效的制定法，宪法很早就一贯地认定，如果同一州的公民是争议中的相互对立者，那么联邦

---

① *Winslow v. Kimhall*, 25 Maine, 493 ; *Sullivan v. Sullivan*, 106 Mass. 474.

② 参见前文第 31 页。

法院依据州籍的管辖权便无法处理此种争议。[①] 与此同时的主张是，由于公司并非任何州的公民，也就无法享有此项特权*(privilege)。[②]

185 在“希望保险公司诉博德曼案”(*Hope Insurance Co. v. Boardman*)[③]案中，原告被认定为某州组建的公司，不能依照上述条款起诉另一州的公民，因为它并非任何一州的公民。然而在同一年发生的“美国银行诉德沃克斯案”(*Bank of the United States v. Deveaux*)[④]中，最高法院认定，起诉是由一家在美国成立的公司提起的，它主张自己是宾夕法尼亚州的公民，因此它可以在联邦法院起诉佐治亚州的公民。这样一来，法院便将条款中某一州公民的含义扩展为包含那种所有成员都是某州公民的公司。

这是一个好办法，但法院走得有点太远了，为了管辖权，它如今主张要将公司的股东不可推翻地假定成均为公司成立所在州的公民，纵然有相反的证据也不可接受。

这样的判定引发了一些极不寻常的结果。联邦法院认可此种诉讼：某股东是某州(比如肯塔基)的公民，他因自己的股权而起诉俄亥俄州的一个公司。由于他是俄亥俄州公司的股东，法院因此不可推翻地假定他是俄亥俄州的公民，但他如果真是俄亥俄州的

---

① *Strawbridge v. Cwtiss*, 3 Or. 267 (1806); *Smyth v. Lyon*, 133 U. S. 315 (1890).

* 指在联邦法院进行诉讼的特权。——译者

② *Bank of Augusta v. Earle*, 13 Pet. 519 (1839); *Paul v. Virginia*, 8 Wall. 168 (1868).

③ 5 Cr. 57 (1809).

④ 同上，61。

公民，他就不能在联邦法院起诉俄亥俄州的公司了。所以，法院要认定，他在同一时刻既是俄亥俄州的公民，又不是俄亥俄州的公民；同时要认定他在同一时刻既是又不是俄亥俄州兼肯塔基州的公民，否则法院就不享有管辖权了。[①] 186

（法律汇编的解释）

某些特定立法的独特性质有时需要一些独特的解释规则。对此，最为不凡的例证可见于查士丁尼的立法：其主要部分是《学说汇纂》（*Digest*）和《法典》（*Code*），它们几乎全部是由原本不是立法的东西所构成；《法典》主要由特定情形下皇帝的布告与指令构成，而《学说汇纂》虽然也包含了此类布告与指令，但主要是从法学家的著作中抽取而来的。因此，事实上若要正确地解释国法大全中的段落，就必须首先考虑它在其原始作者那里是什么意思，再考虑此含义如何因该段落被纳入国法大全而发生了变化，其中，还必须将其与国法大全中受到查士丁尼肯认的其他段落联系起来进行判断。[②]

显而易见的是，立法可以由多种方式加以创立，它一定有自己的解释规则。例如，有制定法规定，书面的票据若是以特定形式制作的，便具备特定的效力，利用反面论证（*argumentum a contrario*）方式，可知若票据没有被如此制作，也就没有此种效力；此种论证的力度要强于那种宣布如此制作的票据具有相应效力的判决。

无论哪个时代，一部法典若被公布且被当作新鲜事物，其解释

---

① *Dodge v. Woolsey*, 18 How. 331 (1855).

② 1 Windscheid, *Pand.* § 25. 1 Savigny, *Heut. röm. Recht*, §§ 42-46.

187 方法与对制定法汇编(collection of statute)的解释便大不一样,后者仅仅是对已存的制定法进行的修订与编排。在美国的许多州,有很多(虽然不是全部)这种类型的制定法汇编,其中的原始资料和独立部分的文本将影响到法院阐释其条款的模式。对此,在美国任何一个州对制定法修订熟悉的人都能举出一些常见的证据来。①

(立法解释)

立法机构有权撤销一部制定法;它可以通过一部新的法律,宣布某一旧法律的含义(虽说新法也须经过法院的解释),而且在没有宪法限制的情况下,立法机构甚至可以创制溯及既往的新法律;这些都只是其法律创制权的表现而已;不过,在进行新立法之外,立法机构可以在多大程度上保留解释法律的权力(这项权力一般都会托付给一个社会的司法机构)呢?

查士丁尼曾禁止任何有关其立法成果的书面评论,并补充说:"然而如果有什么令人生疑的东西,则由法官呈送御览,它便会因皇帝的权威而明白无误,皇帝享有的此种权利既是创制法律的权利,也是解释法律的权利。"②如果这一条款在实践中曾经发生过效力,那么就现代世界继受罗马法而言,它并非罗马法的组成部分。③

在中世纪,某些主权者会干涉法院的判决,就此而论,主权者

---

① 参见查普林(H. W. Chaplin)在《哈佛法律评论》(3 *Harvard Law Rev*. 73.)上发表的一篇有关制定法修改的论文。

② *Cod*. I,17,2,21. 又见:*Cod*. I,14,12(原文为拉丁文,根据英文注释译出。——译者)。

188 ③ 1 Windscheid,*Pand*. §25.1 Savigny,*Heut*. *röm*. *Recht*,§49.

是作为最高法官而非立法者来解释自己的制定法。[1]

在英格兰普通法盛行的国家，法庭解释制定法时并不会诉诸立法机构为自己造势。[2] 在英格兰和美国的某些州，立法机构可以将制定法的解释当作另一个法律问题而询问法官对此的意见，可以在其认为适当的情况下，自主地决定是否接受法官的意见，但立法机构保留法律解释权的现象并不存在。[3]

《普鲁士普通邦法》(*The Prussian Code*)曾规定，法官要将他们在制定法解释方面的疑问呈送给一个立法委员会，[4]但这一规定如今已经被废弃了，法官在解释制定法方面拥有完整而排他的权利。

由立法机构保留解释法律的权力，这一观念最为发达的地方是法国。此事的历史极为有趣，不过我们仍然有充分的理由断定，189
法国目前的立法机构并未掌握这一司法职能。[5]

---

① 参见对作为法官的亨利二世的研究，波洛克与梅特兰(Pollock & Maitland)：《英格兰法律史》(*Hist. of Eng. Law*, 2d ed. 156-160.)。

② 然而，参见“爱德华三世年鉴”(*Y. B. 40 Edw. 3, p. 34.*)中索普(Thorpe, C. J.)与格林(Green, J.)关于一个争议问题的讨论，这个问题涉及对最近一部有关修改起诉状(amending pleadings)的制定法的阐释，去“枢密院，那里有24个主教与伯爵，我们问问那些创制该制定法的人，上述记录该如何修改。”不过在中世纪，议会作为立法机构的职能与其作为法院的职能之间的界分尚未清晰，以至于上述做法也可以看作是在诉诸更高等的法院。又见麦克韦恩(Mcllwain)：《议会高院》(*High Court of Parliament*, 115, 326.)；派克(Pike)：《上议院宪政史》第50页即以下(*Constitutional History of the House of Lords*)；《国家审判——博斯塔尼案例》(2 *State Trials*, *Case of the Postnati*, p. 675.)。

③ *Attorney-General v. Attorney-General*, [1912] A. C. 571；同时参见：J. B. Thayer, *Legal Essays*, 42。

④ Austin, *Jur.* (4th ed.), 659, 681; Prussian *Landrecht*, 1794, §§ 47, 48.

⑤ 1 Laurent, *Principes du droit civil*, §§ 254-256; 1 Planiol, *Traité élémentaire*, 208-214.

（制定法的弃用）

制定法一经颁行，便一直是法律的渊源，直至其走向终结。有时，制定法自己会规定自身效力发生的时间限度。然而常见的方式是，由颁行该制定法的立法机构或更高权力的立法机构撤销该制定法，使之不再作为法律的渊源。无疑，最高立法机构在颁行法律方面拥有不受限制的权力，但某个低级立法机构或许只被授予制定条例的一次性权力，而它一旦制定了这些条例，便是履行职责（*functum officio*）；而在美国的一些州，州立法机构要受到合众国宪法的限制，于是出现了另一些有趣的制定法——通过这些制定法的立法机构不能撤销它们。这件事是这么回事：美国宪法禁止各州通过任何一部损害合同义务的制定法，达特茅斯学院案（*Dartmouth College Case*）中，[1]这项禁令被解释为不仅覆盖待履行的合同（executory contracts），还包含了特许状（grant），这样一来，某州立法机构的制定法如果是特许状，便不得被该州后来的立法机构撤销。通过这种方式，这类制定法便因为授予了诸如免除法人（corporation）税赋之类的特权而无法被撤销*。

190 （市民法）

罗马市民法有关弃用（desuetude）可以废止法律的原理主要依据法学家尤里安努斯（Julianus）的一段话，这位法学家在公元一

---

① 4 Wheat. 518.

* 《美国宪法》第一条第十款规定，州的立法不得侵害合同义务，原意或许只是为了保护契约自由。但在达特茅斯学院案中，法官接受了由政府颁布给特定法人的特许令也属于合同的看法，因此州立法一旦授予某人特权，并被认为是合同而不得被撤销。——译者

世纪的前五十年名噪一时，下面这段话也被《学说汇纂》所收录。①“将长久存在的习惯与制定法相提并论并非不适当，惯例所声称的已然存在的东西就是法律。这是因为，制定法之所以对我们有约束力，其原因无他，仅仅在于它们被人们所接受，人们也可以批准某些没有成文形式的东西对所有人产生约束力，这并无不妥；人们用投票的方式宣告法律还是用行动或行为宣告法律，又有什么区别呢？因此，此一主张也是成立的：制定法不仅可以因立法者的投票而被废止，也可以因所有人的默示同意而被废除*”；此外，《国法大全》还有一段话，效果与之相同。② 与此相反，《法典》中一项君士坦丁皇帝的告示则规定：“习惯与长时间的做法并非无足轻重，但它们的分量也不至于大到能够独立地实施，也不可能排除理性和制定法。”**

针对如何调和上述文段，以及制定法可以因为弃用而被废止这一原理的存在与程度，普拉森提努斯（Placentinus）在一篇完整 191
的文献中教导说，③制定法不能因弃用而被废止。然而他在罗马市民中的追随者寥寥无几。而针对君士坦丁的布告，在许多认同制定法可以因弃用而被废止的理论中，古伊特（Guyet）列举了其中“最有分量”的十四种，此外还有他本人的理论。

上述理论的其中一个认为，法律可因停止不用而被废止这一

---

① *D. I*, 3,32,1.

* 原文为拉丁文，根据英文注释译出。——译者

② *Inst*. IV,4,7; *Cod*. I,17,1,10; *Cod*. VI,51,1,1.

** 原文为拉丁文，根据英文注释译出。——译者

③ 参见他对刚才引过的《法典》[*Cod*. VIII,52(53),2.]的注释。又见普赫塔(Puchta)：《习惯法》(*Gewonheitsrecht*,204.)。

原理应该局限于此种制定法，即规定在没有表达自身意愿的交易中，当事人要做什么的制定法（不积极法，*Dispositivgesetze*），而不应该扩展至那些积极（positively）禁止或命令某种特定行动的制定法。由此，在没有合意的情况下，某个规定法定利息为百分之六的制定法可以因其不被使用而被废止，而某个制定法若规定利率禁止超过百分之六，则不能由此被废止。[①] 然而，这种将以停止不用来废止法律的权力限制在不积极法的看法并没有获得普遍的认可。[②]

以弃用而废止法律并不仅仅是学术上的原理，在现代实践中亦有发生。1827 年，达姆施达* 上诉法院判决了这样一起案件。案件中，被告主张一项有关遗嘱手续的制定法[《卡岑奈伦博根上郡土地法》(*the Land Law of Upper County of Katzenelnbogen*)]已
192 经借由习惯法而发生了变化。当此问题递交到上诉法院后，法庭认定被告应当证明那项废除（derogate）该土地法的习惯法何以具有优先性，以至于借由该习惯，一项积极的制定法能够被废止或修改，并且在遗嘱手续方面更为优秀。[③]

对于允许以弃用来废止制定法这一正式原理来说，其实际运用很有可能极大地受制于法院解释法律的自由。如同撤销法律一

---

① Seuffert，11 *Arch*，*für civ*. Pr. 357.

② 参见普赫塔：《习惯法》(*Gewonheitsrecht*，208，209)；布思齐(Busch)在《民事实践论丛》上的论文，(27 *Arch*，*fürciv*. *Pr*. 197.)关于弃用的问题，可参见温特沙伊德：《潘德克顿》(Pand. 18)；普赫塔：《习惯法》(*Gewonheitsrecht*，203-215.)；萨维尼：《当代罗马法体系》(*Heut*. *röm*. *Recht*，§25；Id. Beylage 2，in 1 *Heut*. *Röm R*.，p. 420.)；盖斯特丁(Gesterding) 在《民事实践论丛》上的论文(*Arch*，*für civ*. Pr. 259.)。

* 达姆施达(Darmstadt)，德国中部城市。——译者

③ 9 Seuffert，*Arch*. Nr. 3；又见：40 Seuffert，*Arch*. Nr. 269。

样，将法律解释为并不存在，其过程并非轻而易举，常常需要时间和耐心的技巧。不要去惊扰古代的遗产，这种愿望常常会导致“解释”而非撤销丢弃某个很有分量却早已成为累赘的制定法。此种情况在罗马尤为常见。再引用一次索姆(Sohm)的看法，[①]通过习惯法正式撤销十二表法在罗马人看来必定是不可思议的，长久以来十二表法中没有哪块石表优先于另一块石表，在理论上，这项立法依旧被当作全体罗马法的渊源。[②]

还有一种情况也会影响到弃用原理的实际使用，这便是获得新法相对比较容易；若社会中立法组织的行动总是面临困难，则无 193
论法律文本的内容为何，定会有利于法院实施此两种权力：要么用解释认定制定法并不存在，要么主张制定法已然应弃用而被废止。但若新的立法能够轻易获得，适用弃用原理的机会也就微乎其微了。[③]

一些德国的法典规定，习惯法不得优先于法典。但某些德国法学家却走得如此之远，以至于宣称，一部制定法如果不能因任何习惯法而废止，那么它其中的条款便是一些空洞无物的语汇而已。[④] 温德沙伊德虽然谴责这种观点，但他采取的看法实际上会导致同样的结果。他认为，如果制定法没有规定废除习惯法

① 同前文第181页引注。

② 然而参见《法学阶梯》(*Inst*. IV,4,7.)，它似乎认可了十二表法中的条款可以因弃用而被废止。

③ 参见前文第183页。

④ 参见：Zoll,13 *Jahrb. f. Dogm*. 416(1874)；Maurer,14 *Krit. Vierteljahrsschr*. 49(1872)；Eisele,69 *Archiv. f. civ*. Pr. 275 (1886)；Wendt,22 *Jahrb. f. Dogm*. 324(1884)。

的权力，制定法的条款也是有效的，而且在该制定法发生实效的时间内，它必定优先于习惯法；不过尽管如此，该制定法本身也可能因习惯法而被废除。①

在法国，盛行的观点是制定法不能因弃用而被废止。②

苏格兰的制定法可以因弃用而被废止。③

（制定法的废止：普通法）

英格兰普通法的原理是，制定法只能因明示或暗示的撤销而被废除，不得因为习惯或惯例而被去除，它不会受到弃用的制约。

194 对于制定法不受弃用的制约这一规则来说，柯克勋爵似乎主张存在例外。他的说法是这样的④："如果某制定法没有宣示古代法，即只是确立了普通法，某人就可以认定或主张某个习惯法优先于该普通法，以至于可以违反该制定法"；哈格瑞夫（Hargrave）先生⑤也认可这一规定：人们可以认定或主张某习惯优先于宣示普通法的制定法。然而事实上，上述那种早于法律追诉期⑥且有实效的制定法似乎并不存在，因此，所有由惯例或习惯规定的权利都要被认为早在任何制定法颁行之前就已经存在了。这样一来，问

---

① 1 Windscheid, *Pand*. (9th ed.) § 18, note 3. 参见：Rümelin, 27. *Jahrb. f. Dogm*. 225 (1889); 1 Stobbe, *Handbuch*, § 23。

② 1 *Aubry and Rau Cours de Droit*, § 29. 参见：18 *Merlin*, *Rep*. "Usage", 255 et seq.; 1 Merlin, *Quest*, *de Droit*, "Société", § 1。

③ Erskine, *Principles* (21st ed.) p. 7.

④ *Co. Lit*. 115 a.

⑤ 参见他对柯克这段的评注。

⑥ 参见黑尔：《普通法的历史》(*Hist. Com. Law*, c. 1.)，法律追诉期始于 1189 年理查一世登基典礼日。参见布莱克斯通《英国法释义》(Bl. *Com*. 31.)。

题便是如此：在惯例和习惯确立之后才被通过的确认普通法的制定法，能否终止与之相冲突的习惯或惯例？换句话说，问题不在于习惯与惯例对制定法的影响，而在于制定法对已有习惯或惯例上的权利的影响，这不过是一个解释的问题，我们在此不予关注。

制定法不得废弃不用，这一观点无疑是当今英格兰所接受的法则，而轻而易举可以获得的立法也为维持这一看法发挥了作用。然而，并非完全清晰的是，这一原理是否总是被严格地主张。亨利六世法案（*St. 15 Hen. VI. c. 4*）规定，“除非可以认定，在当事人 195
发生损失和费用之后，保证人没有令当事人感到满意，否则传审令状（writ of subpœna）不得发出”。在一段时间内，这项制定法完全被大法官法院（Chancery）舍弃。[1] 不难发现，这项制定法的通过排除了大法官法院的案源，必定为该院法官所厌恶，而且，如果大法官（Chancellor）舍弃了该制定法，他就不会因执行令（*mandamus*）或禁令而违反普通法。还值得一提的是，这条制定法可不是今年遗失的曾被保存在伦敦塔中的制定法卷丛范例。[2]*

亨利五世法案（*The St. of 1 Hen. V. c. 1*）曾要求议会候选人必须居住在选举他们的郡、市或镇；后来的王朝也有与之相似（*in pari materia*）的制定法；[3]但下议院却没有遵循该法；1774 年的乔治三世法案（*St. of 14 Geo. III. c. 58*）说“包含在上述法案中的

---

① 1 Harrison, *Prac*. Ch. (8th ed.) 157.

② 《王国法度》(1816 年版)，第 296 页注释[*Sts. of the Realm* (ed. 1816) 296, note]。

* 制定法卷丛(statute roll)，记载了中世纪英国议会通过的制定法，因为被保存在伦敦塔的“Wakefield”塔楼直至 1850 年，故又被称为“塔楼卷丛”(Tower roll)。——译者

③ *Sts. 8 Hen. VI. c. 7; 10 Hen. VI. c. 2; 23 Hen. VI. c. 14.*

那些条文已然找到，经长时间的使用，将会变得陈旧且没有必要”之后，又规定，为了“避免出现相同的质疑”撤销上述法案。应该可以发现，那些被上述制定法所禁止的大多数法案都获得了下议院的认可，因此可以逃脱常规法院(regular courts)的监管。

十七世纪初叶(1617年)，费迪南多·帕尔顿(Ferdinando
196 Pulton)出版了一部日程表式的制定法文摘，他用字母“OB”来表示“过时(*obsoletum*)，即已不再使用”。

维多利亚法案(*St. of 19 & 20 Vict. c. 64*)的标题是“一部撤销一些已经不再使用的制定法的法案”。它撤销了一百一十八部法案。不难发现，这是仅有的一部在序言中就谈及没有被使用的制定法的法案。[①]

针对那些仅可能适用于已经过时之事项的法律，英格兰的制定法典籍经历了一次非常彻底的清除过程。例如，在1660年的复辟事件与1689年革命事件之间的时间段内，两百一十七项制定法被清除(不含那些私人的、个人的、地区性的制定法)。在这些法律中，有一百七十五项被明确而彻底地撤销，而且毫无疑问的是，当法官面对一些自己并不喜欢的制定法时，他们一定会机敏且有效地找到一些针对这些法律的默示撤销。

(美洲的英格兰法)

对于现在已经身处美国的英国殖民者而言，无论在他们离开母国之前还是之后，由英格兰或不列颠议会制定通过的制定法的地位，都是一个有趣的问题。毫无疑问，这些制定法中所包含的原

① 又见：*St. 26 & 27 Viet. c. 125*。

则大多已经成为美洲法院所适用的规则，但它们并不是被当作英格兰或不列颠议会的命令来适用的，因为该议会的法案除非作出明确的表示，否则不可能扩展至殖民地。[①] 不过作为一组规则（即普通法）的一部分，这些规则事实上的确也在英格兰的法院里适 197
用，是殖民地法院将这些规则从英格兰法院那里借了过来；不仅如此，殖民地在处理这些规则时，会比英格兰法院感受到更大的自由，因为这些规则原本就不是殖民地立法机构创制的。对于殖民地法院来说，它们会将这些用来判决的规则仅仅视为“适应我们情况”的英格兰制定法，这个短语给了它们广泛的自由裁量权，它们一定会让这种权力为自己服务；这样一来，法院其实没有机会去考虑弃用对真实的制定法所产生的影响。[②]

事实上，在南卡罗来纳，1712 年通过了一部地方民众大会法（Act of the General Assembly of the Province），[③]该法详细地规定，英国议会的特定法案“拥有完全的强制、权力与功效，如同专门为本地区制定的法律一样，亦如同本地区民众大会制定的法律一样”。然而除此之外，其他殖民地或地区并没有对英格兰法进行重组颁行。

（美国制定法的弃用）

对于美国和美国的许多州来说，制定法的弃用通常并不会成为什么问题。我推定美国法院一般都会遵循那个英格兰的原理，

---

① 从十七世纪初第一个美洲殖民地的建立到十八世纪末爆发革命，英格兰或大不列颠议会通过的专门在殖民地适用的制定法，数量少之又少。

② 参见肖塞特（Sioussat）教授的论文：1 Select Essays in Angle-Amer. Leg. Hist. 416。

③ Cooper, *Sts. of So. Car.* p. 401.

即制定法不会因弃用而废止;不过毫无疑问的是,如果法院发现某部糟糕的制定法是“极不适当的存留物”,它们就会利用“解释”将之抛弃掉,或是宣布它已经因默示撤销而不复存在了。这一问题只有在如下州才会被讨论:南卡罗来纳、宾夕法尼亚、马里兰和艾奥瓦。[①]

① 参见附录五。

第九章　论司法先例[①]

（先例概论） 198

法律的第二种渊源，也即法院规制自身行动的规则，可见于先例。先例的含义十分广泛。它包括了所有那些为后来的实践提供规则的言行，尤其是那些形式化和仪式化的东西。由此，在市长阁下的选举晚宴上，“一旦市长夫人离席，坐在旁边椅子上的市长应该引导夫人至客厅”便是先例；而在法律中，先例意味着按照纸张已有的使用方式去涂写另一张纸；我们已经有了有关转让文书和答辩状的先例；不过我们要在这里讨论的是司法先例，它们是早先的判决，法院因其来自司法法庭而敬重和遵循这些判决。

在生活中的各个方面，各种先例所具有的分量其实与习惯的力量密不可分，这种分量植根于人类的本性，就此而论，完全可以说，司法先例在所有的法律体系中都发挥了重大的影响；认为某一规则在道德上是正当的，这种感觉常常出自此一事实：它在很长时间内都被当作规则来遵守；然而，司法判决仅仅因为其是司法判决 199

① 本章是作者在《哈佛法律评论》(9 *Harvard Law Rev*. 27)上一篇文章的节选，后者在某些问题上包含了一些更为详尽的案件引述。

就被公开地认可为权威，这种做法在程度上会因不同的法律体系而有所差异。所有地方的法官都受到他们自己与其前辈做法的深刻影响，但解释和控制这种影响的理论却见仁见智，而法律的发展却不能免受这些理论的制约。

我们应该牢记两件事情。其一，法院的功能并不仅限于在实践中因特定的理由而作出判决。无论因权威的授权，还是因法院自己的意愿，法院都会尝试对它们处理的诉讼进行立法；它们其实已经以命令或许可的形式公布了一些一般性的规则，这些规则说明了它们的行动方式。对此最令人注目的例子便是罗马裁判官的告示(edicta)，它成了罗马法发展的主要手段。当然，一些特定案件充实了它的条款，但无论如何，它都是立法的而非司法的法案。[①] 苏格兰最高民事法院(Scotch Court of Session)在其开庭法案中(Acts of Sederunt)，规定了其在颁行法律方面所具有的扩大化权力，[②]而如今，我们的政府常常不信任法院在制定程序规则方面宽泛的权力。[③] 上述这些规则都已经超出了我们目前讨论的范围，它们都不是司法先例。

200 (作为法律渊源的先例)

其次，司法先例作为法律渊源所具有的特殊性质与影响值得

---

① 裁判官(prætor)是罗马共和国时期主要的司法官员，其职务在于创制他打算遵守的布告、告示与某些规则。这些告示不但影响了先例，也影响了实体法(substantive law)。在作出补充和修正的情况下，每一位裁判官都会接受其前任的告示，这已是惯例。这些永久的规则便被称为永恒告示。

② Erskine, *Inst*. *Bk*. 1, tit. 1, § 40.

③ 关于这种做法的程度与优点，可参见庞德教授论文在《伊利诺伊法律评论》(10 *Illinois Law Rev*. 163.)上的论文。

留意。某些材料因为是博学者意见的表达而成为法律渊源，也可能因为陈述了合道德的原则而成为法律渊源，司法先例所具有的特定效力却不在于它与博学者观点的一致，也不在于它事实上是正确的；它之所以是司法先例，不是因为它应该被创制，而是因为它已经被创制出来了。法院的判决可以将司法先例的特质与明智想法或合理道德表达的特质结合起来，但其实这些特质是可分离的。无需走得更远，在我们自己的法律中，可以轻易发现充当先例的判决，例如丹普案（*Dumpor Case*）中的规则，[1]“从事这一职业的人总是充满好奇之心”；[2]或者说，无论如何，先例并非当下观点的表达，也一定不会是为今天而创制的。

（罗马法）

就作为法律渊源的司法先例而言，除了大祭司团（Pontifical College）的判决具有此种特质之外，我们在共和时代的罗马一无所获。[3] 大祭司团用来处理个人之间法律诉讼的方式十分晦涩，不过仍然有理由相信，他们处于权威的地位，而且极有可能的是，大祭司团的文献记录了一些判决，祭司们把这些判决当作有约束 201
力的先例；[4]但这种看法在很大程度上只是一种猜测而已。[5] 无论如何，在共和时代结束之前，大祭司团把控诉讼的权力已经极大地

① 先例[4 *Co*. 119 b (1603)]认定，若一份租约其中的条件是承租人未经出租人同意，不得转让其收益，那么一旦出租人同意了一次转让，则条件已经获得满足，第二次转让便无需获得出租人的同意。

② Chief Justice Mansfield，in *Doe v. Bliss*，4 Taunton，735. 比较：Lord Eldon，in *Brummell v. MoPherson*，14 Ves. Jr. 173。

③ 参见：*Dig*. I，2，2，6。

④ Esmarch，*Röm. Rechtsgeschichte*，§ 44.

⑤ Ihering，1 *Geist des röm. Rechts*，§ 18 a.

消弱，发布意见这一实践活动已经转由非官方的法律顾问团体，即法学家[①](*jurisprudentes*)，他们享有极大的社会声望；不过法学家们的意见无论受到多大的尊重，对治安官(magistrates)与法官也不具约束力。

然而，奥古斯都(Augustus)却凭借自己皇帝的权威赋予了某些法学家法律解答权(*jus respondendi*)。[②] 我们现在所知的所有法律解答包含在三段文献中。[③] 这三段文献生发出了为数众多的评论与理论。[④]

从我们目前的视角来看，重要问题在于，有法律解答权的法学家所给出的法律解答仅仅对个案有效，还是作为先例对后来案件中的法院都有约束力。一个大有可能的观点似乎是，它们具有司法先例的特质。

然而到了戴克里先(Diocletian)时代，法律解答权不再被赋予法学家，逐渐地，帝国早期著名法学家所有的著述都被认为是权
202 威，他们的法律解答与其他论著被相提并论。这就如同认定斯托里法官判决与著述具有同样的分量。经由司法判决来补充或修订法律的权力已经不复存在了。法律如同此时的皇帝一样，进入了一个堕落和瘠弱的时代。它已无生机，只能毫无鉴别地依靠过去

---

① 但是参见西塞罗：《论题学》(*Topica*, 5, with commentaries of Boethius)。

② 通常的看法是，奥古斯都使得这些法学家的解答具有约束力，但也有学者认为是哈德良皇帝首先赋予了法律解答以约束力。

③ *Dig*. I,2,2,40; *Gai*. I,7; *Inst*. I,2,8,9.

④ 参见：Glasson, *Etude sur Gaius*, 84-119。

的东西来供养自己。①

这便是查士丁尼开始其立法时面临的情况。但在说明此一问题之前，我们还必须讨论另一种司法陈述——它们来自皇帝本人。皇帝的法律陈述分为两种，立法的与司法的。它们全部被归为谕令（*constitutiones*）。立法类型的谕令便是告示与训令（*mandata*），在此并无必要讨论；它们本质上就是制定法。

皇帝的司法法案是裁决（*decreta*）与批复（*rescripta*）。裁决就是对案件最终的或是中间的裁定。批复则是发给法官或诉讼中 203
当事人的信函，其中给出了应该下达的判决。就其对诉讼的影响而言，两者似乎没有什么实质差别；毫无疑问，它们在其所处的案件中都为法官施加了义务。但如同法律解答的问题一样，它们是作为先例来发挥约束力的吗？

首先来说裁决。在罗马法的古典时代，这是一个完全可能的看法：裁决时常至少具有先例式的效力；查士丁尼曾说过，皇帝的裁定作为先例所具有的约束力为某些人所怀疑，他补充说："我们嘲笑这些人愚蠢的吹毛求疵，那些要被修订的命令也是一样②"；他宣布由皇帝在某一个案创制的裁定不特在个案中应被当作法律（*lex*），同时还可适用至多项类似的情形（*sed omnibus similibus*）。

① "没有法律解答权的法学家的论著也被当作权威来引证，一旦它们获得了同等文字声望（正是这种声望是那些著名法学家的特征），这些论著绝不次于那些有此特权的法学家的著述。……有鉴于此，对于某些有声望的法学家来说，他们法律解答之外的其他著述便被擢升到与法律解答同样的地位，坚持法律解答权是司法权威的前提则完全是荒唐的。一视同仁地对待各类著述，这种做法必将导致一视同仁地对待所有的法学家本身——这只是此种说法的另一种表述方法而已：将有关法律文献的解答权普遍化已经成为一个既定事实。"索姆：《法学阶梯》（*Institutes*，§ 17，Ledlie's trans.，p. 83）；又见《引证法》[*Law of Citations*（A. D. 426），*Cod*. Theod. I，4，3.]；前文第 264 页。

② *Cod*. I，14，12.（原文为拉丁文，根据英文注释译出。——译者）

其次是批复。批复有很多种类，诸如注解(*adnotationes*)、次级批复(*subscriptiones*)、信函(*epistulœ*)、批准意见(*pragmaticœ santiones*)。我已经说过(虽然“批复”一词有时可以在更为宽泛的意义上使用)，这些都是针对诉讼中当事人或法官请求的答复，以指导案件应如何判决。起初，批准在某些案件中至少可以作为有约束力的先例。[①]

在某些情况下，案件可能没有完全或公正地呈送给皇帝，这种可能的危险会导致令人不快的批复。图拉真皇帝(Trajan，公元98—117年)曾说:“因为有益而创制的法令应该被适用至其他案
204 件中。”马克里努斯(Macrinus)于公元217年和218年也提到了这一说法，并且下达命令说:“要排除所有前任皇帝的批复，以使得案件依据法律而非批复来判决。”“将科莫德斯(Commodus)皇帝与卡瑞卡拉(Caracalla)皇帝乃至其他笨拙之人的奇思怪想都当作法律，这种做法是不正确的。”[②]再到后来，阿卡狄乌斯(Arcadius)皇帝与荷诺里皇帝(Honorius)(公元398年)下令称批复不再作为先例;[③]查士丁尼(公元541年)则完全禁止了批复。[④]

由此可见，司法先例的观念在罗马法中司空见惯，至少在其发达的时期是如此。

查士丁尼学说汇纂的形式有些特别:特定案件中法官的意见与法律顾问的看法混杂编排在一起，并作为制定法被颁行;不过尽管如此，在对它们进行解释时，也不可能将之视为通常的制定法来

① Krüger, *Quellen*, § 14, pp. 97, 98.

② *Capitolinus*, *Life of Macrinus*, c. 13.(原文为拉丁文，根据英文注释译出。——译者)

③ *Cod*. Theod. I, 2, 11.

④ *Nov*. 113, 1;参见:1 Savigny, *Heut. röm. Recht*, § 24。

加以处理;它们的处理方式依然类似先例,而在相当的范围内,阐述它们所采取的推理形式也是可以适用至先例的;[①]而且如果这种模式可以在更大范围内适用,效果将会更好。

类似的情况还可见于印度立法委员会为本国制定的法典。麦考雷(Macaulay)[*]在一组制定法中插入了一些解释性的例证,这 205
些例证亦被其继任者所遵循。法律的这些特定部分与法院待决案件或是相同,或是不同,麦考雷在刑法典的导论中将这些特征交待得一清二楚。[②]

(德国法)

在中世纪的德国,法院由一名法官(Richter)和多名陪审员(Schöffen)组成。法官主持审判,维持法庭秩序,下达判决,而若涉及法律中的疑难问题,他便要采纳陪审员的意见,后者才是裁判者(Urtheiler);不仅如此,陪审员还会经常咨询其他城市或市镇陪审员的意见,这或是因为他们作为法律保有人的声誉,或是因为这些城市或市镇对于发出请求的城市来说是母城。[③]

---

① 前文第 186 页。

* 麦考雷(Thomas Babington Macaulay)曾于十九世纪担任英国政府驻印度的官员,在任期间主持通过了一部刑法典,该法典影响不凡。——译者

② 引自斯托克斯(Stokes)《盎格鲁—印度法典》第 24 页及以下(*Anglo-Indian Codes*, xxiv et seq.)。

③ 某些法院的陪审员会收到这些请求,这些法院被称为奥伯霍夫(Oberhof),但此种关系并不完全等同于初审法院与上诉法院间的关系,因为奥伯霍夫的陪审员并没有进行解答的义务。参见斯托布(Stobbe):《德意志法源史》(*Geschichte d. deutsch. Rechtsquellen*, § 27);帕兰克(Planck):《德意志中世纪史》(*Deutsche Gerichtsverfahren im Mittelalter*, §§ 15-19, 43);盖普(Gaup):《格德堡和哈雷旧律》(*Das alte Magdeburgische und Hallische Recht*);舒尔茨(Schultze):《私法与程序》(*Privatrecht und Process*, §§ p. 6-14.)。

陪审员的意见一般被称为“智判询答”(Weisthümer)。[*] 在1840至1878年间,格林(Grimm)曾将之汇编出版。[1] 智判询答形式多样,有时是一般规则,有时是对虚拟案件的解答,有时是有关
206 真实个案的意见。可以说,最后一类之所以有益,不但因为它在其自身案件中的作用,还在于它对同一法院将来的案件具有约束力,而且对于其他法院来说,它的分量也超过其自身原本的价值。[2]

罗马法的引入和古代法的被逐在很大程度上可归咎于市民法的精通者占据了司法职位。这似乎已然是近来学者们的共识。[3] 然而,现代的德国人毫不领情地踢开他们曾攀爬过的梯子,不屑一顾于将任何形式的司法判决(即“*Gerichtsgebrauch*”)认可为法律渊源。此种态度或许与针对古代陪审员法院的鄙夷有些瓜葛。[4]

上世纪初,蒂堡曾讲到过某种形式的司法先例在普通法中极

---

* 本词的翻译借用了舒国滢老师的译法,参见氏著《在法律的边缘》,中国法制出版社2000年版,第202页。——译者

① 还有一些智判询答可见于上个注释中提到的盖普的小书、瓦斯车里本(Wasserschleben)的《德意志法源》(*Deutsche Rechtsquellen*)以及托马谢克(Tomaschek)的《伊赫拉瓦的奥伯霍夫与判词》(*Der Oberhof Iglau und seine Schoffengespriiche.*),包含智判询答典籍的名录可见于上注帕兰克书以及斯托布的《德意志法源史》[§56, note (2)]。

② 斯托布:《德意志私法手册》(*Handbuch d. deutsch. Privatrechts*, §24.);盖普,第90—94页。在1235年,弗雷德里希二世于帝国法院确立了一个固定的判决,他决定:“针对那些更为重要的案件,尤其是那些存留不同意见的案件,他应该写出所有的意见并送达至我们的法院,这些意见被含糊地称为‘审判的主要部分’,以使得将来类似的疑难案件获得解决——这是一种明确的陈述,经由地方根据本地判决所依据的习惯而创制。”斯托布:《德意志法源史》(§48)(原文为拉丁文,根据英文注释译出。——译者)。

③ 参见汉德沃斯(W. S. Holdsworth)在《法律季评》上的论文(28 *Law Quart. Rev.* 39,49.)。

④ 参见:A. Duck, *De Auth. Jur. Civ.* II. c. 2, §§ 10-19。

为盛行这一原理。“如果一项规则在某个法院频繁且总是被当作法律来遵守，那么法院就必须遵守这些至今为止已被接纳为法律的规则，无论这些规则涉及简单的形式，还是有争议的实质——如果它们与制定法并无冲突，而仅仅是一些前任法官所赞同的要点。207
同级法院之间并不会被相互的判决所约束，但只有法院早先的实践后来一直未能得以确立，上级法院才可以约束下级法院；而且，人们不应将法学家的意见等同于法院的实践，虽然前者在某些情况下的重要性如同权威。”[1]

然而，蒂堡的意见似乎并没有被重视。而卓丹(Jordan)则在一篇很长且被多次引用的文章中，[2]总结了他自己的理论：

A. 司法惯例(*Gerichtsgebrauch*)，如前所述，就其成为司法惯例的理由而论，不具备形式且实质的约束力，其价值仅仅在于表达了某种合理的法学原则，这种法学原则由于司法惯例的内在本质而属于这种惯例，因此——

B. 法院并没有义务遵守自己或其他法院作为裁判规则的惯例，但却有义务按照自己的一套法学理论来检验其中的每个问题，而且应该仅在找不到更好的裁判规则时，才去适用惯例。同样——

C. 司法惯例一旦为当事人创制了有约束力的法律，以该法为依据的判决就会发生效力；因此——

D. 许多司法惯例借助此种方式逐渐地被接受和实践，然而尽管如此，它们依然遇到了理论上的反对意见；同样——

---

① Thibaut, *Pand*. § 16.

② 8 *Arch. f. civ. Pr.* 191, 245 et seq. (1825).

E. 另一方面，就只是解释司法惯例所具有的优点这件事来说，凭借这种方式，司法惯例不但获得了法院的认可，还获得了理
208 论家们的认可，而且，认为在应对制定法没有规定的案件时，司法惯例所给出的裁判规则最能够符合立法机构假定的意愿，依据此种看法，很多司法惯例都被普遍地认定为不得被忽视的法律原则。立法者对于很多未来的案件并没有规定，这一事实被认为是立法机构对司法惯例的认可；最后——

F. 如果下级法院遵循上级法院清晰可辨的惯例，它们便按照立法机构的意愿行事，虽然它们不会受到绝对的约束，但它们坚持认为，之所以要求遵守这些惯例，是因为按照法院自身不受质疑的检验标准，这些惯例植根于立法机构的意志。

后来的学者似乎逐渐完全否认了司法惯例是法律渊源，认为司法判决仅仅是习惯法的证据（如同作为证据的其他东西一样）。这似乎早已是萨维尼的观点，[①]亦为沃特[②]（Wächter）和科勒[③]（Keller）所认同。斯托布（Stobbe）[④]也认为："实践本身并不是法律；法院可以偏离其先前的实践，法院也没有义务遵循其他法院的实践。""迄今为止，偏离实践显然不但是可允许的，而且若有更好的理由以别样的方式处理某个法律问题，偏离实践的做法甚至是被要求的。"

登伯格（Dernburg）据我所知是近来学者中唯一承认司法惯

---

① 参见：1 *Heut. röm. Recht*，§ 29。

② 23 *Arch. f. civ. Pr.* 432.

③ 见其《潘德克顿》（*Pandekten*，§ 4.）。

④ 1 *Handb. d. deutsch. Privatrechts*，§ 24，pp. 144，146.

例是法律渊源的人；他说道："法院（即便是最高法院）单一的判决，209
并不会创制司法惯例。"他将司法惯例定义为"一般性的、统一的、被一国之法院长期践行的法律教义"。[①]

有关司法惯例的观点并不只限于那些著书立说的学者。这些观点亦为一些法院所分享。例如，前文已经说过的那个帝国法院的有趣判决[②]：在新黑泽的波美拉尼亚（New Hither Pomeranian），一项法院的原则（司法惯例）长时间盛行，该原则获得了维斯马（Wismar）法院以及后来格赖夫斯瓦尔德（Greifswald）高等上诉法院的支持，并且被普鲁士高等法院所认可，其内容是，不间断的地役权（例如道路通行权）不会因十年或二十年的使用而获得，而只能源自远古时效（immemorial prescription）。帝国法院推翻了以此观点为依据的判决，理由是该判决的依据并非特定地方的特定规则，而是借助了对罗马法的某个错误解释。[③]

对于成长于其他学派中的人来说，某个尤其在德国学者中流行的观点似乎极为怪异。在普通法的律师看来，下级法院遵守上级法院设置的先例，此种义务好像是不言而喻的司法责任。迟延宣布当事人最终的权利，并且使之承受上诉的费用和麻烦，这种做
法似乎是错误的。然而，德国学者却众口一词地否认那种遵守上 210
诉法院先例的义务，甚至连蒂堡[④]也认为，上级法院对下级法院的

① 1 Dernburg, *Pand*. § 29.

② *Entscheidungen dea Reichsgerichts*, Civilsachen, Nr. 59, p. 210; S. C. 36 Seuffert, *Arch*. Nr. 254, p. 385 (1880).

③ 参见另一个案例：7 *Entscheid. d. Reichsg*. Civ. Nr. 50, p. 154; S. C. 40 Seuf. *Arch*. Nr. 86, p. 130。

④ 前文第 207 页引注。

约束仅仅只有此时才可能:法院早先的实践后来一直未能得以确立。毛伦布莱希尔(Maurenbrecher)[①]曾经主张过相反的意见,却在其首次陈述中显得有些底气不足。根格拉(Genglar)则是斯托布谈到的唯一坚持那种无条件地遵循上级法院先例义务的学者。[②]

在德国的某些时期与地方,制定法都对这一问题作出了规定;某些制定法规定法院应该遵循本院自己的先例,此外最高法院的判决则应该被下级法院所遵循。斯托布的著作为这类制定法中的一部分提供了某种解释;[③]而在实践中,经公布的法院判决的数量不断攀升,这说明司法惯例一直对德国法律的发展发挥着持续增长的影响力,这种判决已经在英格兰盛行几百年了,而在德国则不过是十九世纪后半叶才刚刚出现的新事物。

(法国法)

法国如同德国一样,法院的判决并非有约束力的先例,即便对下级法院来说也是如此。然而,公布判例汇编这种做法在法国已经有很长时间了,律师与法官也经常引用此种汇编。[④]

(苏格兰法)

在苏格兰,司法先例所享有的地位似乎介于欧陆的做法与英格兰的做法这两者之间。以法院为例,它奏出了法律的主旋律,在

---

① 参见:1 Stobbe, *Handb*. § 24, p. 144。

② 参见前文第 119 页至 120 页。

③ 1 *Handb*. § 24, pp. 144-146.

④ Aubry et Rau, *Cours de droit*, 39 6i., 51, E; 1 Planiol, *Traité élémentaire*, §§ 205-206.

英格兰，法院在提振对先例的依赖这件事方面颇具影响力，苏格兰 211
的情况亦是如此，两地都不同于欧陆的情况；苏格兰最高民事法院还有权以开庭法案的方式进行正式的立法，这种权力或许也能为它在诉讼案件中所明示的判决增添分量。[1] 然而另一方面，苏格兰的最高上诉法院，即上议院，完全由英格兰的法官组成，而且我相信，在1876年的上诉管辖法案颁布之前（*Appellate Jurisdiction Act*），上议院的法官没有人来自苏格兰法院［1876年的科伦赛勋爵（Lord Colonsay）除外］，而苏格兰人又普遍地对此事态感到不满，这些事实可能有力地支持此种观点：苏格兰早年盛行的意见依然是，先例不是法律。[2]

（英格兰法）

在英格兰以及英格兰普通法流行的国家，人们对于司法先例的看法并不相同。

尽管欧陆的法学家认为并且始终认为，法院的判决抛开其自身的优点不论，对司法审判并无约束力，甚至对此种审判都没有约束力：审判的上诉将进入那个提供判决的法院；然而，在英格兰和美国，法院判决却是法律，抛开其自身的优点不论，法院的判决对于其自身以及同一管辖区的同级法院来说，意义举足轻重，对其下级法院则更是具有绝对的约束力。[3]

造成英格兰法与大陆法间这种差异的原因何在？这一定是比 212
较法学中一个无解的问题。是因为不同种族、不同的政治组织？

① 前文第199页。

② 参见：Erskine, *Inst. Bk.* I, tit. 1, § 47。

③ 试比较前文第124页。

还是因为欧陆存在系统化的罗马法？很明显，英格兰法对于司法先例原本并无特别的关注。假如有的话，有关此种关注的线索一定可以在早期的论著与文献中找到。

人们通常将格兰维尔（Glanville）视为《法律论文集》（*Tractatus de Legibus*）一书的真正作者，其人卒于1190年。这部著作中的一个地方似乎提到了法院的判决。[1]

布拉克顿（Bracton）于十三世纪中叶写就了《论英格兰的法律与习惯》（*De Legibus et Consuetudmibus Anglice*）。相较于其之前的时代乃至其之后的时代，布拉克顿属于特例。他多次提到了判例。然而，梅特兰先生在他那本非凡的著作中却表明，布拉克顿提及的判例全都出自马丁·佩特沙尔（Martin Pateshull）和威廉·雷利（William Raleigh）所任法官的法院。[2]“他有关英格兰法律的论著来自佩特沙尔与雷利。”[3]

布拉克顿这部论著的与众不同在后来的法律史中得到了印证。《弗列特》（*Fleta*）[*]这部写就于十三世纪末的著作，大部分内容也是从布拉克顿那里获得的，但就我的考察，其中只有一个章节
213 提到了一些特定的案例；在这个章节中（第二卷，第三章）出现了三个判例，它们发生在王座法院大执事（Steward of the King's

① 可见于：*Book* VII，c. 1。

② 梅特兰：《布拉克顿笔记》第40页、第45页、第48页及以下（*Bracton's Notebook*，40，45，48，et seq.）。

③ 同上第60页；参见：《赛尔登学会年鉴》（第十二卷）的导言（*Introduction to the Twelfth Volume of the Year Book Series of the Selden Society*，p. xviii.）。

* 该书副标题为《英格兰法律摘要》（*seu Commentarius juris Anglicani*），之所以名为“*Fleta*”，据说是因为该书是一法官或律师被囚禁在伦敦弗列特监狱期间的作品。——译者

Court)管辖区，时间恰好是英王不在英格兰的时候，其中两个案件发生时，国王在加斯科尼*(Gascony)，另一个案件发生时，国王在巴黎；最后一个判决是由法国的御前会议作出的，认定了英格兰国王的管辖权达及英格拉姆斯(Ingelramus)，此人在国王的驿站中被捕获，当时他携带着一些偷来的钱财；英格拉姆斯被起诉至大执事并“被绞死在圣日耳曼德佩教堂的绞刑架上”。**

布里顿(Britton)也写到了十三世纪末的情形，其论著风格与布拉克顿相类似，且借鉴了后者很多内容，然而也好像没有提到任何法院的判决。

十五世纪有两篇文献：福蒂斯丘(Fortescue)的《英国法礼赞》(*De laudibus legum Angliae*)，其中没有涉及任何已决案件；利特尔顿(Littleton)的《土地法》(*Treatise on Tenures*)长达七百四十九节，却只提到了十个案例。

(年鉴案例)

第一部长篇报告始印于 1292 年。[①] 梅特兰教授这位英格兰法方面最伟大的历史学家曾表明(几乎是展示了)，年鉴案例(Year Books)并非先例案件的权威汇编，只是律师业学生(被称为学徒)的笔记罢了。梅特兰教授的这一说法如此的有趣，以至于我要引一个长段落，该段落出自梅特兰为赛尔登学会(Selden Society)*** 年

* 法国南部城市。——译者

** 原文为拉丁文，根据英文注释译出。——译者

① *Year Book* 20 & 21 Edw. I. Rolls Series.

*** 一个专门致力于英国法律史的学术团体，由梅特兰于 1887 年成立。——译者

鉴第三卷撰写的导言。[1]

“法律报告”(Law Report)这种说法无疑向我们表明，它就是
214 那种将被法院引用的典籍。不可否认，我们现代的法律报告所追求的目标不止一个。这些报告具有教育意义上的价值。年轻人读来可以学习法律，年长者读来可以扩充知识。我们基本上还可以说，在我们的时代，这些报告可以作为‘权威’，可以是判决的基础，或是能够预先制约判决的‘意见’，这才是这些报告出现的终极原因。然而，当我们处理那些最古老的年鉴案例时，此种终极原因却似乎深深地陷入了其所在的背景，并且几乎消失殆尽。如果这些典籍还能说明什么东西的话，只不过说明它们很少被律师或法官引用(如果还曾引用过的话)。显而易见的是，先例的证据凤毛麟角。无论是其采取了哪种术语，我们都很难找到更多的例证；而且即便发现了此种证据，它看上去更像是私人的回忆而非对某典籍的引述。它的开头部分常常是‘我以前认为’‘我记得’，或是‘你不记得吗’；首席大法官贝尔斯福德(Beresford)曾以上述方式回忆过一个案件，记录者们(reporters)尽最大的努力记下了他讲的那个故事，但记录者们并不理解这个故事，它只是值得记忆的东西。这些模糊的证据(如果能被称为证据的话)与布拉克顿在诉讼记录中对案件的精确引用之间，简直有着天壤之别。就布拉克顿所做的工作而言，我们可能的确可以说，那一时代的英国普通法已经显现出一种强烈的自然倾向，即它将最终演变为‘判例法’；然而，由于不可能随意获取法院的记录，上述趋势的成型似乎经历了漫长

① 第9页至到结束。

的时间。”[①]

在同一导论的后面部分，梅特兰教授又补充说[②]： 215

“说那一时代的人们没法做得更好，这种说法没有解释力。相反，我们一定能够回忆起，那个时代受过教育的人都热衷于引述‘权威’。中世纪的学者，无论是神父、哲学家、教会法学家，还是平民，能够为你提供各个领域的原文，如果你有一本他提到的典籍的副本的话，一定能毫不费力地找到原文。”

我曾经通览过年鉴案例所在的那个时代，并以五十年为间隔，选取了所有年份的案例，[③]其结果与梅特兰教授所谓当时缺乏对司法判决的引用这一说法完全吻合。后来，此种引用的数量有所增加，但也只是略微。[④]

（早期记录者）

在年鉴案例消失之后的一代人中，我们找到了一位最为知名而严谨的记录者，他和其他一些人都以最大的篇幅记录法院所通过的东西，他便是普罗登(Plowden)。我们可以发现，他第二部分的头十个案例占据了七十四个四开页，即使除去起诉书，也占了五十个四开页，相当于一百个页面。检验其中先例的使用后可以发现，大约有三十个案例被法院或律师当作权威而加以引用或陈述。

---

① 进而参见《赛尔登学会年鉴》(第六卷至第十二卷)(Sixth Volume of *Year Book Series of the Selden Society*, pp. ix-xxviii, xxxviii ; to Seventh Volume, p. xxxi; and to Twelfth Volume, p. xviii.)的多篇导论。

② p. lx.

③ 参见：9 *Harvard Law Rev*. 27, 36-38。

④ 参见：Introduction to Sixth Volume of *the Year Book Series of the Selden Society*, p. xxix。

不难发现的是，从同一时期的其他记录者那里也可以找到数
量庞大的引用，然而，即便留有余地说，任何乃至所有早期记录者
216 与柯克勋爵不可比拟，因为柯克勋爵在引用案例方面所达到的高
度是以往所没有过的。打开柯克报告的中间部分，我们可以在第七卷的前二十五个四开页找到二百四十个案例的引用，是普罗登的十六倍。现代英格兰的律师与法官在引用案例方面都不如柯克勋爵那样多产，而柯克这些先例的价值也自那个时代起从未被否认。

在英格兰法中，关于先例应考虑四个问题：

1．法院创制的判决对其自身有多大的权威性？对同级法院呢？

2．是否存在这样的法院，它绝对地受到自己判决的约束？

3．下级法院的判决是否可以与上级上诉法院的意见相对立？

4．法院的判决是否可以被恰当地认定为法律渊源？

（同一或同级法院的判决）

第一个问题。第一个问题不可能获得准确的回答；先例在英格兰法中的地位显赫，但并非不可动摇的地位；我的意思是，按照英格兰法的理论，判决可以被推翻或不被遵守。任何进行更为精确界定的尝试都只不过是特定学者就其希望的规则而阐发的理论，并非针对事实上有效的规则。关于究竟该提高还是降低先例
分量这件事，可以在《莱姆论判决》(*Ram on Judgment*) * 中找到
217 最好的表述。先例在英格兰法中一般会被遵守，但并非总是被遵

* 或指“James Ram，*The Science of Legal Judgment*，1835”。——译者

守，并未曾有什么规则（或是被明显地用来）被制定来精确地决定这一问题，这一事实显示出英格兰法在很大程度上是法官的创造物，因为法官不但创制先例，还决定了什么时候能抛弃先例。

（上议院受制于其自身的判决）

第二个问题。在英格兰，唯有上议院绝对地受制于自身先前的判决。[①] 这一原则却不会影响到枢密院司法委员会这一在殖民地和其他事务上的终审法院。由此，该院在“博蒙特诉佰利特案”（*Beaumont v. Barrett*）[②]中判决殖民地立法机构有惩治藐视罪的权力，又在“凯雷诉卡森案”（*Kielley v. Carson*）[③]中推翻了上述判决，在两个案件中，阐述意见的是同一个法官：拜罗·帕克（Baron Parke）。

上议院有义务遵守自己的先例，这并不是一个十分古老的理论。迟至1760年的“佩赫曼诉乔治利案”（*Pelham v. Gregory*）中，[④]上议院还曾作出过与其先前的判决相反的决定。但现在普遍的看法是上议院在司法事务方面不能违反自己的先例。[⑤]

（上级法院的判决）

第三个问题。在英格兰，下级法院能够作出与上级法院已经

① 参见笔者在《哈佛法律评论》上的文章（9 *Harv. Law Rev.* 27，39.）。但另见波洛克：《法理学入门》[Pollock，*First Book of Jur.*（3d ed.）328-334.]。

② 1 Moore，*P. C.* 59（1836）.

③ 4 Moore，*P. C.* 63（1842）；同时参见：*Read v. Bishop of Lincoln*，[1892] A. C. 644，654。

④ 3 *Bro. P. C.*（Toml. ed.）204.

⑤ “伦敦街道运输公司诉郡议会”[*London Street Tramways Co. v. County Council*，（1898）A. C. 375.]。在“皮若志案”（*Peerage Case*）中，上议院并不受这一原则的限制。“圣约翰皮若志申诉”[*St. John Peerage Claim*，（1915）A. C. 282，308.]。

确定的先例相背离的判决吗？不可以，除非上级法院出现了明显而重大的错误。对此，在英格兰的典籍中，我能想到的例子只有两
218 个。第一个是“亨斯曼诉福瑞尔案”（*Hensman v. Fryer*），[①]上诉法院在此案中不支持一定数量金钱的受遗赠人与特定物品或土地的受遗赠人须按一定比例支付遗嘱人的债务，这违背了某个确定无疑的规则，即金钱的受遗赠人必须承担此种负担。低级法院后来多次拒绝遵守这一判决，并指出这是一个明显的错误。另一个例子是“库克雷诉安德森案”（*Cookney v. Anderson*），[②]韦斯特波利勋爵（Lord Westbury）在担任上议院议长时作的一个判决，该判决遗漏了一项制定法。

（判决是法律渊源吗？）

第四个问题。法院的判决是否可以被恰当地认定为法律渊源？如果提出这个问题的目的在于确定事实，那么对此几乎没有疑问。法官在判决案件时一定会从先例中获取规则。如果没有先例，法官的判决结果一定大不一样；即便法官或许会认为先例不应被创制，他们也还是会遵守先例。那么，究竟为何会产生上述疑问呢？这是因为，法官们并不愿意被视为造法者，因为他们喜欢说自己只是在适用法律，而非创造法律；而如果法院的判决也是法律渊源，则在此意义上就不能否认法官的确创造了法律。[③]

马修·黑尔爵士在其《普通法的历史》（该书首次出版于他去

① *L. R.* 2 Eq. 627；3 Ch. 420 (1867).

② De G. J. & S. 365 (1863). 参见：*Tompkins v. Colthurst*, 1 Ch. D. 626, and *Dugdale v. Dugdale*, L. R. 14 Eq. 234。

③ 参见前文第 99 页。

世后的 1713 年）一书中讲道：

“将法院里法官的判决……称为法律并不恰当（因为只有国王
和议会的决定才是法律）；不过，对于解说、宣告和发布这个国家的
法律是什么来说，这些判决的确具有很大分量与权威……虽说这 219
些判决不抵法律，但无论如何，它们都是一种强有力的证据，而非
仅仅是私人的意见……因为他们（法官）掌控着法院（*sedere pro
tribunali*），他们的决定便为这个国家的法律所加强和支撑，除非
这些决定被同样的法律所更改或排除。”[①]

不过，布莱克斯通的《释义》对此却有另一段经典的议论：

（布莱克斯通的理论）

“通用习惯，或者普通法（这样称呼也很合适），是对国王常设
法院的程序性规定与实体判决起指导性作用的法律。……怎样才
能使这些习惯法与法律格言为民众所周知？又由谁来判断其有效
性？答案是，通过不同法院的法官。他们是法律的守护者，是必须
裁决一切有疑问的案件并受誓言约束须依照本国法律进行裁判的
当世的神谕使者……这些法院判决确实是能为我们提供的、作为
用以证明作为构成普通法的一部分的习惯的确存在的最主要、最
可靠的证据。……当新的诉讼中再次出现同类的案件时，遵循先
例是一项既定的规则。一方面是因为这样可以保持司法天平的稳
定性与公正性，不易因后任法官的个人观点而产生波动，另一方面
还是因为在这种情况下，法律是经庄严判决并正式颁布的，以往不
确定或也可能不被重视的问题现在已成为永久性的规则，因此后 220

① Hale, *Hist. Com. Law* (4th ed.) 67; (5th ed.) 141.

任法官不能凭其个人情绪随意对其加以改动或变化。因为法官曾宣誓他不会根据他个人的判断,而应根据众所周知的国家法律和习惯进行判案,他无权颁布一项新的法律,只能维护原有的法律并加以解释。当然,这一规则也有例外,即当以前的判决很明显违反理性时,在违背神启法时当然更是如此。但即便出现这样的情况,后来的法官也不会声称他制定了一项新法,他只是澄清了对旧法的误解而已。因为,如果法官发现以前的判决明显是荒谬的或不公正的,这项判决并不会被宣布是一项不合格的法律,而是被宣布为根本不是法律。也就是说,既然该决定曾被错误地宣判过,那么它就不是一项有效的王国习惯。所以普通法的原则就应是:除非存在明显荒谬性或不合理,否则先例和规则必须被遵循。因为,尽管乍一看先例中蕴含的理性可能不甚明显,但既然我们对于以往的先例是服从的,那么我们就应当推定它们都是经过深思熟虑的,是有效的。下面通过例证来阐明这一原则。很久以来有这样一项规定,拥有一半相同血统的兄弟(同父异母或同母异父)不能作为法定继承人相互继承遗产,该遗产应转归国王或其他领主。现在这是一项实在法,由习惯法确立并规定,该习惯是以司法判决为依据的,当代的法官如果不遵守该规定便违背了其誓言并违反了法律规定。尽管这一法律中的理性源自于封建法,对于每一个人而
221 言并非都是显而易见的,但这一法律并没有违反自然正义之处。因此如果碰巧两个有一半血统的兄弟中有一个非常贫困,一个当代法官可能会希望法律另有规定,但他无权变更这一法律规定。但倘若现在任何法律判决,其中的哥哥可以占据由其兄弟购买的任何土地,以后的法官会毫不犹豫地宣布先前的这一判决是不公

正且不符合理性的，因此不是法律。既然有时会发生法官误判法律的情况，所以法律及法官的意见便并不总是可以相互转换的概念，或者说两者并非一件事或相同的事。然而就总体而言，我们还是可以得出一项普遍的规则：'什么普通法？法院的判决就是证据。'民法中有类似的规则，国王一旦作出决定，即可成为将来的行动指南。"[1]

简言之，布莱克斯通的看法是这样的：普通法由普遍的习惯构成，但这些习惯为何则一定要从法院的判决中获知；原有的先例必须被遵守。法院的判决将先前不确定和冷漠的规则转化为永久的规则，后来的法官必须遵守这些规则；不过先例并非具有绝对的约束力，若其明显荒唐或不义，则可以被抛弃不用。

就先例作为法律渊源具有的效力和效果而言，上述论述并无多大纰漏；然而，布莱克斯通试图进一步将法律渊源追溯至普遍习惯，只将判决视为先例的证据，此种意见则令人生疑。222

认为司法判决只是已存法律的证据，此种看法与边沁并不一致，[2]但其最为有名的反对意见来自于奥斯丁。人们时常质疑，奥斯丁是不是只对布莱克斯通上述看法过于看重，而忽视了他在先例的效力和效果方面所给出的评论。奥斯丁说过："说司法中的法律或普通法并非由法官创制，而是一种并非任何人创制的神奇之物，是一种来自永恒的存在（这是我的猜测），这种说法不过是我们

---

① 1 Bl. *Com*. 68-71.（本段译文参考了〔英〕布莱克斯通：《英国法释义》（第一卷），游云庭、缪苗译，上海人民出版社 2006 年版，第 81—84 页。——译者）

② 例如边沁：《著作集》[Benth. *Works* (1843), vol. 5, p. 546; vol. 6, p. 552.]。

法官孩童式的虚构罢了,却被法官们一次又一次地宣布。”[1]

奥斯丁的观点获得了广泛的认同,[2]但布莱克斯通却也一直不缺乏捍卫者。布氏著作的编辑人,哈蒙德(Hammond)教授试图复兴他的观点,这是其捍卫者中最为新近的观点之一。作为一种严肃的努力,哈蒙德的观点值得仔细查究,它出自布莱克斯通上述引文的注释。[3]

哈蒙德教授首先说道,“这是布莱克斯通最受批评和奚落的段落”,他提到了奥斯丁,提到了迪戈比的《不动产法律史》(*Digby's History of the Law of Real Property*),波姆若里的《国内法》(*Pomerory's Municipal Law*),“这群二流的学者在一些小册子
223 和法学期刊上反对并嘲弄布莱克斯通”。他进而讲到,“这类学者可能并不认为法官们持续完整的说辞能够说明什么问题——从最早的《年鉴》到最高法院最新的报告,法官们都异口同声地说自己因裁判而处理案件时,没有也无法创制新法”。虽然毫无疑问的是,法官们常常否认有权创制法律,但哈蒙德教授的两个例证却有些文不对题。在“埃弗维克修道院院长诉塞尔比修道院院长案”(*Abbot of Everwike v. Abbot of Selby*, *8 Edw. III*. 69, pl. 35)中,[并非其引用的爱德华三世法案(*8 Edw. III*. 6, pi. 35, fol. 327)],赫勒(Herle)法官提出了这样一个观点:“我们所考虑的法律是天生的(born)”,“我们并不愿意改变法律”,这句话显然不能用来作为证成他无法(could not)创制法律的证据。哈蒙德的另一

① 2 *Jur*. (4th ed.) 655.

② 参见:Holland, *Jur*. (11th ed.) 65。

③ 哈蒙德编辑的布莱克斯通文本,第213—226页。

个例证是同一作者1304年针对法院的讨论（但并不能说是同一法官，因为按照哈蒙德的说法，此人在十六年之后才成为法官）：“你（法院）现在给出的判决今后将在英格兰所有的圣职拒授令状（*quare non admisit*）中成为权威”，[①]如其所示，这段话实际上是在主张法官的判决的确创制了法律。

这位博学的编辑人进而说道，布莱克斯通的理论“使得法律等同于既定案件中已经确定的要旨（point），同时让学生和法律从业者们不再追究其背后的深层次原则”，这种冲突的结果“必然会致使勤勉的律师和学生普遍无力掌握更为抽象的思想”。这是事情的一方面。另一方面，由于布莱克斯通理论否定了司法判决的造 224
法功能，也就让学生和法律从业者们不必再从司法判决中找寻法律，这样的结果必然会使得懒惰的律师和学生普遍在智力方面的能力低下，以至难以掌握事物的本质。不过此种评论，无论是哪个方面的，与真理均渐行渐远。

（历史意义上的法官造法）

“奥斯丁及其追随者观点发生的原因在于他们将此理论的历史层面与科学层面混淆了。从历史意义来考虑，说我们的法官在创造法律无疑是真实的（true）。”哈蒙德教授在此给出了一个完整的例子。“历史意义上是真实的”意思其实就是真实的，即事情是一个事实。断言某件事情在历史意义上是真实的，却又说在科学意义上是虚假的，此种说法的意思是某事是一个事实，但其在逻辑

---

① “刘易斯修道长诉伊利主教”[*Prior of Lewes v. Bishop of Ely*, Y. B. 32 Edw. I. (Horwood's ed.) p. 32]。圣职拒授是一个有关教会任免权的令状。

上无法与某种体系相一致;哈蒙德说的就是这个意思。法官造法是一个事实,而同样真实的是,这一事实无法从布莱克斯通的理论中逻辑地推导出来。奥斯丁及其追随者的说法是,“这便是布莱克斯通理论糟糕的地方”,哈蒙德教授却说,“这便是事实糟糕的地方”。

这位博学的编辑者接下来还以最为激烈且强调的方式,宣布了法官的造法活动。他说:“在历史的层面,他们实际上是在创造法律。”然后他又对此加以诋毁。“凡科学都是如此。在前后相继的学者与学生的论述中,我们可以探查各种学说的历史进步,乃至
225 神学、哲学、科学真理的发展。没有人会就此断定是这些人创造了神学或科学的真理。”然而,说我们从前后相继的学者的论述中探查神学、哲学、科学真理的发展,此种说法并不正确;我们探查的是有关这些真理的人类知识和信念的发展,但真理本身其实完全独立于人类知识与信念,因此可以说,“没有人会就此断定是这些人创造了神学或科学的真理”。以化质论(Transubstantiation)* 为例,有关此种理论之信念的出现、发展乃至消亡都仰仗杰出人士的论述,但此理论是否为真,献祭中是否真的发生了那种神奇的变化,则并不依赖罗耀拉(Loyola)、路德(Luther)或是慈运理(Zwingli)的意见。同样,有关光线的规律也不依赖伊萨克·牛顿爵士(Sir Isaac Newton)或其他任何物理学家的相关看法。

---

* 化质论(Transubstantiation),又称圣餐变体论。罗马天主教认为,弥撒进行时,就有神迹发生,饼与酒会真实地变为基督的身体与血,尽管物品的官感特质(知觉、味道、气味)保持不变。因此,按天主教的教义,基督在圣餐中将再一次献上自己为祭,而参与者实际上是在分领基督的身体。——译者

“我们无法认定是哲学家创造了自然规律，又如何能认定法官创造了我国的法律？”哈蒙德教授如是说。哲学家没有创造自然规律，然而正如哈蒙德教授依然承认的那样，法官们在“历史的意义上”创造了我国的法律。这是因为自然规律并不依赖人类的意见，而法律就是人类的意见，无论在托勒密（Ptolemy）、哥白尼（Copernicus）、牛顿诞生之前还是之后，天体运行所遵循的规律并没有变化，但制约英格兰民众的法律却在曼斯菲尔德勋爵（Lord Mansfield）的时代发生了变化。他的判决创造了之前并不存在的法律，英格兰的法律自他的时代起便不同于以往——如果说他是一位特立独行的人物的话。[①]

我们或者还可以美国宪法为例，假设马歇尔法官（Chief 226
Justice Marshall）是一位热忱的民主党人（当时被称为共和党人），其热忱的程度堪比作为联邦党人的他。同时假设马歇尔并不憎恶托马斯·杰弗逊（Thomas Jefferson），也并不热爱美国银行，他厌恶美国银行，热爱托马斯·杰弗逊——倘若如此，我们今日生活中的法律一定会大相径庭。*

哈蒙德教授还指出，法院有时并不创造法律，这当然是正确的。没有人胆敢否认法官造法的权力会受到制定法或前任法官先例的限制，而且也没有人会认为此种限制的存在只是这位编辑者

① 可比较斯托维尔勋爵（Lord Stowell）有关捕获法（prize law）创制的讨论（*Roscoe's Life of Stowell*, pp. 49-52.）。

* 联邦党与共和党是美国建国初期最主要的两个政党，后者后来几经演变，成为现在美国民主党的前身。马歇尔法官是联邦党人，他当然不会喜欢作为其政敌的共和党领袖杰弗逊。而且在“麦卡洛克诉马里兰州案”（*McCulloch v. Maryland*），他作出了有利于美国银行的判决，以维护联邦政府的权威。——译者

抱怨的那种“孩童式的虚构”。

(布莱克斯通理论的结果)

哈蒙德教授举出了几个例子来表明布莱克斯通理论的科学合理性与将此种理论诉诸实践的优点,然而在大多数人看来,这些例证的选择却似乎并不恰当。假设某甲因某乙的付款指令在纽约签署了一张支付性支票;而某乙(同样在纽约)欺诈了某甲,将该支票作为附件担保(collateral security)转让给某丙,某丙在纽约对某甲提起了诉讼。如果某丙是纽约州的公民,他将败诉;而如果他是新罕布什尔州的公民,他就可以在联邦法院起诉并胜诉。

同样,假设某甲住在罗德岛州的新港(Newport),他交给某乙一笔财产,要求后者作为受托人向自己的儿子某丙终身给付该财产;某丙与新港的肉商某丁签订合同,由某丁供应肉食给某丙,但
227 某丙后来拒绝向某丁支付货款。某丁在罗德岛州的法院获得了一个针对某丙的胜诉判决,并试图针对上述信托基金执行这一判决。如果某乙与某丙都是罗德岛州的公民,某丁就可以得到他的货款;但如果他们都是纽约州的公民,他们可以将案件移交至联邦法院,某丙进而可以依据“尼古拉斯诉艾顿案”(*Nichols v. Eaton*)中的判决意见,免除此项债务。[①]

就此,我要考虑的问题既不是此种事态所产生的优点,也不是其在多大程度上是我国复杂政府结构自然或必然的结果。当然毫无疑问的是,从“科学”的意义来说,上述事态令人极为震惊。这似乎是在回归蛮昧,回到了勃艮第人、西哥特人和罗马人的时代——

① 91 U.S. 716.

他们生活在一起，却有着自己独立的部族法律。

此种事态是如何产生的？哈蒙德教授正确地指出，此事肇端于斯托里在斯威夫特诉泰森案（*Swift v. Tyson*）[1]中采纳了布莱克斯通的理论："在通常的语言中，很难主张说法院的判决构成了法律。"布莱克斯通理论的这些特定后果很难让该理论受到人们的欢迎。

（市政公债案）

不过，美国联邦最高法院自打上述事态确立起，便在一组最为重要的案件［涉及市政公债（Municipal bond）］中，被迫抛弃了布莱克斯通的理论，其动力来自哈蒙德教授所谓的历史层面而非科学层面的真理——即生活事实的压力。我无意确证法院的前后一致性，但这为此提供了一个有趣的例证：一个背负盛名的精致理论
如何因其与事实相悖而瓦解。 228

在美国的很多州，市镇或城市往往因修筑铁路的需要而发行公债；各州的地方高等法院曾宣布这些公债是有效的；凭借对这些判决的信任，公债得以销售；但后来新任法官又宣布公债无效。布莱克斯通的理论急切地宣布，法院的判决并不创造法律，法律必定总是最近判决所宣告的样态。但联邦最高法院却并不这么认为，它一直坚定地主张这一原则：如果一项合同在成立之后被法院发布的法律确认为有效，合同中的义务便不会再被后来的判决所损害。我将在后文中更为详细地讨论这些案件。[2]

---

① 16 Pet. 1，18. 参见前文第 251 页。

② 后文第 256 页。

哈蒙德教授还指出了奥斯丁某个前后不一致的地方，据说他在批评布莱克斯通的时候其实默认了布氏的某些观点。布莱克斯通提到了罗马皇帝的批复，[1]描述了它们的特点，并且认为它们和“教会法与教皇的教谕书信(decretal epistles)相同，全都在最严格的意义上属于批复。与所有正确的论证形式相反，它们的论证是从个别到一般的”。[2]

229 奥斯丁粗暴地将此种观点斥责为一种愚蠢的说法(这的确不是一个非常高明的说法，哈蒙德教授也没有试图为之辩护)，并且说道：“事实是，布莱克斯通解说的这种皇帝法令(decrete)是确定了新原则的司法判决。如此一来，在该新原则已经确立的地方，将该原则适用至案件便不是从个别到一般的判决，而是从一般到个别的判决。如果他认为这个被适用的原则是一项新的原则，因此是一个对相关案件溯及既往的法律，那么他的说法将是正确的。但同样的反对意见(这是显而易见的)亦可适用至我们自己的先例。”[3]

哈蒙德教授认为，这里存在逻辑上的悖谬。因为奥斯丁假定由判决或法令确立的原则是一项新的原则，这与奥斯丁本人此种表述相冲突：“判决是一个从一般到个别”的过程，因为“如果后面的几个词表示了某种含义的话，那么原则一定在判决之前就已经存在了，以至于判决一定是由原则创制的”。

---

① 1 *Com*. 59.

② 奥斯丁认为布莱克斯通是在上诉的意义上谈论皇帝法令的，而不是在批复的意义上；但这个论证其实无关紧要。

③ 2 *Jur*. (4th ed.) 654.

那么奥斯丁的这段话究竟是什么意思呢？如果这段话不是用来难倒像哈蒙德教授这样细心的读者和敏锐的学者的话，那么其意思我想应该非常清楚。奥斯丁是这样说的：请求皇帝指示的当事人被带到皇帝面前，对于其所涉及的案件来说并无已存的法律，以致能够指引治安官的裁判。因此便有必要创制新的法律，否则案件便无法判决；但皇帝对此并没有发布溯及既往的一般制定法，而是确立了一项新的原则，案件应该依此原则判决，该原则也就相 230
应地指引出了判决结果。我们当然可以合理地怀疑，皇帝在事实上是否总是能够以如此逻辑和哲学化的方式行动，但奥斯丁的推理本身似乎并无错误。

（规则必须存在于判决之前的意义）

可以发现，哈蒙德教授实际上混淆了两件事——一者是法官审理案件时脑海中发生的理智过程的顺序，一者是他脑海之外各类事件发生的次序。假如某情事被交由法官审理，对于该案并无“作为历史事实的法律”，并无已然存在能够指导判决的规则；我们或许会掩盖这些情况，但此类案件的发生并不鲜见。如果法官明智而尽责，就不会依靠经验法则（rule of thumb）来判定此类案件，他会努力确立一项原则，以使得此类案件可以裁判，当他有了这一确定的规则之后，就可以将其适用至案件。但所有这些都无意表明，在案件进入法院之前，规制该案的规则就已经存在了；事实上，它断然否定该观点，将之视为纯粹的虚构。

“很明显，他（奥斯丁）的错误其实很常见，即混淆了事物的存在与事物已经被认识这一事实（*principium essendi* and *principium cognoscendi*）。”如果我们不能直白地指出，这位博学编辑者的错误在于认定了这一点——因为若法官按照一般性的规则判决了案件，则该规则一定在案件进入法院之前就存在了，也应当说明，他的错误是因不正确地对比物理科学而被强化的（如果说不是被引起的话），对此前文已经有所涉及。

231 于是，哈蒙德教授想象中的对手认定，如果所讨论的法律在法院的判决出现之前就已经存在，那么该法律一定源自永恒。对于这样一个愚笨的对手，哈蒙德教授当然可以轻松获胜。然而，如果此种看法是正确的（它无疑是正确的），即判决案件所依据的规则在案件进入法院之前只是**可能**早已存在，却又未必总是存在，那么我们将难以看到如下命题的成立：判决案件所依据的规则本身在案件进入法院之前**一定**已经存在。

（判决常常改变法律）

“恰当地说，先例原则与此种假定格格不入：一个具有优先地位的判决创制了新的法律——或者用奥斯丁的话说，在创制新法律的意义上，‘皇帝的法令确立新的原则’。如果的确确立了新的原则，同时当下的案件正好发生于被先例创制的法律之下，那么我们处理此案所依据的法律便不同于先例出现时的法律。”我们正是如此处理案件的。假如人们普遍认定，因为言语诋毁而提起的诉讼可以获得支持，但当案件提交终审法院时，人们（或许只是大多数人）却认定不能被支持。后来的案件在提交法官审理时所依据的法律是否并非与先前的案件有所不同？当法官审理案件时，他们的处境相同吗？是否存在新近引入的因素？若当下出现某种因素（从前并不存在，现在几乎完全是决定性的），此时法律还必定相同吗？哈蒙德教授宣称我们此时并不能说法律已经改变了，因为此种改变与哪怕最为简单的正义规则也难以相容；然而，我们要说的是，事实的确在于，一种新的控制性因素被引入了法律。人们可以理解一位德国法学家将此事认定为不正义，并因此否认司法先 232
例的地位，但对于普通法的法律人来说，他们已然以先例体系为傲，又怎么能够认为，作为习惯性表达权力的一个不凡例证，他们可以借助某个拟制将不正义转变为正义。

“奥斯丁先生的错误还在于，没有对某种司法权力的真实本质作出正确陈述。”哈蒙德教授进而表明，法院掌管了执行职责(executive duties)。但这并不表示，法院就不能掌管立法职责(legislative duties)，无疑，在法院有权力针对实践创制规则的情况下，法院掌管立法职责已为众所周知。①

我不明白哈蒙德教授为什么要主张此种司法模式(mode of administering justice)应该被改变；如果对于法官须判决的案件中的问题来说，并无规则作出规定，我不明白哈蒙德为何要让这些案件留而不决，抑或他会要求这些判决应依据某些幻想或直觉；然而，他却认为极为重要的是，法官应该阐明，人们也应相信，法官用来判案的规则是先前已经存在的东西。我对以下种种问题毫不关心：作出此种论断*是否有意义；或者在此种论断已经作出的情况下，相信此种论断是否有意义；或者用某种语言形式向法官自身和公众隐瞒法官造法的权力与实践，这种做法是否有意义。我唯一关心的问题是事实。法官造法了吗？我认为在普通法中，法官造

① 前文第199页。

* 指哈蒙德认为规则总是先于案件存在的论断。——译者 233

法是显而易见的。[①]

（卡特先生的理论）

对于法官造法权这个问题来说，还有一位学者的意见值得我们极为重视并加以讨论。这便是卡特（Carter）先生发表的一篇有关“法律中的理想与事实”的文章。[②] 在这篇文章中，他坚称法官是法律的发现者而非创造者。这位杰出人士已然寿终正寝，但最近仍然有一部名为《法律——起源、发展与功能》（*Law, Its Origin, Growth and Function*）的著作问世，该书是其去世前完成的，[③]其中包含了他有关这一主题的成熟思想。

卡特先生早年曾激烈地反对纽约州采纳戴维·达德利·菲尔德（David Dudley Field）先生的民法典。在这件事上，他是成功的。在我看来，正是他的努力使得纽约州免受有威胁的危险。我觉得，有关这次伟大斗争的记忆一定总是萦绕在卡特的脑海中，此种记忆是其论文和著作的存在理由（raison d'etre），同时也影响了他所有的观点。

（法官造法与主权者）

卡特先生论文的主要观点是，认为所有法律都来自主权者命令的理论是错误的。他完全承认，“我们有关法律真正已有的知识均来自于法官”，[④]但他却怯于承认法官造法，因为他害怕这会导

---

① 参见：Maine, *Anc. Law* (Pollock's ed.) 34-37, 46; Dicey, *Law & Opinion* (2d ed.) 491；以及前文第 93 至第 99 页。

② 24 *Am. Law Rev.* 752.

③ 他去世于 1905 年。

④ 24 *Am. Law Rev.* 758.

致认可那种认为所有法律来源于主权者命令的理论。[1] 如果我也 234
沾染了此种恐惧，那么我同样不愿使用法官造法这种表达方式。但这个有争议的结论就是反对法官造法的推论吗？

法官造法究竟是什么意思？它意味着一项判决无论是否与某种理念相符合，都有力量（*suo vigore*）作为法律的渊源；它并不是唯一或具有绝对控制力的法律渊源，但仍然是独立之物，不仅仅只具有证据价值（evidential value）。判决案件是法官当然的职能，也是法官身份的本质，但法官是否能确定先例却并非其本质。在英格兰，法官拥有这项权力；在德国，他们通常没有此权力。主权者有能力干扰法官获得此项权力，或是否认这项权力，但一般来说，主权者并不会实施这种干扰；因此，若法官拥有这项权力，该权力也并非来源于主权者的命令（除非我们接受奥斯丁的理论，即认为主权者所允许的任何东西都是他的命令，我与卡特先生都不会同意这一理论），然而判决是否能确立先例则要留给司法意见来自由决定，或是受制于公共政策的意见、大众习惯，乃至专家意见。活跃在英格兰和美国法官心中的想法认可法院的判决是法律渊源。于是便有法官造法，即法官确立先例，而此种法律并非主权者
命令的产物。由此，让卡特先生感到两难的困境对我来说似乎并 235
不存在。

在其论文中，卡特先生似乎并没有认可司法判决作为证据的效果。他讲道："调查（inquiry）的起因在于法官关注他前任都做了什么，如果他发现他们考虑了类似的事实情况，并且宣布了与之

① 参见前文第85页及以下。

相关的法律，他就会宣称同样的规则。”但卡特又说，法官发现而非创造法律。“被发现”这一表达方式显露了法官的心迹。“创造”暗示一种专断的意志，而“发现”则表明这是一个理性和反思的过程。无疑，卡特先生对所谓立法实际上也采取了同样的观点。“对于仅就一般目的证成此种职能设置（即创制法律）来说，立法的行动自由远超过司法审判；但更为深刻和哲学化的观点将使得立法的职能趋同于司法审判的职能，这种职能便是，固定公众意见，并且就民众的习惯确证已经存在或是奋力存在的习惯与规则。”[1]然而，我虽然接受卡特先生使用“发现”一词的原因，也接受“创制”一词（虽然并不准确）事实上暗示着专断，但我仍然要抱歉地指出，卡特先生用“发现”这一术语作替换是一种误导。

（法律由习惯创设）

然而，在其遗著中，卡特先生对先例作为证据这一特点的强调远胜于他其他的论文。该书的观点似乎是，法律是由习惯创设的；
236 当法官宣布法律时，他们是在宣布已经存在的法律；此种宣告只是法律的证据（即便是一种高级证据）。如果这就是他最终成型的看法，我必须要说，我与他分歧重重，殊难赞同。“我爱我师，但我更爱真理。”（*sed magis amica veritas*）

我已经屡次表明物理科学领域的发现者与法官间的区别。化学中的发现者并不创造他所发现的自然法则。水由氢和氧构成的，在它的构成被发现之前亦是如此——发现活动绝不会影响到自然法则，自然法则的存在完全独立于人类的意见——但我们的

---

① 24 *Am. Law Rev.* 766.

法律却是由人类的意见创造的。人类意见的表达形式便是法律渊源，在这些表达形式中，法官的宣告便是其中重要的一类。

编织一些貌似合理的一般理论并不是什么难事，但鉴别这些理论是否正确的标准却只有一个——是否符合事实。我已经在这次讲座中不断地努力去运用这一决定性标准，依据理论是否符合事实来确认它是否正确。我们这里还要运用这一标准。

（判决之前通常不存在习惯）

1620 年，王座法院判决了著名的派斯诉布朗案（*Pells v. Brown*）。[①] 案情是这样的：有一块土地被遗赠给托马斯·布朗与其继承人，但若他没有子嗣且先于其兄弟威廉去世，则土地属于威廉；换句话说，若托马斯没有子嗣且先于威廉去世，他实际因一项 237
所谓待执行遗赠（executory devise），将一项无限制继承的土地所有权（estate in fee simple）[*] 交给了威廉。托马斯后来利用所谓“废除限嗣设定合意诉讼”（common recovery）[②]将土地转让给爱德华·派斯，问题在于，对于主张自己因为该转让获得土地的派斯来说，他是否要受到那项针对威廉的待执行遗赠的约束，或者换句话说，一项待执行遗赠在无限制继承发生过一次之后，是否可以因掌握可继承地产的人而终止。

法院以法官三比一的多数判定，该待执行遗嘱继续有效，派斯的土地要受到它的限制，托马斯不能终止这项遗赠。法律从此之

① *Cro. Jac.* 590.

* 指可以由任何人继承的土地权。——译者

② 一种法律中的共谋诉讼（collusive suit），其程序极端技术化，是用来转让土地的一种方式。《英国法释义》，第 357—364 页、第 533 页（2 Bl. *Com.* 357-364, 533.）。

后一直如此。由此，在英格兰和美国，遗嘱可以有效地设定未来的偶然利益。但这绝非什么必然之事。在德国、法国或路易斯安那，乃至市民法盛行的地方（我相信一般来说是这样），未来的偶然利益即便被允许，也只能在极小的范围内存在。[①]

就我的理解，卡特先生会说此种有关未来利益有效性的原则是由习惯创设的，而且在派斯诉布朗案发生之前就已经是法律了。那么，习惯究竟是什么呢？习惯就是被一个社会所普遍实践，并被这个社会普遍认为是恰当实践的东西。

如此一来，是否可以想象，在十七世纪早期的英格兰，社会中流行着这样一种信念，即认为一项待执行遗赠不能凭单方面的证据被废除限嗣设定的合意诉讼所终止？哦，在英格兰，一万人乃至
238 五万个人中也没有一个人对此问题持有某种信念，甚至无法理解这个问题的含义。要说存在某种习惯，认定未来的偶然利益是不可终止的，这种说法无异于痴人说梦，编造此说只是为了避免法官造法这一当然的结论。

进而言之，在派斯诉布朗案判决之前，对于待执行遗赠不可被终止远未在社会中出现普遍的意见，而且在法官中也没有形成这种意见。我已经提到，四位法官中有一位并不同意这一看法，判决在法官同行间并没有形成良好的认同。在“斯卡特伍德诉艾治案”（*Scattergood v. Edge*）[②]中，伯维尔法官（Powell）提出这样一种看法：待执行遗赠不能因为某项“像割下的干草那样被法官所认可”

---

① Gray, *Rule against Perpetuities*, §§ 753-772.

② 12 Modern, 278.

的诉讼[*](recovery)而归于无效;而特里比(Treby)大法官说:"因为法官们改变了主意,待执行遗赠长时间里并未获得赞同;而且即便它再次出现,也不会占优";作为"盖诉盖案"(*Gay v. Gay*)的出庭律师,[①]莱彻(Latch)还做过更为强烈的表述。但在法院作出有利于待执行遗赠的判决意见后,此种法律便在此时确立了。

面对上述这些情况,如何可能说,派斯诉布朗案的法官仅仅是在宣布之前已经存在的习惯,或者用卡特先生喜欢的说法,说社会的恰当期待在于那种与三位多数法官的意见相符合原则,而非与一位少数法官的意见相符合原则?即便可能作出上述表述,但支持此种表述的事实何在?如果说法律是由某些人创造的,那么即 239
是说蒙塔古大法官(Montagu)、张伯伦(Chamberlayne)法官和霍顿(Houghton)法官创造了法律。

由三位多数法官创造出的那项法律意义重大。该法的根本其实是涉及未来利益的法律。多数法官中的两位赞同了他们的同事杜德里奇[**](Doderidge),这使得百十万乃至百十亿宗财产落到了原本不能获得这些财产的人手里。

法律的存在如今依赖司法职位上某些个人对相关问题的看法,上述案例不过沧海一粟,对于这些问题来说,社会中没有统一的实践,没有习惯、没有信念,也没有期待。

(个别法官的作用)

对于个人在人类事务的发展中起到的作用是大是小这一问题

---

* 指前文提到的废除限嗣设定合意诉讼(recovery)。——译者

① Styles,258.参见:Gray,*Rule against Perpetuities*,§159。

** 杜德里奇是派斯诉布朗案的主审法官之一。——译者

来说，已经有过大量的讨论。有人主张说，时代精神（*Zeitgeist*），或者说人性中隐藏的巨大力量和本能，不会因个人的行为发生偏移；这些行为不过是时代巨流中的些许涟漪。我并不否认此种说法包含的真理成分。即便凯撒、拿破仑、穆罕默德全都未曾存在，人类活动的终极目标可能也不会发生变化。终极目标或许是真实的，但通达这一目标的道路却极大地受制于那些大人物的信念、看法和行为，正是借助这一道路，人性在其漫长的历史中展现出来。

除了那些大人物之外，某些小人物也会造成重大的后果；正是
240 小人物刺杀了亨利四世*，刺杀了林肯总统。若小人物碰巧出现在重要的场合，则尤为如此。在我看来，无论如何都没有理由将蒙塔古大法官、张伯伦法官和霍顿法官称为大人物，但他们事实上说了这种观点而不是那种观点，这便在一个重要的法律分支中，极大地影响了其中人类事物的进程。

---

* 指法兰西国王亨利四世（1553—1610 年），他于 1610 年被一个叫拉韦拉克的疯子刺杀身亡。——译者

第十章　论美国的司法先例

在一般性地讨论普通法中的先例原则之后，让我们看看这一 241
原则在美国又发生了何种变化(如果说有变化的话)。除了上一章讨论英格兰普通法时提到的四个要点，在美国的问题是，对于某个州来说，一个由联邦法院、其他州地方法院或英格兰法院作出的判决，其分量有多大；对此，我们讨论美国法律中的五方面问题：

1. 法院作出的判决对其本身的权威性有多大，对同级法院判决的权威性又有多大？

2. 是否存在这样的法院：它必须绝对地受制于其自身作出的判决？

3. 下级法院的判决是否可以背离上诉法院的判决？

4. 某一管辖区内法院的判决对于另一管辖区内的法院来说，分量有多大？

5. 各类法院的判决可以被认定为法律渊源吗？

(由同一或同级法院作出的判决)

第一个问题。在美国，同一法院或同级法院中统一的规则和实践所具有的权威性与英格兰的相关情况没有实质上的差异。自
然，由于民族性格和制度特点方面的差异，司法先例在英格兰所具 242
有的分量要略微大于其在美国的分量，但此种差异几乎不能被准

确地表达出来(如果说它还值得表述的话)。州法院与联邦法院相对立的这种特殊情况才是值得我们继续讨论的问题。

(并无法院须绝对地受制于其自身作出的判决)

第二个问题。美国是否存在这样的法院,它必须绝对地受制于其自身作出的判决?我们已然得知,英国上议院不能推翻自己原有的判决,但可以将之留作立法事务。[1] 此一原则在美国并不存在;各个州的高等法院和联邦最高法院全都认为自己有权背离自身原有的判决,虽说这种做法或许未必明智。

就此,美国联邦最高法院曾经在一些极端重要的事务上推翻过自己原有的判决。1825 年,最高法院判定海事管辖权(Admiralty Jurisdiction)不得扩展至不受潮汐影响的大河,[2]并于 1837 年重申了这一原则。[3] 但在 1851 年,最高法院推翻上述判决,主张海事管辖权可以扩展至可航行的河流。[4] 同样,最高法院在 1870 年主张《法定货币法》(*Legal Tender Act*)违宪。[5] 法官赞成与反对的比例是五比三。后来,多数派中的一位法官辞职了,又有两位法官履新;同样的问题又在 1871 年的另一案件中出现了,最高法院
243 这次推翻了其先前的判决,两位新晋的法官与少数派的三位法官站到了一起,于是达到了五人的多数。[6] 尽管人们就这种变幻无常的判案模式在诸多方面都颇有议论,但最高法院享有的此种权

---

① 前文第 217 页。

② *The Thomas Jefferson*, 10 Wheat. 428.

③ *The Orleans*, 11 *Pet*. 175.

④ *The Genesee Chief*, 12 How. 443.

⑤ *Hepburn v. Gfriswod*. W, 8 Wall. 603.

⑥ *Legal Tender Cases*, 12 Wall. 457.

力却从未被质疑。

（上级法院的判决）

第三个问题。下级法院有义务遵守已有上级法院确立的先例，美国的这一规则与英格兰并无二致。据说，如果某个判决是由无多数派的法院*（equally divided court）作出的，那么即便这个判决在这个特定的案件中有决断力，却不能具备先例式的分量。①

（外州的判决）

第四个问题。按照普通法的原则，在美国的任何一个州，外州的判决都被认为是对该外州法律的确认。按照本州自己的法律，外州判决的权威性似乎并不比一位博学的非法律人士的意见更有分量——若这位人士同样具有获得正当判决的优势和动机的话。

不过通过一种间接的方式，外州的判决的确可能具有更重的分量——如果法律在本州被如此设立的理由（一个很强的理由）与法律在外州依照同一方式被设立的理由相一致，那么在确认这些法律时，外州的判决就具有权威性。

还有一个很有意思的问题来自于这一事实：某些州（例如缅因
州和西弗吉尼亚州）的法律起源于外州，因为本州与某外州原本是 244
同一州**。在此种情况下，母州法院在该州分裂之前所作出的判

* 指法庭在作出判决时，法官团投票的结果均等，没有形成多数意见的情形。——译者

① 参见“布里奇诉约翰逊案”（*Bridge v. Johnson*，5 Wend. 342，372）；“人民诉纽约市长案”（*People v. Mayor of New York*， 25 Wend. 252，256；*Siting v. Bank of United States*，11 Wheat. 59，78.）。

** 缅因州于1820年脱离马萨诸塞州，独立加入联邦；弗吉尼亚州在南北战争时期发生分裂，战争结束后，该州西部地区作为独立的州于1863年加入联邦，是为西弗吉尼亚州。——译者

决将在新成立的州具有与在原州相同的约束力。

（英格兰的判决）

有关英格兰的判决在美国的权威性问题要困难一些。需要讨论如下三个时期：北美殖民地开拓之前的时期；殖民地开拓之后、美国革命爆发之前的时期；美国革命发生之后的时期。

对于那些创制于北美殖民地建立之前的判决来说，若没有与之相反的立法，人们一般很少怀疑它们应当被看作司法先例。无疑，也只有那些能够适用至那种已经发生改变的生活情形的英格兰法可以被美国所采纳。这一原则已经获得了广泛的认可，它为废除或更改普通法的自由裁量权留下了广阔的余地，尽管该原则并不会影响到其他类型的法律（例如制定法）。[①]

非常明显的是，美国革命之后英格兰法院的判决严格来说在美国并没有先例般的分量，虽说在此意义上这些判决仍然具有价值：它们可以展现某些博学之人有关法律是什么与应该是什么的意见。

在殖民地建立与美国革命爆发的中间时期，一般来说，由于并不存在向英格兰法院上诉的情况，也没有哪个法庭同时掌控英格兰法院与殖民地法院，因此英格兰法院的判决在严格意义上也不是先例；但若引述这些判决的理由在于讨论美国革命之后英格兰法院的判决，那么这些判决则被允许（admissible）。

然而，就存有疑问的事情而言，此两者之间的差异微乎其微：一者是发生于十七世纪初叶至美国革命间的事情，一者是如果北

① 前文第196页。

美殖民地从属于英格兰法院管辖区才可能出现的事情。因赞赏英格兰法官的博学和才智而产生的敬重感是如此之大，他们对法律事务意见的价值又是如此之高，以至于在美国革命之后，这些意见好像仍然是先例那样，其分量不可小觑。

不过到了上个世纪*初，上述情形已经逐渐终止了。对英格兰法院判决的敬畏已经少了许多，美国的法院常常会毫不犹豫地偏离英格兰法院的判决。① 在美国的一些判决意见中，法官们试图表明，某项他们并不认同的原则是在美国革命之后才进入到英

* 指19世纪。——译者

① 虽说这个国家（美国）某些地方的法院和律师依旧过分顺从英格兰的权威，但在另一些地方却在敌视英国的政治情绪高涨的时候存在与之相反的情绪。肯塔基州的立法机构于1808年颁布法令称，“所有包含大不列颠王国已决案件的报告和典籍，若其中的判决是在1776年之后出现的，则不应该在本州任何法院被当作权威加以宣读或考虑，任何习惯和做法均不得违反这一规定”。“莫汉德与布朗统计”(Morehead & Brown's Stats. 613.)试图用立法的方式禁止引用任何时代的英格兰判决。舒尔茨(Schurz)：《亨利·克雷的一生》(*Life of Henry Clay*, vol. 1, p. 49.)，宾夕法尼亚州与新泽西州也有类似的制定法。参见劳埃德(Loyd)：《宾夕法尼亚州的早期法院》(*Early Courts of Penna*. 150)；庞德教授在《美国法律评论》上的论文(48 *Am. Law Rev*. 676, 680.)；萨利文(Sullivan)：《麻省地名》(*Land Titles in Massachusetts*, 337.)。在肯塔基州上述制定法获得通过的同一年，“希克曼诉博夫曼案”[*Hickman v. Boffman* (Hard. 348, 364)]被呈交上诉法院审理。在此案中，辩护人提交了一份来自东方的意见(East part)(应指来自英格兰的意见，英格兰位于美国以东。——译者)，其中概括了一些已决案件。大法官阻止了这一做法。辩护人争辩说，己方的这些意见并不是答辩的依据，他们只是使用这些典籍来表明其他典籍都包含了些什么内容。但法院认为：“这些典籍根本不能在法院中使用。”同一年后来又出现与之类似的另一个判决，即“加拉廷诉布莱德福德案”(*Gallatin v. Bradford*, Hard. 365 n.)到了1821年，肯塔基州法院又显示出某种逃避(如果说不是完全抛弃的话)该制定法的倾向，在“诺博尔诉肯塔基银行案”[*Noble v. Bank of Kentucky* (3 A. K. Marsh. 262, 264)]，博伊尔(Boyle)大法官指出：“立法机构已经规定了对美国革命之后英格兰判例在本地的使用，我们可以利用这些案件来启明当下有争议的问题，但其渠道仅仅是涉及这一主题的片段叙述。”他提到了奇蒂(Chitty)《论票据》的最后一版，其中包含了针对问题的判决，同时补充说：“我们并不认为仅仅因其是在英格兰确立的就在本地接受这一规则；但我们的(接下页注释)

246 格兰法中的；但真正的问题似乎是：一项于殖民地建立后产生的英格兰法院判决呢？

247 　　某位极受尊敬的学者曾主张，英格兰法院的判决直到美国革命之前都是有约束力的先例："在说殖民活动存续期间——直至独立战争爆发，这些判决一直是殖民地的权威，普通法发生的变化同时也会在美洲起作用——如果此种变化符合此地的情况的话。"[①] 然而，对这一原则唯一的支持出现在大法官马歇尔的某个附带意见中。在卡斯卡特诉罗宾逊案（*Cathcart v. Robinson*）中，[②] 卡斯卡特将某财产自愿转让给了他的妻子之后，又将其转让给罗宾逊。最高法院发现，卡斯卡特针对其妻子的转让实际上具有欺骗性。对于此案，并无必要考虑此一英格兰的原则是否是法律：在没有欺

（接上页注释）确认识到这一规则在本质上是正确的；而且，这一规则被世界上大多数商业国家开明的法院所认可，这对于其本质正确性的确认当然意义重大。"同一年，该院引述了雷德斯代尔勋爵（Lord Redesdale）的某个"有力的意见"，似乎公开地偏离了上述制定法，但因没有指明该意见的出处，法院的这一看法又得到了缓和。即"里德诉布尔克案"（*Reed v. Bullock*，Lit. Sel. Cas. 510，512.）然而在1823年，里特尔先生（Littell）作为报告人，在其撰写的法律报告的序言中虽然轻蔑地谈到了该制定法，却依然说它"获得了十分广泛的默许"。不过，该制定法依然被逐渐地抛弃了：就此，例如在门罗（B. Monroe）法律报告的第12卷（该卷包含了1851年的已决判决，恰好是该法被修订的前一年）中，法院指名道姓地引用美国革命之后的英格兰判决的情况多达十几次乃至更多，虽说这些引用并没有涉及所有类型的案件。无疑，肯塔基州的这一制定法是普通法国家借由弃用废止制定法的典范。可参见登彼兹（Dembitz）：《肯塔基法理学》（*Kentucky Jurisprudence*，7，8.）。在1852年被采纳的修订版本中，我们可以发现这一条款已经有气无力："大不列颠法院的判决，若是在1776年7月4日之后确立的，将不在肯塔基州的法院具有约束权威，但可以在法院中被宣读，而且若法官认为给出这些判决是正确的，则这些判决就此具有一定分量。"（C. 61，§1.）

① Cooley，*Const. Lim.*（7th ed.）53.

② 第263页、279页及以下（5 Pet. 263，279 et sep）。

诈的情况下，一项后来的转让绝对地使得先前的转让无效。[*] 大法官指出，在美国革命时期，该原则似乎已被确定，而后来的判决走得如此之远以至难以被遵循。“在英格兰的制定法被认定为在我国有效直至我国从英帝国分离出去的时间段内，在英格兰被承认的修订或许可以非常恰当地被认为伴随着该制定法本身。然而，即便我们尊重随后而来的判决，这些判决也值得大加尊重，我们也不能承认它们的权威性。”我也发现，此种案件从未发生过：法院以出现在殖民地建立与美国革命期间的英格兰判决为理由，认 248
定自己必须违反其自身的意见。①

（联邦和州法院的判决作为法律渊源）[**]

第五个问题。在美国，各类法院的判决可以被恰当地认作法律渊源吗？这类判决究竟是真正的法律渊源，还是仅仅是发现法律内容的证据？联邦法院与州法院的关系已经借助有关联邦法院的判决对州法院的判决有多大分量的讨论，将这个问题作为一个现实问题提了出来。此种讨论主要涉及此种争议：发生在不同州的公民之间，且联邦法院与州法院的管辖权对案件的处理有所重合。

---

* 这里的语义不是特别清楚。作者的意思或许是，该案涉及欺诈，所以相关的英格兰原则根本没有适用的余地，所以也就没有必要讨论其是否是美国有约束力的先例了。——译者

① 关于采用英格兰普通法和英格兰判决在美国的权威问题，可详见普玻（Pope）教授在《哈佛法律评论》上的论文（24 *Harvard Law Rev*. 6）；以及瑞恩施（Reinsch）教授在《盎格鲁—美利坚法律史文选》上的论文（*Select Essays in Anglo-American Legal History*，367.）。

** 这里讨论的问题实际是，联邦法院的判决是否是州法院的法律渊源，州法院的判决是否是联邦法院的法律渊源。——译者

联邦法院和州法院分属于不同政治社会中的司法机构，它们受制于各自所在社会立法机构通过的制定法；如若国会通过的一部约束联邦法院的制定法与所有州的法律相冲突——假如规定具有书面形式并非合同有效性或可执行性的要件——那么在联邦法院中，一部州的《防止欺诈法》便不能针对口头合同（比如有关土地买卖的合同）提出防御[*]。宪法似乎并没有用明确的语言禁止此种制定法。在有关程序和证据的问题上，州的法律听任国会的法
249 律对此作出规定。例如，衡平法的程序在所有联邦法院中都是一样的，无论州的法院涉及联邦法院地位实际的做法为何。①

但在并不存在相反国会立法的情况下，联邦法院的地位似乎是这样的：联邦法院并非州法院的上诉法院（只有个别案件中的最高法院是例外）。它们与联邦法院是同级的。联邦法院与州法院相互独立，两者没有共同的上级；它们各自从不同的政治组织体中获得了自己的权力。

组建联邦法院的目的并不在于防范州法院颁布不当规则的风险，而是为了防止州法院偏袒本州公民而不公平地适用法律。由于两套法院在同一地域内运作，那么它们适用同一组规则（即同一组法律）便是可欲的；而且因为联邦法院管辖的独特性，同样可欲的是，联邦法院获得规则的渊源应与州法院相同，此种渊源便是州立法机关通过的制定法和州法院的判决。上述看法应当是对联邦

---

* 按照普通法理论，《防止欺诈法》是诉讼中的防御（defense）工具，依据该法对合同提出的主张都属于“防御”。——译者

① 这里并不讨论这一问题：认为衡平裁判的范围已由国会确定，任何州的立法机关都不得更改，这一原则是否真的已由国会的某一法案加以规定，如果有规定，该原则是否已经获得联邦最高法院的前后一致适用。

法院的恰当定位，即便对此问题并无国会立法，也应当如此。

国会对此已有立法，而其立法确认了联邦法院的此种地位。250
在起草宪法和各州批准宪法的过程中，司法权受到的重视程度相对较低，仅有的个别受重视的风险后来也被证明纯属子虚乌有。不过，1789 年《司法法》第 34 条（*Judiciary Act*，U. S. St. 1789，c. 20，§ 34）规定："各州的法律在合众国的普通法审判中应被当作案件审理的判决规则，除非合众国宪法、条约或制定法作出相反的规定或要求。"正如我所言，有关案件程序（无论民事还是刑事）的法律已由后来的国会法案作出规定，但上述条文依然得以保留，并无补充或修订，这是对此问题唯一涉及实体法的法律规定。

很明显，《司法法》第 34 条所产生的问题在于，所谓"州的法律"（the laws of a State）是什么意思？它系指州法院在判决案件时所适用的所有规则？还是仅指该州的制定法？用德语来说，它是指"*Recht*"还是"*Gesetze*"？必须留意的是，法律（the law），即一组规则，与一项法律（a law），即一部制定法，两者存在差异。[①] 这里，"法律"（the laws）这种说法模糊不清，导致其含义可以做两可的发挥。

国会通过了《司法法》，后来却打算将"法律"的含义限制为制定法，此种做法似乎并不可行。这至少是因为，很多州的制定法寥寥无几；而且，在联邦政府建立后的五十年内，联邦最高法院对"法律"一词并没有作出这种限制。此种案件从未发生过：某联邦法院 251
拒绝遵守州法院发布的规则的做法获得了最高法院的认可。然而

① 参见前文第 87 页。

可以发现，在这一时期，关于遵循州法院的判决这一问题，呈送给最高法院的案件只是那些涉及土地以及有关州宪法或制定法解释的案件。

（斯威夫特诉泰森案）

1842 年，最高法院审理了“斯威夫特诉泰森案”（*Swift v. Tyson*）。[1] 案件的被告在纽约获得了一张汇票的承兑，而原告在支付一个先期债务时开具了该票据，问题就在于，原告是否可以被认定为买家。斯托里法官陈述了法院的意见，他在指出纽约州法院的判决并非明确无误地支持被告之后，继而说道，“承认该原则在纽约州完全适用”，但对美国联邦最高法院没有约束力；而《司法法》第 34 条被严格地限制在地方制定法和习惯法，不得扩展至具有商业性质的合同或其他法律文书中。

“斯威夫特诉泰森案”所确定的原则不仅在最高法院获得了延续，还借助“普通法的规则”，从“一般商事法”“一般规则”扩展至
252 “一般法理学”。不仅如此，在处理州法院的判决这一问题上，联邦法院系统遵守了其中的某些判决，却不遵守另一些判决，此种区别对待的做法已然得到确定，难以撼动。然而，对此难以画出一条明确的界限。我认为，除了个别场合，最高法院在“斯威夫特诉泰森案”之后并没有对这种区别对待给出任何理由，也没有试图证成这种做法。这就是所谓“我愿意如此，我命令如此”（*sic volo, sic jubeo*），这便是事情结局。

---

① 16 Pet. 1.

唯一的例外是巴尔的摩—俄亥俄铁路公司诉鲍格案[①]（*Baltimore & Ohio Railroad Co. v. Bough.*）。在这起发生在俄亥俄州的案件中，一位机车司机因马虎大意致使一位机车锅炉工受伤，对此，最高法院主张根据“一般法律”认定相关责任，而不是俄亥俄州法院发布的法律。最高法院在本案中首次也是仅有的一次给出了遵守和扩展“斯威夫特诉泰森案”原则的理由。理由有二：第一，虽然有“斯威夫特诉泰森案”，但国会从未修改过《司法法》。第二个理由是以问题的方式表达出来的：“在俄亥俄州法律的限度内，针对一辆从巴尔的摩开往芝加哥的火车，如果它（铁路公司）只是在该州的区域内拖挂一节车厢，那么规制（control）拖车司闸员（brakeman）与公司关系的法律，与维系（subsist）整车司闸员与公司关系的法律，两种法律应该是不同的吗？”[②]第二个问题的答案似乎是另一个问题。“规制拖车司闸员与公司关系的法律，与规制整车司闸员与公司关系的法律应该有所不同，只是因为 253
一位司闸员的住所在宾夕法尼亚州，另一位的住所在俄亥俄州？”

菲尔德（Field）法官并不愿意再背上“斯威夫特诉泰森案”的负担，他公开忏悔说，“我错了，我完全错了。”（*mea culpa，mea maxima culpa*）在其不同意见中，他宣称“斯威夫特诉泰森案”从一开始就难以成立。他说：“我很清楚我国的一般法律是什么意思——它通常几乎就是主张该原则的法官在处理特定问题的那个时刻所想到的一般规则——它常常被该法院判决书所主张，用来

① 149 U.S. 368 (1892).

② p. 378.

控制某州与己冲突的法律。我承认,当某个州的法律与法官的意见不一致时,这些博学的法官就会陷入到一种不断重复这一原则的习惯中,将之作为扫除州法律的通常模式。而且我还要忏悔的是,由于受到了这些法官盛名之下权威的激发和约束,我本人也在很多情况下毫不犹豫且自以为是地重复着这一原则,虽然我现在认为它是错误的。"[①]

在导致"斯威夫特诉泰森案"判决的诸多原因中,主因似乎在于斯托里法官的特点与地位。他当时是法官团中最年长的一位,极为博学,而且他博学的名声要大过其本身的学识;他当时正好还在撰写一部有关汇票的著作,这部著作使得他对这一主题刚愎自用;他还曾在扩展海事法院的管辖权方面取得过很大的成功;他被一种毫无根据的虚荣所把持。所有这些东西的合力导致了上述结果的出现。

254 (斯威夫特诉泰森案没有任何理论依据)

初看上去,"斯威夫特诉泰森案"的判决像是植根于布莱克斯通的理论(我前面已经讨论过了这一理论),即认为司法判决并非法律的渊源,[②]而斯托里法官也的确说过:"按照通常的语言习惯,很难说法院的判决可以构成法律。它们至多是法律的证据,而非法律本身。"然而事实上,即便如此,"斯威夫特诉泰森案"也不可能与这一理论协调一致。

假设英格兰高等法院采纳了针对某项议会法案的某种解释方

① p. 401.

② 前文第219页。

案；此一解释方案被所有下级法院所采纳，而且被执行权威所执行，那么它显然就是英格兰的法律。如果英格兰高等法院宣布了一项不成文的商事法律，该规则被所有下级法院所采纳，而且被执行权威所执行，那么它也是英格兰的法律。如果美国联邦最高法院所须裁判的案件涉及该制定法，或是案件所涉的合同包含了该不成文商事法律的一般规则，那么无论在哪个案件中，最高法院的法官都会以完全相同的方式，对待英格兰高等法院判决，进而确定英格兰的法律。

假设纽约上诉法院*采纳了一项针对某纽约制定法或规则（有关地役权创设）的解释方案，相关判决被所有下级法院所采纳，而且被执行权威所执行，它显然就是纽约的法律。同样假设该法院直接宣布了一条不成文的商事法律，相关判决被所有下级法院 255
所采纳，而且被执行权威所执行，那么它也是纽约的法律。而如果美国联邦最高法院所须处理的案件涉及一项纽约的制定法，或涉及在纽约的地役权创设，它将会遵守纽约州上诉法院的判决，可是，若最高法院所须裁决的案件有关纽约的一项不成文商事法律，它竟然不会遵守州法院的判决。

如果说《司法法》第 34 条所谓“州的法律”仅指制定法，那么州法院的判决便不再有效，所有这些判决就无法具备某些判决现在所具有的约束力。相反，如果“州的法律”包含了“判决”，则《司法法》便认定了判决与制定法并无差别。因此，对于判决是否是法律渊源这个一般性的问题而言，最高法院在“斯威夫特诉泰森案”中

* 系纽约州的法院而非联邦法院。——译者

确立的原则其实含混不清。如果判决是法律渊源，那么即便对于无制定法的商事问题，判决也应该被遵守。如果判决不是法律渊源，那么对于不动产或制定法阐释的问题也就没有约束力。“斯威夫特诉泰森案”极为反常，它与上述两个理论都难以匹配。

最高法院所使用的语言也变化无常。当该院打算罔顾州法院的判决时，它会说（按照斯托里法官的说法），州法院的判决“至多是法律的证据，而非法律本身”。另一方面，当该院准备遵守州法院的
256 判决时，它会说：“依据其立法权，各州可以在其各自的管辖范围内行使阐释和确定制定法的含义，就此而论，本院可以将此种阐释当作该州法律的一部分。”①州法院判决具有“与实在法几乎相等的约束力。”②对某个州土地法的解释“已经成了该州法律的一部分，如同立法机构将此种解释纳入到该州的法律体系中一样”。③

（市政公债案）

虽说联邦最高法院在处理类似“斯威夫特诉泰森案”中所涉问题的做法极为反常，既不能与认为法院判决创制法律的理论相匹配，也不能与认为判决是法律证据的理论相匹配，不过，该院仍然有一些极端重要的案件，从前一种理论中获得了支持。这些案件具备如下特征：州法院宣布某一类合同是有效的，这类合同进而得以被订立，然而在订立合同之后，州法院又推翻它们的判决，认定这些合同无效。这里的问题是，如果判决仅仅是法律的证据，那么法院在后来的案件中宣布的法律就必须被认为从一开始就是法律

---

① *Carroll v. Carroll*, 16 How. 275, 286.

② *League v. Egery*, 24 How. 264, 267.

③ *Christy v. Pridgeon*, 4 Wall. 196, 203.

了，合同便自始无效；反之，如果判决创制了法律，那么合同在其缔结时仍然是有效的。在这些案件中，最高法院抛弃了虚妄，直面案件中的真实情况，主张此类合同有效。[①] 257

1853年，坦尼(Taney)法官说道，[②]“合理且正确的规则是，如果合同在缔结时根据州的法律是有效的，后来又获得了该州所有政府部门的说明和该州法院的执行，那么其效力和义务便不能因为州的立法或州法院的判决改变了对法律的阐释而受到损害”。

在著名的“基尔派克诉迪比克案”(*Gelpcke v. Dubuque*)中，[③]艾奥瓦州高等法院似乎一再认定公债组织对于发行公债拥有根本式的权力(constitutional power)；随后，迪比克市(City of Dubuque)发行了公债。然而，艾奥瓦州高等法院后来又以某种精巧的方式，推翻了先前的判决。联邦最高法院认定债券有效。多数意见由斯韦恩(Swayne)法官陈述，该意见无论在内容上还是形式上都羸弱不堪，而米勒法官(Miller, J.)的不同意见却十分高明。不过，此种现象倒是稀松平常：少数意见远远优于现有的多数意见，而多数意见却是正当的，并最终占优。

米勒法官讲道：“就我理解，此类案件中包含的原理并非在于，
法律被后来的判决修改了，而在于法律始终是后来的判决所界定 258
的东西，前一个判决不是也从未是法律，也正因为如此，它被推翻了。该院*的判决与这一原则相抵触，同时还主张判决创制了法

① 参见：Holmes, J., in *Kuhn v. Fairmount Coal Co.*, 215 U.S. 349, 371。

② *Ohio Ins. Co. v. Debolt*, 16 How. 416, 432.

③ 1 Wall. 175 (1864).

* 指艾奥瓦州高等法院。——译者

律，以至于事实上使得同一制定法或宪法在1853年是一个意思，在1859年又是另一个意思。"[①]说得也很在理。而多数意见必然意味着法院创制或修改了法律，而且，正是因为多数人认可这一意见（虽然可能晦暗不明），这种意见才是正当且占优的。[②]

在1880年的"道格拉斯诉派克县案"（*Douglass v. County of Pike*）中，[③]最高法院的语气更加坚决了。

"真实规则在于，对于合同制定法的实施来说，制定法阐释的变动与合同中已有的、进行立法修正的权利具有相同的效果；即是说，这种变动具有前瞻性，而非溯及既往。一旦制定法在司法中获得了阐释，此种阐释在合同相关的已有权利的意义上，与制定法本身的文本一样，同属制定法。对于合同来说，判决所带来的变动就所有的目标和目的而言，与凭借立法案修订法律的效果是一样的。新的判决将对之后所有债权的发行产生约束力；然而我们却不能
259 让这些判决溯及既往，这样会损害很久以前所订立合同的义务。这让我们感觉到美国宪法禁止我们这么干。"[④]

---

① p. 211.

② 参见：*Havemeyer v. Iowa County*, 3 Wall. 294（1886）；*Thompson v Lee*, Id. 327；*Mitchell v. Burlington*, 4 Wall. 270（1867）；*Lee County v. Rogers*, 1 Wall. 181（1869）；*City v. Lamaon*, 9 Wall. 477(1870)。

③ 101 U. S. 677.

④ 第687页。参见"汤普森诉佩利恩案"（*Thompson v. Perrine*, 103 U. S. 806；106 U. S. 589；*Taylor v. Ypsilanti*, 105 U. S. 60.）；"利尔县诉道格拉斯案"（*County of Rails v. Douglass*, 105. U. S. 728.）；"格林县诉康奈斯案"（*Green County v. Conness*, 109 U. S. 104.）；"安德斯诉桑塔安案"（*Anderson v. Santa Anna*, 116 U. S. 356.）。如今，在"姆尔克诉纽约州和哈勒公司案"（*Muhlker v. N. Y. & Harlem R. R. Co.*, 197 U. S. 544.）中，法院将这一原则发挥到了极致。参见"绍尔诉纽约州案"（*Sauer v. New York*, 206 U. S. 536.）、劳瑞莫（Larremore）先生在《哈佛法律评论》上的论文（22 *Harvard Law Rev*. 182），以及普玻教授在《哈佛法律评论》上的论文（24 *Harvard Law Rev*. 6, 8-10, 23.）。

如果在某个州的法院判定某个合同有效之后，此类合同又被缔结，并诉至州法院，而法院又推翻了先前的判决，认定合同无效，那么该案的上诉将得不到联邦最高法院的支持。初看上去，这似乎与“道格拉斯诉派克县案”的观点并不一致，但实际上，两类案件并不相同。按照宪法中的条款，州不得通过损害合同义务的法律，“法律”这里被阐释为“制定法”，即由立法机构正式通过的法律，而此种情形中的“损害”被认为源于法官造法的变动，因此不受宪法的保护。[①]

① 对“斯威夫特诉泰森案”和“道格拉斯诉派克县案”所涉情形最好的陈述看见于纽约州律师协会兰德（William H. Rand，Jr.）在《哈佛法律评论》上的论文（8 *Harvard Law Rev*. 328.），还可参见前文注释。

第十一章　论专家意见

（作为法律渊源的专家意见）

260 法律的第三类渊源，同时也是一种重要的渊源，可见于专家意见。有时，这些意见被社会中的立法机构所采纳，进而作为制定法的一部分而公之于众。对此，最为熟悉且令人注目的例子便是查士丁尼将法学家们的著作编纂成《学说汇纂》。[①] 同时，一些新近出现且不为人所知的学者的意见也有可能被某一法院采纳并适用，这并非因为此类学者的权威，而是因为其论证和结论在法院看来是合理的，如同那些在特定案件中似乎是合理的论证与结论。

这里并不会讨论上述两种模式中涉及的法律意见所产生的效果；不过，两种模式间的联系在于某些人有分量的意见，因为这些人被认为是专家。用一种常用的说法，他们是权威。我们这里要讨论的便是作为权威的意见。

在物理科学中，权威曾盛极一时，不过如今，对权威进行直率且激烈的批判似乎已经成了一项基本的原则。在神学领域，是否
261 以权威被承认的程度作为信仰的基础已然成为最具争议的问题。但不管权威在神学或其他相近学科中的价值如何，在法理学这样

① 参见前文第186页。

一个主要以法官颁布的规则为思考对象的领域里,主要论题是规则的存在,而非规则是否符合我们的神圣观念,无论如何,权威都值得我们大书特书,因为权威是法院所遵守的规则的重要渊源——一种法律渊源。

我们已然讨论过,司法先例是权威的一种表现形式。在本章中,我们只处理那些此种形式之外的权威。在一个司法先例获得极大尊重的法律体系中,其他形式的权威受到的重视程度相对较低;相对于判决,我们总是低看了著述。相反,在德国,法院的判决并无约束力,[①]法学家虽然没有司法上的地位,其权威性却颇具分量。

(法官的附带意见)

不难发现,普通法中并非所有的法官意见都以司法先例的形式出现。某一意见若要具备先例式的分量,须满足两个条件:其一,该意见必须由法官作出;其二,意见的形成必须针对某个案的判决,换句话说,它不能是附带意见[*](*obiter dictum*)。即是说,不但非司法人员的意见不能作为司法先例,附带意见也不行。 262

我已经在先前说过,[②]萨维尼的理论认为法学家的意见是民众意识的体现,而我也已经说明,这种看法完全是虚构的,或者至多是个空洞的说辞。此处不再赘述。我只是讨论一些毫无疑问的事实,即在司法先例之外,一些精通法律的人士已经对法律的形成也发挥了影响力。

---

① 前文第205页及以下。

* 附带意见(*obiter dictum*),指法官意见中不具法律约束力的部分。——译者

② 参见前文第89页及以下。

(文字作者)

法院如何获悉专家意见？文字作者的论著被认为是传达方式。但必须注意的是，普通法中大部分著作的主要部分，乃至许多著作的所有内容并非专门阐述此类意见；这些著作没有包含，也不声称自己包含了任何原初的或独立的思想或结论；它们不过是一些制定法和先例的汇编而已，其优劣仅仅取决于其中论证的好坏。

不过，更为重要的是，专家意见往往通过论著之外的其他方式转达至法院。当然，此种传达最初只有口耳相承，而在一段时间之后，出现了书面乃至刊印的形式。然而，一项十分重要的法律渊源——或许如今的影响力与过去一样——恰好是那些没有被刊印，也没有什么明确表达形式的专家意见，法院将其作为普遍观念(general opinion)加以认识或采信；这些成型的认识或信念是通
263 过获得普遍观念的方式而被获知的。律师们总是在法官之前采取行动，他们会普遍或一般地抱有某种看法，认为法官不应该作出某种判决，这一事实虽说不会对法官的判断起到决定性的作用，但就我们当下讨论的目的而论，它的确会对法官产生影响，比起无知门外汉的那些反对判决的认识或信念，此种影响更为有力。①

要断定是什么使得某位学者对于法律有权威，某位学者没有权威，这个问题的困难程度与此类问题的困难程度不相上下：断定什么使得某人在医疗或"实践政治学"领域成为权威，另一个人却不是权威。权威是声誉产生的结果，而要使得某个学者享有声誉的原因即便不是无限多，也是难以定义的。试图精确地称量法学

① 例如参见：*Hall v. Corcoran*，107 Mass. 251，253。

家们所具有的权威性，抑或依据某个标准（无论是习惯标准，还是其他标准）衡量其权威，这种做法并不常见；而在后期罗马法中，此种尝试便发生过。

（市民法中不同法学家的比较分量）

我已经在前面的章节中谈到过，[①]在罗马共和国的后期，法学家们地位显赫；我也解释过，皇帝如何将“法律解答权”赋予特定的法学家，乃至法学家的解答如何可能具有像司法先例一样的分量。然而，还有一些法学家，他们中的一些人同样颇负盛名，却从未获得法律解答权，其中最有名的便是盖尤斯（Gaius）。

在帝国晚期，法律解答权停止发放，由此产生的一个自然结果便是所有法学家的著作被视为同一类别，只能依据著述者相对声 264
誉的高低来进行区分。法学家的著作在实践中被当作生发法律的渊源；而十二表法，乃至裁判官告示都已隐没不显，[②]只有通过法学家的释义与论著，它们才能引起法庭的注意。权威借由声誉产生，但声誉又是如何产生的呢？事情变得让人有些困惑，于是皇帝便介入了。

公元321年，罗马帝国政府宣布乌尔比安和保罗（Paullus）有关帕比尼安的评论不得再被引证，[③]然而六年之后，它又宣布说：“保罗著作的所有内容都获得了权威的认可，应被全心全意地确定和对待。”[④]一百年后，我们又有了一项著名的《引证法》（*Law of*

① 第201页及以下。

② 参见前文第33页、第199页。

③ Theod. *Cod*. I,4,1.

④ Theod. *Cod*. I,4,2.（原文为拉丁文，根据英文注释译出。——译者）

Citations)："我们所确认的帕比尼安、保罗、盖尤斯、乌尔比安与莫德斯丁(Modestini)所有的著作与段落都可以被引证，盖尤斯享有的权威与保罗、乌尔比安及其他人没有差异。我们还认可上述作者在各自著作中所提到的如下学者论著中的学说与意见，例如斯凯沃拉(Scaevola)、萨宾努斯(Sabinus)、朱利安(Julian)、马塞洛斯(Marcellus)，以及上述作者引述的所有人；然而如果是包含了他们著作的典籍，考虑到因年代久远而产生的不确定性，则要通过文稿的比较加以鉴别。[①] 但若各个作者的意见有所不同，那么人数较多的作者胜出；如若人数相同，有帕比尼安支持的一方面占优，帕氏具有优先性，他可胜过任何单独的反对者，但劣于两个反对意
265 见。进而言之，我们命令(正如先前已经正式宣布的那样)保罗和乌尔比安有关帕比尼安著作的评论没有效力。但若出现了每一种意见都有被认为具有同等权威的相同人数作者支持的情况，那么裁判者将依据自由裁量选择应该遵循哪个意见。我们近来依然宣布，帕比尼安的意见具有优先性。"[②]

查士丁尼在下令编纂《学说汇纂》的时候，废除了所谓《引证法》中的一些条款，并且命令官员们说："来自乌尔比安、保罗和马尔西安(Marcian)对埃米利乌斯・帕比尼安的评论过去因为帕比尼安著名的声誉而被认为无效，对于这些评论，你们不要一概拒绝。"[③]

---

① 参见：Sohm，Inst. §17。

② Theod. *Cod*. I，4，3.(原文为拉丁文，根据英文注释译出。——译者)

③ Preface I (De conceptione digestorum)，1. 6.(原文为拉丁文，根据英文注释译出。——译者)

在文艺复兴之后的某些国家，几个受人尊敬的学者获得了特殊的权威。在西班牙的某个时期，“法律的效力不仅仅依据帝国和教会的法律，还要依据博学人士的解释；之于帝国法，即巴托鲁斯 266
(Bartolus)和其之后的巴尔都斯(Baldus)；之于教会法，即乔纳森·安德烈斯(Johannes Andreas)和其之后的帕诺米泰努斯(Panormitanus)”。[①] 而在葡萄牙，“对于葡萄牙法律来说，法官们被要求在王国法和市民法不充足的情况下，诉诸于阿库修斯(Accursius)和巴尔都斯的释义”。[②]

在更早的一些文明中，存在一些规定权威的规则，但这些规则极为笼统和模糊，难有实际意义。[③] 杜克[*](Duck)的第五条规则是这样规定的：“如若发现博学人士间的意见相互冲突，法国著名的法律专家圭都·哥奎勒斯(Guido Coquillus)认定，应该遵循其中淡泊名利之人的意见，例如巴托鲁斯和卡斯特伦斯(Castrensis)，以及思想家(Speculator)[④]、马斯奈瑞斯(Masnerius)、派特若斯·雅克布(Petrus Jacobi)、卡鲁斯·莫林瑟斯(Carolus Molinseus)之类人士的意见，这些人研习法律，但不容许自己受制于私人感情或去贪图不义之财。”[**]

---

① A. Duck, De Auth. *Jur. Civ. II*, *c*. 6, § 29.(原文为拉丁文，根据英文注释译出。——译者)

② Id. I, c. 8, 6. § 14.(原文为拉丁文，根据英文注释译出。——译者)

③ 参见：1 Menoch. *De Prsesumpt*. II, 71; A. Duck, I, c. 8, § 14。

* 亚瑟·杜克(Arthur Duck)，英格兰法学家、议员，著有《罗马市民法的作用与权威》(*De Usu et Authoritate Juris Civilis Romanorum*)(1653)，介绍了到17世纪为止的欧洲封建法、市民法和教会法的历史。——译者

④ 即杜拉度斯(Durandus)。

** 原文为拉丁文，根据英文注释译出。——译者

（普通法中不同法学家的比较分量）

在普通法中，没有什么规则可以用来给权威的分量排序。据报告说，埃尔登勋爵（Lord Eldon）在“琼斯诉琼斯案”（*Johnes v.*
267 *Johnes*）[①]中指出：“一个在司法领域没有职位的人不能作为权威。”不过，一部由法官或曾经担任过法官的人写就的论著，与从未担任过司法职务的人写就的论著，两者似乎并无明显的区别。

“杨案”（*Ion Case*）报告过一个简短的对话录。[②]“麦特考夫（Metcalfe）：[提到了维斯比版（Welsby）的《阿奇伯德刑事辩护》[*]]，维斯比先生评解了‘发布或发表’之类的词汇，他可被当作权威来引证”。

“波洛克：他还不是权威。”

“麦特考夫：一个法律方面的作者不能在其有生之年被视为权威，这是一个毫无争议的规则。这个规则唯一的例外或许就是斯托里法官。”

“科勒里奇（Coleridge）：斯托里法官已经去世了。”

本案的报告人附加了如下评论：“此项规则的‘违反似乎要比其遵守更值得夸耀’。格里夫·鲁赛尔（Greaves，Russell）在刑法方面的释文，皮特·泰勒（Pitt Taylor）在证据方面的卓越著作，都常常在刑事案件中被引证。而奇蒂（Chitty）、斯达克（Starkie）以

① 3 Dow，1，15.

② 2 Den. C. C. 475，488.

* 全称是《阿奇伯德刑事辩护、证据与实践》（*Archbold Criminal Pleading, Evidence and Practice*），有时简称《阿奇伯德》，是一部有关英格兰普通法刑事诉讼的实践性教科书，从 1822 年开始不断再版至今，前三版的作者是阿奇伯德（J. F. Archbold），这里提到的维斯比（Welsby）是该书第 10—15 版的作者。——译者

及斯托里的意见，都在其有生之年以同样的方式被引证了。”[1]

（制定法之外权威的必然性）

以司法先例为形式，或是以法学家著作为形式的权威是一种法律渊源，这几乎是必然之事。立法只能覆盖很小的领域，而正如我们所知道的那样，立法在成为法律的组成部分之前还需经过法 268
官的解释。如果法官总是必须借助于自己独立的推理过程，回过头来确定一个根本性的命题，那么世界上的事情永不会有结果。以买卖合同为例——其中可能产生许多问题。合同是什么？意思能在多大程度上偏离当事人所使用的语词？交付是权利移转所必须的吗？在法律看来，交付是否存在呢？人们在什么条件下可以免除遵守合同的义务？代理人的权限何在？倘若法院在每个案件中都必须重新验证以上所有的问题，而非依据权威加以确认，那么法官的力量便不足以推动社会进步。

即便在并不遵循某个司法先例或某个法学家意见的时候，法官也通常在依靠权威，此时的权威是他自己看来所谓的权威。法官经常会想到好几个特定的判决结果，但他不会想起他获得这些结果的推理过程，而是满怀信心地遵照这些结果。“我们将先前的探究作为现今想法的基础，相信这种探究已经足够充分，无需诉诸那种能够让我们的意志获得独创式（originally）满足的说服力。”[2]

---

① 据说，某些古旧的教科书构成了“权威典籍”这一独特的类别。波洛克：《法理学入门》（*Jurisprudence*，3d ed.，246.）。即便法院在技术上能够识别这种区分，这种区分如今也没有多大实际意义。

② Sir G. C. Lewis，*Influence of Authority in Matters of Opinion*，c. 2，§ 4.

（市民法与普通法的对比）

市民法与普通法最为明显的差异在于，在前一个体系中，法学家的意见获得了比法院的先在判决还要大的重要性。对此，如同其他问题一样，非常遗憾的是，有关两个法律体系相对优点的讨论
269 总是在很大程度上建立在某种先天的依据之上。人们常说，在某个问题上，普通法一定具有优势，而在另一个问题上，市民法的规则更胜一筹。然而，在事实的运作中是不是真的更好，则是一个鲜见阐明的问题；一个法律体系中的法律人对另一个法律体系实际运作的无知，也很少被谈及。促使法律进步的一个最为重要的贡献将是，让知识人士或受过教育的人士去从事真正的职业活动，先去市民法，再去普通法，反之亦可，然后再告诉法律世界他的体会。

一个社会中参与法律发展和适用的群体有三类：法官、实务律师与法学家。在英格兰，针对第二类群体还有一项并非必然的区分，即再分为出庭律师（barristers）和律师（attorneys），对于我们讨论的目的而言，此种区分并不重要。在大多数市民法国家，三类群体区别迥然，而且此种区别在一开始就形成了。在德国或法国，一个人若打算从事法律职业，他要么从低级别的治安法官做起，或是做代诉人或公证人，要么就是法律方面的教师或学者；一旦从一个职业开始，就鲜有能转至另一职业的。正是后一个群体，即教师和学者，他们作为法学家对法律的发展产生了最为巨大的影响。

此种说法不能被过分强调。对于罗马人来说，早期法律发展的主要原因普遍（也很有可能是正确地）被认为在于法官（即裁判

官)持续不断地告示公布活动,进而塑造了裁判官法的连续性;[1] 270
而我已经说过,德国继受罗马法最重要的工作便是由具有司法职务的学者完成的。[2]

如今,虽然大多数德国学者依然固执地否定司法先例的权威,但从在欧陆出版的判决报告不断增长的数量,以及这些报告被引证的频繁程度中不难发现,普通法与市民法间的差异虽然存在,但此种差异已经没有像若干年前那样被强调了。[3] 不过必须承认的是,现代市民法发展的一个重要因素在于法学家的著作,而这些法学家从未有过法官或律师的经历。

在普通法盛行的英格兰和美国,情况大不一样。并不存在一条界线(如果不是不可能的话,至少也很少见)像在法国和德国那样将法官与律师区分开来。英格兰和美国法官并不会终其一生都担任公共官员,以处理呈送来的法律问题。自从1625年威廉大主教(Archbishop Williams)签发了那条著名的命令后,除非有过出庭律师实践,否则无人能在英国普通法院或衡平法院获得高级司法职位,只有沙夫茨伯里勋爵(Lord Shaftesbury)除外,他曾于
1672年至1673年担任了不到一年的大法官。从那时起,以及自 271
从美国独立之后,我们中无人能在没有律师法律职业实践的情况下,在高等普通法或衡平法院(其判决具有先例式的分量)任职。

英格兰和美国还各自有一个例外。根据英格兰上议院特殊的章程,上议院中没有学习过法律的议员也能就司法问题投票表决,

---

① 前文第199页。

② 前文第206页。

③ 前文第210页。

这一章程一直存续到今天，但此类议员上一次就司法问题投票表决已经是1883年的事情了。[①] 纽约州参议院也有类似的权力，此种权力于1846年已经终结。[②] 在美国的个别州，最高司法权在一段时期内受制于州长，甚至在独立之后都是如此。就此，新泽西州的州长除了是总督（Captain General）之外，还是大法官和遗嘱检验法官。[③]

不过，进而言之，在英格兰和美国，非但法官职业与律师职业之间没有界线，法官、律师与法学家之间也没有界线。无疑，很多能够被引作权威的学者都曾担任过高级的司法职务，或曾积极参与过某些方面的实践。目前还健在的学者姑且不论，英格兰有培根（Bracton）、利特尔顿、柯克、黑尔、杜德里奇、吉尔伯特（Gilbert）、福斯特（Foster）、布莱克斯通、费恩（Fearne）、哈格里弗（Hargrave）、巴特勒（Butler）、威格拉姆（Wigram）、艾博（Abbott）、瑟
272 顿（Sugden）、史蒂芬（Stephen）、拜尔斯（Byles）、威廉姆斯（Williams）、布莱克本（Blackburn）；美国有肯特（Kent）、斯托里、利菲尔德（Redfield）、沃史本（Washburn）、罗尔（Rawle）。

在任何时候，一个国家的法律都是由这个国家的法院在判决中适用的规则构成的。在普通法国家，如果说法院并非从制定法中获得这些规则，那么它们便主要从法官先前的判决中获得规则。在采取市民法的国家，当法院从学者的论著中获得这种规则时，并

① 17 *Law Quart. Rev.* 357，369-370.

② 参见《哥伦比亚法律》(14 *Columbia Law Rev.* 1，2.)。关于罗德岛州立法机构行使司法权的情况，参见《耶鲁法律评论》(14 *Yale Law* Jour. 148.)。

③ Clevenger and Keasbey，*Courts of New Jersey*，118 et seq.；appendix，4 C. E. Green Ch. 580；Coursen's Will，3 Green Ch. 408，413.

不会考虑先前的判决。这种法律渊源上的区别会产生何种不同的结果呢？

（方法在实践中的差异）

初看上去，有一件事情令人注目。市民法法庭所使用的方法要比普通法法院的方法更具演绎性（deductive）。而法学家的工作无疑在很大程度要使用归纳法（induction）；他的一般学说不可能通过直觉而获知；他常常要考虑各种行为（无论是真实的还是想象中的），然后从中总结出一般规则，如果他具备罗马法学家那样的才智，他就可以以优雅的命题和定义，用贴切的例证将这些规则表达出来。然而，法官总是由于需要指导才诉诸法学家的工作成果，就这种成果呈现给法官的形式而言，它并非个别情形的集合，而总是一系列一般规则；不仅如此，一个很自然的趋势是，法官总是愿意将其处理的案件放置于某些一般规则之下，换句话说，他总是使案件以某种方式适应学者提供的体系。

然而，对于那些一直与那种表现为先前具体案件的先例打交道的法官来说，他会迟疑地接纳一般性原则或是发布规则作为最终的答案。每一种新的事实情况都会给法律带来新的因素，而那些原有的结论会因这些新的因素而被重新考虑。从原有案件中生 273
发出来的原则总是会依据新的事实而被重新检验。

每一个法律体系都有自己的优点和缺陷。普通法的方法是科学的，而且如果这种方法没有通过假定先前的判决的正确性来赋予这些判决虚拟的分量，那么它将是完全科学的。普通法中的法官就像化学中的实验员，他总是利用各种新颖且多样的实验来验证自己的理论，但却并不打算承认先前的实验记录有可能是错误的。相反，市民法中的法官好似化学家，他在获知了某个理论之后，总是坚持将这一理论作为自然规律加以适用。法学家并没有机会像化学家那样发现自己的错误。如果化学家的理论认定某两种物质会反应生成某种蓝色固体，但事实上生成的却是黄色液体，那么即便最为固执的教条主义者也会被迫修正他的理论。然而，如果某个判定某种交易是正当的判决获得了某个法律理论的认可，那么便很难证明这一理论是错误的。法律理论正确与否不易通过真实可见的证据加以验证。如果有人主张某个法律学说是合理的，那么他便难以因他人认为其不正确的主张而被驳倒。

当然，无论是在普通法中还是在市民法中，一个明智的法官并不会将他看待问题的方式推向极端。普通法院可能会承认先前的判决是错误的；市民法院也会承认，某位学者即便是一位令人敬仰
274 的大师，其阐述的原则也可能过于宽泛或过于狭隘。然而尽管如此，无论以哪种方式，某种指向此路或彼路的倾向总是存在的，而且这种倾向会让人们感觉到它的存在。

普通法具备一个偶发的优点。它建立了一个标准，能够简单地判定哪种意见更有分量。这就避免了各种意见间无休止的冲突，而此种冲突在那些无法衡量权威分量、一个学者的意见被认为与另一个学者的意见同样好的地方屡见不鲜。

相反，在例如德国这类国家，每位学者都可以发表自己的意见，不仅限于法律应该是什么，还包括法律是什么，对此，即便高等法院或最高法院的意见与之相悖，并且免受任何世俗意见的质疑也毫无关系；在这类国家，可能有更好的机会最终获得一个最明智的结果作为最后的结论。

在普通法的法律人看来，法律的目的在于为社会带来幸福，而非建立某种无论优雅还是逻辑的法律体系，因此他们便很难不去为其法理学选择方法。在两个法律体系中，立法机构都处于至上的地位，它可以因一己之念，采取恰当的手段，摧毁法官或法学家的先例和理论。它能够纠正法院可能犯下的任何判决错误，而在那些没有困难到必须实施此种"解围情节"(*deus ex machina*)* 的案件中，相对于胡乱诉诸某些意见相左的学者，普通法先例体系所产生的良好秩序与确定性的方法其实更为可取。①

普通法所使用的归纳法使得这种法律体系更富"弹性"。将某 275
个新的判决纳入到判例系统中并不是什么难事，也不存在法院必须遵守的成型规则，这就使得在现实生活多变的环境中接纳这些法律变得更为容易。与此同时，由于普通法总是准备着改变其一般原则的形式，它便在术语使用方面并不精确。②

与之相反的是，市民法的获得更为简单和容易，它可以更为容易地适用至普通案件，并且具备更为精确的术语。伟大的安东尼**(Antonine)法学家们统一的风格和表达令人注目，而这种统一只可能存在于那种具备一套界定完善且被普遍认可的语汇表的地方。不过，罗马法中陈述与定义的确定性并非只有好处。它的确建立了一套强大且和谐的优良体系，只因那些设计该体系的人

---

* 戏剧术语，指在小说或戏剧中牵强地加入某些事件或人物，以彻底扭转情节。——译者

① 但是参见：Maine，*Village Communities* (3d ed.)，48。

② 关于两种法律体系实践中优点的比较，可参见庞德教授《美国律师协会报告》(37 *Rep. Amer. Bar. Assn.*，975.)。

** 指罗马安东尼王朝，公元 138 年至 192 年统治罗马。——译者

们具有卓著的才能；然而，他们毕竟只是生活在公元二世纪而非二十世纪的人，他们的体系虽说在很多方面都令现代法律感到钦佩，但依旧落后于现代法律。

梅因爵士将罗马法中的“理论财富”归因于虚构案件(imaginary cases)不受制约地增加，因为所有的事实组合都建立在相同的基础之上，并不顾及其各自的真实情形。[①] 如果这种说
276 法正确，那么我非常怀疑它是否属于市民法学家的优点。在普通法院中，专家的论证在虚拟案件中大量出现，而且法官也常在他们的判决书中提示这些论证，类推助长了虚拟案件的使用，而没有哪个法律体系像普通法那样涌现出那么多来源于此种类推的论证。

（虚拟案件的危险）

我猜测，真正的区别不在于普通法中的法官忽略了虚拟案件，而在于市民法中的法学家处于忽略真实案件的危险之中。当你要陈述你自己的例证时，设计出一个规则相对要容易一些。对于某些极端的案例来说，在它们之间划定界线并非难事，但若考虑真实生活中的案例，由于其复杂性和限制性，理论家们的目光便有些游移。我在此斗胆引述一段我几年前写就的文字：“某种东西使得法官比起文字作者更具优势，这种优势就在于，一个人如果越是留心他自己或他人的思维过程，他对它批评的分量就越重——我指的是在那种法官为判决而必须处理问题的情形下。……虽说进行普遍总结的能力或许是最为高贵的人类理性，但合理的总结能力可能总是凤毛麟角。在发布理论时实事求是，克制自己不要总是(常

① *Ancient Law* (Pollock's ed.), p. 41.

常是不自觉地)忽视理论的范围与局限,这些将会使得理论的精确陈述变成一件非常困难和艰辛的任务,但若做不到这些,理论便会犯错,或者至多变成一种无用的陈词滥调,而只有极少数研究道德和法律的人才能具备这些品质。我并不是说,法官总是能够避免
人性的这一弱点——远离这种弱点——但事实在很多案件中都是 277
恒常不变的帮助与警示。法官获得了呈现在他面前的事实。而文字作者却在编织他自己的典型案例,编织此类案例以使得一般理论演绎变得轻而易举,这已经成为一种几乎不可阻挡的诱惑。"①

对此,边沁的认可值得留意,他是法官造法最有才能,也最为激烈的批评者:"走遍欧洲大陆,寻遍所有从属于某几个政治国家法学体系的图书馆——把其中所有的内容都放在一起,你也不可能获得一组在种类、程度和表达的精确性上完全一致的案例——一句话,将所有的要点放在一起作为指导——它就相当于英格兰的已决案例汇编。"②

总是考虑虚拟案件而非真实案件的习惯做法还会产生一个无须争辩的弊端——即这样一种倾向:发展出某些纯粹理论意义上的区分,并用某些理论和演绎将法律复杂化,而这些理论和演绎在现实的活动中毫无用武之地——相较于普通法,市民法无疑展示了此种趋势。举例来说,想象某些涉及必要条件和无效条件的讨论和理论——如果提图斯去了月球,其遗赠该如何处理,如果提图斯没有去月球,其遗赠该如何处理,如果提图斯永远不会死,其遗

① 22 *Am. Law Rev.* 756,758.

② 4 Benth. *Works*, 461.

278 赠该如何处理，如此等等。① 同样，正如斯托里法官说的那样，无偿借贷这个问题"为法庭调停提供的机会非常之少"，但法学家们依然长篇累牍地争论，讨论假设凯尤斯的房子着了火，他去抢救自己的缸而不是从巴鲁斯那里借的罐这一行为是否合法，如此等等。②

（市民法理论的多样性）

我已经谈到过市民法在形式上相对于普通法的优点，以及市民法的基本概念相对于普通法要更为精准。然而，所有这些说法都需要进行仔细的限定。事实上，某些博学的法学家们的理论的确不乏精准，但某位法学家的理论可能恰好与另一位的理论相冲突。经常会有很多学者，他们中没有两个人的观点相互一致，对此也没有任何共同的裁判者。

以占有这一重要问题为例。在萨维尼 1803 年出版其专著之前，* 总共有三十三位学者对此问题有过著述，这其中还不包括注释法学家、直至十四世纪的评论法学家，以及此类著述：萨维尼认为挨个讨论这些著述将耗费过多的信誉以至得不偿失。在此之后

---

① 参见《法学阶梯》(*Inst*. Ill，19，11；D. XXVIII，3，16；*Swinburne on Wills*，pt. 4，§6，pi. 3，12.)。可对比拉撒路(Lazalus，圣经中的人物，圣经称其死后四个月被耶稣基督复活)复活后其遗嘱是否有效的问题，引自《法律季评》(*Law Quart. Rev*. 392.)。法学家论著所仰仗的方法的另一个缺陷在于，他们对实际发生的法律交易提供的信息太少。"很有可能的是，翻遍一座图书馆有关遗嘱继承的著作，可以找到大量精妙的阐释规则，但对于目前人们遗嘱通常的类型，却找不到只言片语。"埃利希：《司法裁判的自由》(*Freie Rechtsfindung* Ch. II，22 at end. Transl. in Science of Legal Method，p. 79. Modern Legal Philosophy Series.)。

② Story，*Bailm*. §§245-247，285.

* 指萨维尼 1803 年的名著《论占有》。——译者

的六十二年里，即直至1865年（此时萨维尼著作的第七版和最后 279
一版已经出版），一百二十本著作又加入到这个行列中；[1]在本世纪之前，针对此问题已经有了超过三十篇的独立论文，其中还不包括一般性论著中的相关讨论和法学期刊文章。[2] 四十年前，耶林能够数出八种保护占有的理由，他本人又添加了第九种理由。[3]对于保护占有来说，究竟是依靠这九个相互冲突的理论更好些，还是不依赖任何理论更好些，这个问题将无法借助法学家的立场而获得即时的回答。

（司法判决作为权威的优点）

还要讨论一个问题。请允许我再引述一段我自己的文字，它与上面的一段引文来自同一篇文章："如果要相对公平地谈论法官与法学家，那么有一件事情将同时涉及到这两类人。案件常常以较为超越人格的方式呈现给法律学者，当事人对他来说不过是几个名字而已。但与此不同的是，涉及法官职务和司法形式的某些有益惯例，以及呈送至法官的问题总是接二连三，这些都让法官对某种与其身份不符的幼稚理论感到厌恶，也难以过分纠缠于这种理论，以至于让此种理论扭曲至某种不当的重要地位——这一趋势恰好是那些孤僻的学者或作者所可能遇到的危险。比较我们法院在处理其他法院意见时通常的声音与德国法学家们（正如已经说明的那样，这些法学家的写作目的似乎在于相互辩驳和争吵）的类似论调，人们定会认为，若说有助于不失偏颇地研究法律问题，

[1] Savigny，*Das Recht des Besitzes*，Einleitung II.

[2] 参见相关文献目录，例如：Cornil，*Possession dans le droit Romain*。

[3] Ihering，*Grund des Besitzesschutzes*，§§ 1-5. 280

法庭上的气氛要好过书房。”

“不仅如此，法官作为一个群体，将更有良心地看待自己的任务。判决会给现实中的人类带来直接的、常常极为严重的后果，这种认识将会对法官作出恰当判决产生巨大的约束力。当然，此种考虑后果的意识有时也会不当地扭曲法院的判决，但就众多案件而言，它为恰当的判决提供了动机，而大多数明智的法官都能感受到这一点。对于法学家来说，则没有此种直接且令人印象深刻的东西；漫不经心的表述、匆忙的结论、未经证实的权威，对于文字作者的良知来说都无关紧要。”

如果说疑难案件（hard case）总是产生恶法，那么恶法也会导致疑难案件。法官和法学家这样的职业人士总是面临着一种诱惑：使得某个法律体系下人们的福利从属于一个本身逻辑周严的体系中。比起是否要对某个真实的约翰·琼斯罚没一大笔美元这个问题，是否要对想象中努莫利乌斯·吉迪乌斯罚没一笔想象中的赛斯特斯[*]这个问题，会给人们带来更大的诱惑，从而也更加危险。

（法学家的重要性正在提高）

司法判决数量巨大，增长速度飞快，预示着普通法中法学家的作用将变得越来越重要，这不过是因为这样一个事实：任何一个人都无法完全应付如此众多的材料，只能由特定的团体分门别类地
281 处理。十八世纪末，英格兰、爱尔兰、英国殖民地和美国印制的案

---

* 赛斯特斯（sesterce），古罗马的货币单位。作者这里用当事人的姓名和货币单位指代普通法和罗马法。——译者

例报告已经达到两百六十卷；到了 1865 年，这个数字涨了十二倍，达到三千卷，其中还不包括印度的案例报告；而到了十九世纪末，美国一地的案例报告就已达六千卷。

因此，法学家的重要性很有可能在将来获得提高，而法律论著质量的相应提升或许也值得期待。如果说普通法因先例的分量而明智，那么它就不会十分欢迎法学家——我不是说事实上如此，这只是一种可能。

法学家和法官意见的分量尽管在普通法和市民法中存在差异，但更为重要的事情在于，可以发现，两大体系的发展都依赖博学之人（无论他们是否有司法职务），而非立法者或是常人。对此，孟罗·斯密教授在他那篇有益且有趣的文章中讲得非常好，即《罗马法律史问题》（*Problems of Roman Legal History*，4 *Columbia Law Rev*. 523.）。

第十二章　论习惯

282 (作为法律渊源的习惯)

习惯是法律的另一渊源。法院有时采纳某些规则,不是因为某些制定法要求如此,不是因为已决案件报告中的先例指向了这些规则,不是因为法院发现法学家著作中的理论要求发布这些规则,也不是因为这些规则在其道德意义上的自我举荐,而是因为法院发现这些规则在社会成员的相互交往中被大范围遵守,或是被局部遵守。就此而论,普通法中支付迟延三日,被称为宽限期(days of grace),在票据交易中可被允许。法官发现这一习惯在很多商人中都存在,便采纳了这一规则。

除了那些以制定法为基础的习惯外,习惯常常被宣称是所有法律的渊源。无疑,这可以说是极为常见的说法。就此,布莱克斯通说过:"这种不成文法或普通法,被分成三类。1.通用习惯,为整个王国的共同规则,它们构成了较为严格和普遍意义上的普通法。2.特殊习惯,大部分特殊习惯仅对特定地区的居民有效。3.某些特殊法律,这些被习惯支持的法律仅借助于特定法院在其普遍而广泛的管辖范围内采纳和应用。他又提到许多法律格言,并说:
283 "这些法律格言的效力完全建立在人们对其普遍接受并使用的基础上,并且,证明这条或那条格言是一条普通法规则的唯一办法就是证明其长久以来就是人们遵循的习惯。”[1]

（卡特先生的观点）

现在，我必须转而讨论卡特先生的一部遗著。在谈及法官是否造法这一问题时，我曾讨论过这部著作。[2] 卡特先生否认法官造法，他称法官只是在宣布或发现早已存在的法律。我已经试图认定一个与之相反的看法，并验证过卡特理论的正确性。但卡特先生走得更远，他否认习惯是不成文法唯一的渊源。他声称习惯就是不成文法本身，习惯构成了全部的不成文法。他费尽力气地强调这一观点。我们必须讨论这一观点是否正确。

我已然说过，卡特先生反对并且成功阻止了菲尔德先生的民法典被引入纽约，并且也说明了这又如何让他反抗奥斯丁有关法律是主权者命令的理论。奥斯丁承认法官造法，但他认定法官造法时只是在服从主权者的命令，因为主权者允许什么，法官就命令什么。[3]

正如我已主张的那样，正确的观点其实是，法律是法官所宣布的东西；制定法、先例、专家意见、习惯、道德都是法律的渊源。所 284
有这些东西的背后都是这个社会主流精神的意见，这些意见有权终结其中任何一项渊源；[4]然而，当其没有干涉这些渊源时，法官造法便要诉诸这些渊源。习惯是其中一项渊源，但要使其不但是一项渊源，还要是唯一的渊源，法律本身必将要求一种理论，此种

① 1 Bl. *Com*. 67,68.（本段中译文参考了〔英〕布莱克斯通，《英国法释义》（第一卷），游云庭、缪苗译，上海人民出版社 2006 年版，第 81—82 页。——译者）

② 前文第 93 页及以下；前文第 233 页及以下。

③ 前文第 85 页。

④ 前文第 123—124 页。

理论将会与奥斯丁的理论一样令人难以信服。

你定会注意到布莱克斯通与卡特先生在语言使用上的差异，乃至他们理论间的差异。按照布莱克斯通的看法，古代习惯是一项法律渊源，而对此，卡特先生的说法是："创造法律时对习惯进行如此的限定，这在我看来并无根据……目前的习惯，只要它已然存立，就与已经历了几个世纪的习惯具有同样的效果。"①同样，他还指出了其理论的新颖性："他们（法学家）的确将古代习惯当作有约束力的法律，但他们之所以将之视为法律，不是因为它是习惯，而是因为它的古老，然而，我所得出的结论主张当下存在的习惯也是法律标准。"②

针对这一问题，卡特先生的理论似乎要比布莱克斯通高明。法律可能依赖制定法或先例，而对于创制制定法和先例来说，古代习惯必定有所裨益，但作为法律渊源的习惯就是当下存在的习惯，就此而论，习惯指的就是当下的习惯。

285 撇开这个问题不说，让我们来考虑习惯本身是否就是法律。我们认为，法律由规制人们行动的规则所构成，国家将强制实施这些规则，无论这些规则由法官创制，由习惯构成，还是由其他东西构成。

（习惯并非意见）

既然如此，习惯便并非意见，它是一种实践，在我看来，卡特先生的理论的根本错误就在于忽略了此一显而易见的事实。习惯性

① Carter，71.

② p. 121.

意见(Customary opinion)是一个不正确的说辞。习惯只是人们做的东西,而非人们所想的东西。卡特先生有时也明白无误地认可这一点。对此,他说[①]:“习惯最为简单的定义便是,它是所有人在相似情形下的一致行动……行动是身体的物理运动。”换句话说,只有存在共同的实践,才可说一个社会关于人们对此应该如何做的意见是基于习惯。

“只有当习惯是普遍的,或接近普遍时,实践才会有效果。若没有一致的意见,习惯便没有力量,或者说根本不存在。”这是卡特先生的说法。[②] 但在后来的书页中,他又说:“早期蒙昧社会——开明社会要少得多——的一个特征是,各种习惯在很多方面都没有确定,而且相互冲突。”[③]这里似乎前后矛盾。如果习惯还没有确定且相互冲突,就不可能是普遍的,因此也就不是习惯。那么,卡特先生会如何避免这一矛盾呢?

如果我理解得正确,我认为卡特先生的方法如下。他说,习惯是普遍的行动。然而,如果出现一个问题,这个问题就其目前的形式而言从前从未出现过,那么由于这个问题目前的崭新形式,对此其实并无真正的实践;但可能存在一些道德原则,其中主要的原则 286
是,一个人应该从另一个人那里获得他有权期待的东西,而此一行为应由行为的后果加以判断;这些原则通常被当作一个社会的普遍实践,虽说并非以特定的形式出现;正是习惯遵照了这些原则。因此,在当法官按照这些原则判案时,他实际上是依据习惯来作出

① pp. 122,123.

② p. 38.

③ p. 66.

判决的。

卡特先生通过一个案件来说明这一点：某人为自己的船只投了保，但向保险人隐瞒了一项实际上会对风险产生影响的事实，而这一事实又是众所周知的。卡特假想了一起诉讼，其中船东起诉了保险人。他是这样说的："这一案件会由习惯决定吗？有人说不会，因为对此并不存在公开的先例，能够认证习惯，也没有证据表明，不去揭露某些众所周知的信息是一种习惯；人们会说，本案明显属于此种案件：法官应依据自己的想法创制法律，只需考虑没有揭露事实这一行为是正确还是错误。判决的作出应依据某一行为是正确还是错误的看法，这种说法在某种意义上当然是正确的；不过这里的是非观念究竟是谁的呢？它必定不是从天上掉下来的，也无法从《圣经》或其他任何伦理典籍中找寻。当法官们在考虑某种行为是正确还是错误时，他们通常将所有人都普遍认可的方法适用至这一行为；他们依据该行为的结果来进行判断；他们会考虑
287 保险人所有的可能性，并且就此推定保险事先知道某些特定的风险，除非他对自己的业务完全不在行，而这是无法想象的；因此，原告的行为其实不会让他损失任何东西，也不会通过任何渠道改变他的处境。如果我们就此打住，将可以表明，此案是依习惯而判定的，因为依据用来判定对错的习惯模式（customary modes）来判定案件，其实就是依据习惯来进行判定。当然，法院的确宣称自己的判决是依据原则而作出的，但这又是什么意思呢？'原则'一词的引入究竟是什么意思？该词或许有多重含义，但这里的意思是，一个命题具有广泛的正确性，而且其正确性已经获得了普遍的认可。法院判断原告隐瞒行为的性质，这一过程就如同我们所有人一样，

都是依据我们本性中的特有结构，按照行为的结果来判断所有的行为。可以发现，保险人后来并没有因为这种隐瞒而遭受任何损失，因为他本应承担此种风险，相关信息其实早已众所周知；而且，一个人只有因另一个人的行为而遭受损失时，他对后者的抱怨才是公正的，这其实已经是一项法律原则了，而其之所以是一项法律原则，仅仅是因为它与人们普遍的习惯相一致。”[①]

（是道德而非习惯的指引）

我将卡特先生提出的问题“这里的是非观念究竟是谁的呢？”作为试金石。我们都会认同，在许多案件中，法院会根据是非观念来判决，而所有人都会同意，法官的是非观念很有可能与其所在社会盛行的是非观念相一致。然而，假定在一起案件中，只有这种是非观念而没有其他任何东西能够指引法官判案，而法官的是非观 288
念又区别于社会普遍的是非观念——那么他到底应该遵守他自己的观念，还是应该遵守社会的观念？卡特先生的理论认定法官此时定会遵守社会的观念，而我认为他将会（should）遵守他自己的观念。

在我看来，如果按照卡特先生的理论，主张此类案件中的法律根植于习惯，则是对此一事实视而不见：习惯是行动而非意见或观念；同时也与其本人反对奥斯丁法律是主权者命令的看法相冲突。不过，为了便于讨论，我假定，卡特先生认为法官将会遵守社会中盛行的（而非法官自己的）是非观这一看法，可以逻辑且恰当地推导法律是习惯这一结论——这一理论正确吗？

---

① p. 72.

法官的确经常会(而且也是正确地)作出与自己的是非观相悖的判决;例如,当他完全受制于制定法中精当的语词时便是如此。不过,让我们看一看,当法官必须要处理某种行为正确与否这一问题,而他本人的观念又认为该行为错误时,他的思维会如何工作,又应该如何工作。

他首先会问自己:“我所在的国家是否存在一项制定法,规定可以实施上述问题中的行为?如果存在,那么在我看来即便这种立法似乎是愚蠢和邪恶的,我也必须遵守,而不去判定此种行为是错误的。但我并没有发现这样的制定法。”

他接下来会问:“是否存在一项有利于该行为的司法先例?如
289 果存在,那么即便我对我的前任们作出的判决有多么惋惜,以至于如果当时我在位,定会作出相反的判决,我也依然会遵守先例。但我并没有发现这样的先例。”

“虽说没有针对此问题的先例,但或许法官们在其附带意见中形成了共识,或者法学家们在其论著中形成了共识,而这些共识与我的观念相悖。面对如此众多的饱学之士,我应该放弃我自己的判断,确实应该放弃,我不应该轻易地指望那种与他们的意见相冲突的观点。可我并没有发现此类法官附带意见或法学家的论著。”

“社会中是否存在与我的看法不相一致的实践活动?如果存在,那么按照我的看法将某些变革和混乱引入到生活中,而非维持实践,是不是不会产生更大的邪恶?举例来说,在美国的大部分州,虽然没有涉及相关通行规则的制定法或先例,但却存在靠右行驶的普遍实践;即便我认为下列判断更具道德性(借用卡特先生的说法):人们如果像在英格兰那样靠左行驶,定好产生更好的结果,而且英格兰的实践更加符合功利原则，将会为最大多数的人带来最大程度的幸福；与我看法相反的实践已经完全确定，并且成为日常活动的一部分，那么我若再做干涉便会弊大于利。然而对于这个案件来说，我并未发现此种实践。”

“就此问题而言，我并未发现与我的看法相冲突的制定法、司法先例、法学家意见或是实践，而我却认为，这个社会中有关此问题盛行的甚至是普遍的是非观的确与我的看法不同。”

这样一来，该法官究竟应该怎么做呢？他应该遵循自己的是 290
非观吗？假如他所处社会的通行看法是，一个妓女有权利杀死一个已经对自己的服侍感到厌烦的人——对此，法官应该如何处理？

当然，法官的动机可能来自于任何东西——贿赂、女性的甜言蜜语、希望有助于管理或有助于其所在的政党，希望赢得公众的喜爱或影响力，但这些都不是法理学能够认可的合法（legitimate）渊源。倘若对于某个道德问题或是非问题来说，法官所在社会的意见还没有体现在实践中，那么这种观念是否属于合法的法律渊源，以至于法官必须将自己的看法从属于它？我想没有道德学家或法学家会对此作出肯定的回答。[①] 我并不认为卡特先生会对这个问题作出肯定的回答，但这一结果对于他的理论来说却似乎是不可避免的。他或许会说，该法官对此会思前想后（appeal from Philip drunk to Philip sober），但即便假定习惯包含了意见而不仅仅是实践，这里的习惯也只是**当下**事实上的习惯（卡特先生将之称为法

① 参见前文第 10 页，第 92 页。例如在那些法律的发展与社会中盛行的看法无法一致的地方，情况便是如此。参见庞德在《哈佛法律评论》上的论文（25 *Harvard Law Rev*. 140，166-167.）。

律),而非应该的习惯,或是未来的习惯。

卡特先生的观点其实是这样的:存在两三条普遍且实在的大众道德,法官(和立法机构)据此发布规则,而这些规则通常不会违背这些道德。他的结论便是,所有法律(无论制定法还是非制定法)都是习惯。我认为他的这一结论难以由其前提所证成。

291 (独立于习惯的程序法)

虽说习惯不是法律,也不是唯一的法律渊源,但它无疑是一种法律渊源,一种重要的法律渊源。法律可被分为实体法和程序法(adjective law)。所谓程序法,正如其技术性的名称那样,是程序性的(procedure),其包含的所有内容都是法院实施实体法的必要条件。它包括了诉讼形式,当事人陈述的格式、证据规则、上诉方式,以及对法院判决的执行。我猜测,无论是门外汉还是律师,他们定会被这一主题所吸引,认识到在所有的法律领域中程序占据了多大的比重。当我们考虑美国证据法的发展及其程度的重要性时,情况尤为如此;这类法律大部分都是法院处理程序事务时发布的规则,而对于程序来说,习惯无能为力;除非在受制定法制约的范围内,否则程序性都是由法官创造的。卡特先生以最为清晰的方式承认了这一点。他说程序法是“与众不同且令人注目的法律分支,比起其他法律,法律人日常工作中接触最多的就是程序法……但程序法与行动无关。它并非行动规则……程序法不能由普遍习惯创制……因为某些显而易见的原因,塑造和采纳程序法的实际工作不会由立法机关经手,立法机关将会把这一任务委派给对此最为擅长的组织。适用程序法正是法官的职责所在。在所
292 有这类人为设计出来且具有众多官员的机构中,有很多命令用来

规定官员和与该公共机构有关的社会成员的义务，就此，大量法律义务和法律便被创造出来；但其本质完全不同于规制私人间交易的习惯法(law of custom)”。[①]

因此，由于认定习惯是法律渊源，我们便被局限于实体法。即习惯在何种意义上是实体法的渊源呢？我已经否定了那种认为习惯是法律唯一渊源的主张，尽管它的确是一项重要的法律渊源。

（习惯在解释中的重要性）

在法律中，习惯最能影响的部分是解释的维度。法官要决定对习惯的阐释，其阐释的基础在于语词的含义，而对于语词来说，除非它被技术性地使用，或是被合同当事人指定了特别的含义，否则其含义都是由普遍实践加以确定的，即习惯。“服从语词和语言形式，专断便会动摇。”*

或许我应该顺便提到一个学说，这个学说是由已故的新罕布什尔州博学的大法官杜伊(Doe)提出来的。他声称合同的含义问题是一个事实问题，而非法律问题。当然，他并没有否认这是一个法官需要裁判的问题，但他认定法官正在裁判的是事实而非法律。[②] 这里讨论这一学说中存在何种正确的因素，将会使得我们走得太远。对此，如此说辞已经足够了：在法律解释这个领域中，293
就法官发布法律规则而论，除非存在约束他的制定法或先例，否则一定要使得这些规则依赖于习惯。

---

① pp. 238-240.

* 原文为拉丁文，根据英文注释译出。——译者

② 例如：*Kendall v. Green*，67 N. H. 557，561。

(过失的问题)

法律中另外一个由习惯发挥重要作用的部分是过失(negligence)案件。这种案件对法院的占用已经到了令人担心的程度,在司法一般运行的过程中,这种案件已经威胁到了法院的效率。在确定某人是否因粗心大意或过失作为或不作为时,我们无法得知他是否已经采取了所有可能的预防措施。这里的标准就在于他是否已经作为一个理性人而行动的,这便一定要由他是否按照普遍实践采取行动来加以确定。这种实践就是习惯。

有时候,法院发布的规则会认定某种行为或忽略某种行为在法律上是过失。就此,在某些管辖区,某人若在通过铁道时没有做到一停、二看、三听,就构成了法律上的过失;同样,某些法院认为,如果有人在乘坐火车时将手臂伸出窗外,也将构成法律上的过失。在这样的判决被第一次作出时,其依据就是普遍实践,即习惯。

然而,在多数案件中,法官会指示陪审团说当事人是否构成过失取决于他是否已经作为一个理性人而行动,而由陪审团来决定他是否已经如此。在这里,说习惯是法律的渊源或许并不精确,更好的说法是,习惯是判决的依据(ground)。

应当记住的是,只有在第一次出现的案件中主张习惯是法律渊源才是正确的,法院在第一次出现的案件中发布了规则,后来案
294 件所依据的便是先例而不是习惯了。

(法律通常来源于司法判决)

除了我上述提到的这些情况,习惯作为法律渊源所具有的重要性很可能被夸大了。相反的看法在很大程度上没有依据。有理

由认为,数百条实体规则全都起源于法院,而大部分社会成员与之毫无瓜葛且对其一无所知。例如,我们如何能够相信,谢利判例规则[①](*Rule in Shelley's Case* [*])起源于某种大众习惯?事实上,对于诸如禁止永久所有权规则(*Rule against Perpetuities*)之类的许多规则来说,我们已经了解它们的起源和发展,它们都是法官的创造物。[②]

在那些当事人的意思是主要因素的案件中,当事人意图参照社会普遍的或特定交易中的、特定职业、特定地点的实践来订立合同。这通常是一个事实问题。而若此类实践是社会普遍的、特定交易中的、特定职业、特定地点的,法院发布的规则将会认定,除非合同有相反的规定,否则这些习惯将进入到合同中。如此一来,习惯便是法律渊源了。不过,在合同之外的案件中,习惯造法的影响力要比通常人们想象的少。

格瑞尔(Greer)先生对此有些高论。[③] 他说道:"很明显,这两种习惯总之存在巨大差异:一种习惯通过合同这种媒介创制权利 295
义务,另一种则直接地、独立于任何合同地创制权利义务。确切地说,在个案中,习惯是否应被当作合同的隐含条款(implied term)是个事实问题,而该问题只是另一个大问题的一部分——当事人之间的合同究竟是什么?除非判例已然确立了一些支持某种交易习惯的依据,否则习惯对合同的效果便不能依据一般法律规则来

---

① 参见前文第 142 页。

* 普通法中一项关于不动产未来收益和信托的规则,由 1851 年的谢利案确立。——译者

② 参见前文第 236—238 页。

③ *Law Quart. Rev.* 153.

处理，而是依照个案中的特定事实，由判例处理。相反，如果有规则认定，某些习惯的效果在于为相互之间没有合同关系的人创制了权利义务，则这些规则完全属于法律问题，而非事实问题。这等于是说，对于‘习惯何时能被视为普通法的组成部分’这一问题的思考，将完全不同于对此问题的思考：‘既定的习惯是否可被认为是特定合同的一部分’。”

换句话说，法院的一项重大职责在于确定当事人之间合同的含义，而要完成这一使命，则当事人所在社会的习惯，乃至其所属或交往阶层（比如股票经纪人）的习惯，应与其他事实一样被当作事实加以考虑。有时，某种习惯是如此的普遍，以至于法院要发布规则认定，某些特定的合同应该被认为是依据该习惯而订立的；同时，对于除此之外其他形式的商务活动（它们无疑也会出现），特别
296 是那些新颖设备使用的活动（例如电话和无线电报），习惯也是确定相关合同含义的规则，它应被视为法律。

然而，如果涉及那些在合同之外赋予权利、施加义务的习惯，我们则要面对不同的问题。除了我已经说过的过失问题，其实很难找到现在的法院（至少在普通法国家）诉诸习惯来确立某人义务的情形。

（矿工的习惯）

然而，关于近年来在合同之外运用习惯作为法律渊源这一问题，仍然能够找到一个令人瞩目的案例——这是引入加利福尼亚矿工的习惯的案例。因为发现了黄金，大量人口狂热地涌入了这个几乎不适合人居住的地方；此地的民政当局（civil authority）软弱无力，于是矿工们便为自己创造了若干规则。这些规则不但关

涉合同事务，还包含了财产权和占有方面的问题。规则规定了占有如何才能发生，占有发生的距离（例如探矿者在四百英尺之外的发现可算作占有，后来的矿脉所有人在两百英尺外的发现可算作占有）以及占有如何丧失。这些规则被接受为法律，虽说未经正式颁布，但依旧被立法机构承认，因而作为法律渊源而获得法定认可。按照 1851 年《加利福尼亚民事活动法》[①]（*Civil Practice Act of California*）的规定，“凡有关‘矿产主张’的诉讼，如若有在酒吧、矿场确立并通行的习惯、惯例、规章支持这一主张，兹可认定。这类习惯、惯例、章程若不违反本州的宪法和法律，则应支配这类 297
案件的判决。”耶尔的《1867 年加州旧金山有关矿产主张和水权的法定权利》（*Yale's Legal Titles to Mining Claims and Water Rights in California, San Francisco, 1867*）为这些矿工习惯及其它们转变为法律的过程提供了某种有趣的解释。

（习惯常常起源于司法判决）

如今，作为合同事务之外的法律渊源，习惯所占比例甚少，不但如此，连这一说法也是令人怀疑的（如果说是这样的话）：在各个历史时期，法官发布的规则并未产生习惯，毋宁是，法律习惯（legal custom）总是先于司法判决。通常认为，作为一个过程的问题，法律习惯总是先于司法判决，后者只是为前者提供了表达而已，但这种说法似乎证据不足。至少很有可能的是，某些习惯倒是起源司法判决。这是梅因的观点，他在其《古代法》中说道：“习惯

① 参见第 621 条；以及 1872 年重新颁布的民事诉讼法（*Code of Civil Procedure*），第 748 条。

是一种后于‘地美士第’(Themistes)或判决的观念。由于我们的现代联想,我们就先天地倾向于以为一个‘习惯’观念必然是先于一个司法判决的概念,以为一个判决必然是肯定一个‘习惯’,或是对于违犯‘习惯’的人加以处罚,纵使我们的思想倾向是这样,但是,非常明确,各种观念的历史顺序却真正是像我在前面所排列的那样排列的。荷马对于一个在胚胎中的习惯,有时用单数的‘地美士’(Themis)——更多的时候则用‘达克’(Dike),它的意义明显地介于一个‘判决’和一个‘习惯’或‘惯例’之间。”[1]

298 在《为权利而斗争》中,[2]耶林指出将语言的进步与法律的进步加以对比完全是荒谬的——认定古罗马法中债权人可以将债务人卖为奴隶的规则形成于拉丁语中的夺格(ablative)规则。某人依据法律或习惯享有某一权利,意味着另一人的行动自由依据法律或习惯受到了限制,他必须作为或不作为某一行动,不是因为他的意愿,而是因另一人的意见;很有可能的是,这些自我克制并不会自然而然地发生,只有依靠社会所施加的强制力,优先性才能得以主张。如果说法律并不仅仅给出了合同解释原则的表达,还为人们因某些特定关系或从事特定行为规定了义务,那么它就不可能在没有司法判决的情况下,仅仅产生于习惯。举例来说,旅店老板有责任保证客人在其店中的财物不被盗窃。据说这种义务源于习惯,但旅店老板似乎不会心甘情愿地接受这一责任;另举一例,一个袭击他人或强占他人财产的人在没有法院强制的情况下,也

---

① *Ancient Law* (Pollock's ed.), 4, 5. On Themis and Dike, cf. E. C. Clark, *Jurisprudence*, c. 4.

② 第十版第 5 页及以下(10th ed. 5 et teq.)。

不会作出赔偿。

上述针对习惯的那些一般性说法，对于在英格兰盛行的地方习惯也可适用。这些地方习惯可能也起源于当地法院的判决。就此而论，英格兰市镇有习惯规定最小的儿子继承家产；[①]伦敦的习惯规定，如果留在旅店的马匹吃光了牧草，旅店老板可以卖掉该马匹；[②]哈德威克（Hardwicke）森林的习惯是，任何人偷盗的货物只 299
要超过十三个半便士，“无论手偷、背扛或是已经认罪”，要被斩首于哈利法克斯镇（Halifax）而不是被处于绞刑；[③]所有这些习惯很可能都起源于司法判决。

正如我们已经说明的那样，普通法中的习惯作为一种法律渊源，其丰富性要远胜于事实所证明的那样，然而普通法的学者或法院却并未觉得要去探究这些习惯背后的东西。相反，在德国，却有很多讨论涉及这一问题：习惯法是否是法律渊源抑或仅仅是法律已然存在的证据。

（习惯只是法律存在的证据）

德国盛行着这样一个理论：习惯并非法律渊源，它仅仅是获得法律是什么这一知识的证据或手段；民族精神的必然信念造就了法律，而习惯不过是这种信念存在的证据而已。这一理论肇端于萨维尼，并为普赫塔（Puchta）和一些声名显赫的人士所继承；至少来说，萨维尼的声誉使得该理论获得了广泛的认可，这种认可已经

---

① Litt. § 165; 2 Pollock & Maitland, *Hist. Eng. Law* (2d ed.), 279.

② *Moss v. Townsend*. 1 Buls. 207.

③ 哈利法克斯与其绞刑法的真实情况。米德雷（Samuel Midgley）：《哈利法克斯》（*Halifax*）（1708, Reprint, 1886, p. 13.）。

超出了德国一地。[①]

某种反对意见认为，该理论的依据是虚构的。就事物本身
300 而论，民族精神的意识和信念并不存在。事实是，社会中的个人各自行使其意志，重复着特定的行为，而法官认可了这些行为方式，并将之视为规则加以适用；而这样的说法其实不得要领：这种不断重复的行为模式就是认知某种非实体存在之必然信念的方式。

虽说德国某些哲学家的观点曾经影响巨大(萨维尼的理论便受之影响)，但这些观点如今已然过时，在其母国也失去了拥趸；德国后来的法学家们回到了某个在历史法学派产生之前曾盛行的理论，该理论认定习惯而非民族精神的信念才是法律的渊源。[②] 不过，必须承认，德国法院似乎的确对萨维尼——普赫塔的理论情有独钟。[③]

(判决常常独立于习惯)

很有可能的是，习惯在很多情况下都起源于司法判决；但很早以前，在习惯早于判决的情况下，这类习惯便常常被法院当作法律，但这并不是因为它们是社会的习惯，而是因为它们与法官是非观和政策相一致，或是因为法官相信或假装相信它们来源于超自然。然而不仅如此，同一个特权阶层(通常是僧侣)既会充当法官，

---

① 前文第 89 页。

② 参见：1 Windscheid, *Pand*. § 16, note 1 ; Zitelmana, 66 *Arch. f. civ. Pr*. 323; Riimelin, 27 *Jahrb. f. Dogm*. 153。

③ 参见：Zitelmann, ubi sup. and also 12 Entsch. *dea Reichsg*. Civ. 294; 26 Entsch. Civ. 193。

也会充当立法者；我们从希伯来人的历史中可以清楚地看到，被当 301
作法律的东西不是那些被认为是人们习惯的东西，而是那些被认为是上帝意志的东西；其实，一味强调民族的信念和习惯，与法律格格不入。[①]

① 比较前文第 92 页。

第十三章　论道德与衡平法

302 （道德是法律必要的渊源）

对于呈送给法院的某些案件来说，前文提到的所有法律渊源都无济于事；所有的制定法、司法先例、专家意见、习惯全都与案件所涉问题无关，而法院又必须对案件作出判决；针对案件作出判决恰是法院的目的所在。法国民法典规定："法官借口没有法律或法律不明确、不完备而拒绝受理者，得依拒绝审判罪追诉之。"[①]我从未听说过有法律体系会认可法官的此种行为：法官因没有人、典籍或习惯告诉他应该怎么做就拒绝对争议作出裁判。法官必须自己判断，他必须决定法律应该是什么；他必须诉诸道德（morality）原则。

在组织化的社会，无论是不是政治社会，法院在就判决案件而发布规则时，必定受到多方面的限制。在大多数情况下，考虑适用的规则应该如何都并非法院的义务和责任，法院的行动是有限制的，无论这种限制具有何种道德特征，而这种限制对于法院来说是
303 强制性的，法院抑或因为制定法、专家意见、习惯方面的原因而将

① 第四条（原文为法语，中译文参考了《拿破仑法典》，李浩培译，商务印书馆1997年版。——译者）。

这些限制强加于自身;然而,在没有这些限制的情况下,我们就可以说,所有文明社会中的法院都被暗示根据道德规则作出判决。

(“道德”一词的范围)

当然,我是在最为广阔的意义上来使用“道德”一词的,它意味着道德的行为,即正确(right)的行为。在法律产生的许多(或许是大多数)问题中,道德都以公共政策(public policy)的面目出现。但若法官意图将某一原理与另一原理相协调,或是利用类比扩张某一原理,则他便是在以某种伦理的(ethical)方式行动了,因为这件事本身是好事:法律规则应该是和谐的(harmonious),也能够被和谐地扩张。

正是从道德这一渊源中,许多法律被生发出来。事实上,除了依据成文法的典籍,多数新法都是以此种方式产生的;而且不难发现的是,只有在其他渊源失效的情况下,道德这一渊源才会发挥作用,在其他渊源也有效时,道德与之混合,会极大地影响到这些渊源的方向和效果。某制定法应该被这样解释还是那样解释,常常受制于这样解释或那样解释所产生的道德特征;而作为法律渊源,无论是司法先例、专家意见,还是习惯,几乎全都会因为其事实上符合或不符合某些合理的伦理原则而被加强或削弱。实际上,在很多案件中,各种法律渊源往往不加区分地混同在一起。

(法理学中的道德问题)

在《法理学的范围》中,奥斯丁将第一讲用来讨论自然法,第二 304
讲讨论暗示神法的标记(index)问题,这问题在第三讲中也占了很大篇幅;众所周知,奥斯丁的结论是,功利是神法的标记,也是道德的标准。

我们很难说，奥斯丁花费如此大的篇幅来讨论道德标准这种做法能够前后一致。《法理学的范围》一书的主题在于说明实在法是主权者的命令，实在法的存在与强制力都不依赖其内容的伦理属性，因此相较于立法科学，实在法是法理学的研究对象。这是一个经常被人谈及的问题。就此，亨利·梅因爵士说[①]："事实上，奥斯丁的体系可以与任何伦理理论相容；如果说他并没有这么做，我认为这只是因为他对自己的那套伦理教义深信不已，不用我说，这套教义便是早期的功利主义……对这套哲学的信奉，再加上在我看来的某种错误安排，造就了《法理学的范围》最为严重的缺陷。第二讲、第三讲和第四讲被用来力图将上帝法和自然法（就这一词汇可被允许的所有含义而论）与功利理论要求的规则统一起来。……就算往好了说，这种讨论也不属于法律哲学，而属于立法哲学。称职的法学家与理想的法律标准或道德标准毫无关系。"

305 从奥斯丁的角度来看，他有关道德标准的讨论或许真的没有意义，但若我们认为，就生发法律而言，伦理原则是一种渊源，甚至是一种重要渊源，它就是法理学恰当的讨论对象，与法院用来发现规则的制定法、先例、专家意见和习惯并无二致。

无疑，如果说法理学是一门不断进步的科学，它就必须对知识和无知在人类信念和理想方面产生的变革有所认知。假设有三个社会，每个社会都具备制定法之类的法律渊源，但一个社会的法院将《可兰经》当作道德的标记，另一个社会的法院将一百五十年前英格兰解释的《圣经》当作道德的标记，还有一个社会将目前在法

---

① *Early Hist, of Inst*. 368-370.

国通行的道德系统（无论其内容为何）作为道德的标记，那么这三个社会法律的发展很快就会出现差异。①

（道德标准）

“道德的真正标准是什么？”这是一个此处无法回答的问题。306
很明显，这个问题对于法律理论来说非常重要。举例来说，一位乘坐卧铺车的行商在车上被窃取了一个口袋，内有一些帽形别针的样品，对此卧铺车公司是否有责任承担这一损失？这是个新鲜的案件，法官即刻或将要被要求造法。法官需要问什么样的问题？是否应该问，“对于保护最大多数人的最大幸福来说，保护一个样品口袋是否可欲？”或是问，“对于卧铺车这个问题，我的道德直觉是什么？”或是问，“对于这个行商，明示或暗示的上帝法是什么？”抑或是“之于该行商，如何处理最能符合意志自由？”或者是“对这些帽形别针最符合自然的保护是什么？”或者问，对此是否应该将上述两个或多个标准混合适用？可以发现，不同的适用标准将导致不同的结果。

---

① “既然如此，为了用我所谓道义学的方法来处理法律，就必须考虑这种方法是否符合该社会的需要。这便是立法者和立法顾问的工作。法官或法学家在多大程度上须采取此种方法呢？就社会需要什么这一问题而言，普通法中的法官们与市民法中的法学家们的意见已经极为深刻地影响了法律，这都是为了让法律变得更好。法官和法学家总是应该从社会公共福利的角度处理法律，并且以提升普遍的善为目标来吸纳法律，除此之外，事情还能不能更好一些呢？然而这恰好是我们必须小心的地方。假如法官和法学家们的确了解社会究竟需要什么，那么没有什么比法官和法学家依据这种需要来塑造和指导法律这件事更令人值得向往了。然而，这只是一个大大的假设，法官与法学家很有可能并不了解社会需要，其职责和生活中也没有什么东西能给予他们这类知识。法官和法学家不过是身处其时代的凡人，他们也会与我们一样受制于时代精神（*zeitgeist*），这并非坏事；但他们也会以所谓社会主义或反社会主义的方式放手发展法律，这却不是好事。”[《法律的性质与渊源》（第一版），第七章和第八章]又见前文第139—144页。

然而，虽说被选来决定某一行为道德与否乃至判决恰当与否的标准在理论上最为重要，但必须承认的是，法官即便有意识地选择采纳某个标准而非另一个标准，其所产生的实际后果也没有想象中那么严重；这是因为，人性原则是相通的，当某人认定某种行为该做时，他并不觉得让这一行为通过所有可能适用的道德标准的检验有多么困难。他会作出结论说，最大多数人的最大幸福、良
307 性的指令、上帝的意志、自由意志，乃至自然，这些标准共同要求了这一行为。[①]

无论终极道德原则的标准是什么，功利原则在算计细节方面都非常重要。然而，法院应该找寻对谁的好处呢？是对法院所在社会的好处？还是对整个世界的好处？例如，在破产案中，法官是否应更偏向于本国债权人而非外国债权人？正确的说法其实是（虽然我还不能理直气壮地主张这一点），法院的立场与私人别无二致。个人会顾及自身、顾及家庭、顾及他人，这些顾及合在一起成为完整的道德；而对于法官来说，他也只是国家的一个机构，他会顾忌本国的成员，也会顾及那些并非本国的人，这些顾及同样会结合在一起。对于应确立何种实践规则来应对此类问题这个任务来说，伦理科学迄今为止所取得的成就其实微乎其微——无论它在未来会如何。

（衡平法）

衡平法有时也被说成是一种法律渊源，但这种做法似乎既非

① 不难发现，如果遵循自然也是一种道德标准，那么说自然也是一种法律渊源想必也不为错；当然，这只是为诸多涉及自然法的议论所提供的一种说辞而已，并非论证。

有益，也非可能：将“衡平法上的”考虑区别于法院创制规则以满足一般福利所进行的考虑。

衡平法规则是由大法官主持的特别法院引入到英格兰法中的。奥斯丁[①]与梅因[②]认定，罗马法中的“公道”(*æquitas*)具有与 308
之类似的含义；在他们看来，公道意指裁判官通过告示用来修正市民法的那些规则。裁判官与大法官之间的相似之处极为明显，世人对此早有议论，例如吉尔伯特(Gilbert)的《裁判官法》(*Lex Praetoria*)，但认定裁判法在罗马法中的此种含义似乎是一个错误。克拉克(Clark)教授怀疑，“公道是否被罗马法学家清晰地使用，以之表明某种法律部门[③](department)”。而来自权威的某个验证更是证成了他的这一怀疑，公道与“严格法”(*strictum jus*)相对应，正如克拉克教授所言，其意义介于“对严格法的合理修正与实质正义之间”。而卡鲁格(Krüger)正确地指出，公道只是处理某些法律问题的思维方式，而非法律渊源。[④] 毫无疑问，裁判官告示这一领域有利于实现这种“甜蜜的合理性”(sweet reasonableness)，但它绝非仅有的领域，塞维鲁—安托尼乌斯(Severus and Antoninus)法案(公元202年)主要涉及对答辩的修正，公道被规定为除告示条款之外允许进行修正的理由，“相应地，权威的永久性告示可以作出规定，提供正义之人的衡平也可以决定”。[⑤]

---

① 2 *Jur*. (4th ed.) 577.

② *Ancient Law*, chap. 3.

③ E. C. Clark, *Jurisprudence*, 367.

④ Krüger, *Geschichte d. Quellen*, § 17, pp. 125, 126.

⑤ *Cod*. II, 1, 3. On the Edict；参见前文第199页(原文为拉丁文，根据英文注释译出。——译者)。

（法律与道德的关系）

本讲座主要目标在于，力图说明法理学中的一个主要困难，乃至在法理学中引发混乱的原因，在于一直没有区分法律与法律渊
309 源。一个国家或组织化团体的法律由其法院遵循的行为规则所构成，而且法院认定自己已经准备实施这些规则；法院拒绝遵守的规则绝不是法律，法院遵守的所有规则，乃至法院强制人们遵守的规则都是法律；将任何自然法的观念或非实在法（*nicht positivisches Recht*）纳入到法律的概念中，都是法理学中的倒退。令人失望的是，像乔治·史密斯[①]（George H. Smith）先生这样的学者，近来又捡起了这一早已破产的迷信，与此同时，曾经长期背负这一负担的德国人却将之抛弃了。[②]

另一方面，许多法典化拥趸的错误在于，过度地将制定法、先例和习惯视为固定不变的产物，而没有对法律的发展与变化给予充分重视，这种发展和变化并不仅仅在于围绕当前规则的外部进行蜘蛛织网式的修补；一项可见于伦理原则的法律渊源，虽然并非唯一的渊源，但的确是一项渊源且是一项重要的渊源。因此，这些原则是法理学合法的组成部分，而随着比较法理学范围的进一步扩展，它们的重要性将越来越大。[③]

---

① 参见：George H. Smith, *The Elements of Right and of the Law*, 2d. ed., Chicago, 1887, p. 15。

② 参见伯格伯姆（Bergbohm）：《法理学与法哲学》，各处均有（*Jurisprudents und Rechtsphilosophie*, passim.）。又见前文第94—96页。

③ 参见前文第141—144页。

附录一　罗马帝国后期的宗教团体①

对于罗马帝国后期的宗教团体(*Pii usus*),我们的相关知识 310
大都来源于《国法大全》中的《法典》与《新律》(*Novels*),而《法典》中的条款所涉内容很少早于查士丁尼时代。

君士坦丁大帝(公元321年)在皈依基督教之后不久发布一条"向民众申诉"(a proclamation "*ad Populum*"),宣布任何人都可以将财产遗赠与"圣洁且令人敬重的基督公会。"②由此公会似乎被看作教会的社团组织体*(corporate body)。然而,这一观点并未占到优势。我并未从其他段落中发现,市民法认定环宇教会(Church Universal)属于法人。

荷诺里皇帝与狄奥多西皇帝(Theodosius)颁布法令(公元409年)称,委派给君士坦丁堡教会(Church of Constantinople)或"其他任何社团"的执事(deacon)不得超过一百五十个,且不得因

① 参见前文第59页。

② *Cod*.I,2,1.

* 本段附录出现了多个表示组织或团体的词汇,如"corporation""corporate body""corporate unit""council""society""association""congregation",等等。其中,根据正文的相关段落,只有带有"corporate"(社团)词根的组织属于法人(juristic persons),其他词汇的使用则不甚严格。——译者

恩赐而超过此数[①]——这明显已将执事视为社团的成员。[②] 后来，
311 这两位皇帝又指派“神圣的公会与尊敬的教会”承担修筑道路和桥梁的职责。[③] 特定的教会或基督教团体似乎已经时常被当作社团联合体[④]（corporate unit），狄奥多西皇帝与瓦伦丁尼安皇帝（Valentinian）发布敕令（公元434年），允许教士、修士、修女将其财产遗赠给其所在的教会或修道院，并准许教会或修道院参与诉讼以恢复其财产，[⑤]这便完全认可了教会的法人地位；瓦伦丁尼安皇帝与马尔西安皇帝（Marcian）又颁布法律（公元455年），使得所有献身于上帝的寡妇、执事、贞女这类“圣洁的女子”都可以凭意志将财产留给“教会，或修道士，或修士，或修道院，或穷人”；[⑥]而两天后，出现了一条明显的反对意见，主张由于其“不确定的人格”，赠与穷人的财产是无效的，于是法令又称：“以遗嘱的形式将财产留给穷人并不因其不确定的人格而无效，而是在各个方面都有效而完整地成立。”[⑦]

管理那些指向不被认为是法人的不确定群体的赠与确有困难，而此种困难似乎在因俘虏回赎（redemption）的赠与情形中最早显露出来。里奥皇帝（Leo）颁布法令规定（公元468年），[⑧]如果立遗嘱人因俘虏回赎而遗赠财产，并任命了实施回赎的人，则此人

① *Cod*. I,2,4.

② 参见：*Cod*. I,2,14。

③ *Cod*. I,2,7.

④ 参见：*Cod*. I,2,12。

⑤ *Cod*. I,3,20.

⑥ *Cod*. I,2,13.

⑦ *Cod*. I,3,24.（原文为拉丁文，根据英文注释译出。——译者）

312 ⑧ *Cod*. I,3,28.

将获得遗产;但如果立遗嘱人并未任命任何人实施回赎,主教将有权从继承人那里夺走遗产,并按照立遗嘱人的意愿处置遗产,还须向行省总督报告账目。此种“事实的紧迫性”(*facultas exigendi*)赋予了主教就其官职而论的法律人格。[1]

在公元472年里奥皇帝和安提米阿皇帝(Anthemius)统治时期,我们首次发现了“*xenodochia*”和“*ptochia*”,即异乡人之家和济贫院,它们被赐予了特权。[2] 同年,有法令规定,所有赐予“孤儿院或静修所(hermitage)或教会或济贫院或异乡人之家或修道院或其他人(即奴隶)或属于他们的东西”的特权,由教士兼孤儿院长尼科(Nico)与其继承人掌管。[3] 这将我们带到了查士丁尼时代。

查士丁尼有关教会方面的立法极为丰富,其中很多涉及教会财产的转让——此种转让一般是被禁止的。在《法典》和《新律》中都可以看到这类立法。《法典》首次发布于529年,第二版《修正法典》(*repetitae praelectionis*)发布于534年。法典中有关慈善组织的条款主要出现在第一卷的第二章和第三章。以基督宗教或慈善为目的的赠与被称为突出的宗教案件(*super piis causis*)[4]或
“εἰς εὐσεβεῖς χρείας”。[5]除了查士丁尼前任皇帝法令中大量出现的 313
“教会、神圣公会、修道所、孤儿院、静修所、济贫院、异乡人之家、修道院”等组织之外,我们还可以发现“医疗院、扶贫院[6]、异乡客之

① 试比较:*Cod*. I,3,48(49);*Nov*. 131,11。

② *Cod*. I,3,32(33),7.

③ *Cod*. I,3,34(35).(原文为拉丁文,根据英文注释译出。——译者)

④ *Cod*. I,2,19.

⑤ *Cod*. I,3,41(42),1.

⑥ *Cod*. I,2,19.

家、弃婴保育院，老人之家”。①

虽说文献缺乏，难以肯定，但似乎上述各类组织就是那种包含成员的社团(corporation)，如同普通法中的社团和罗马法中的世俗社团一样，而与现代德国法中基金会这类没有组成人员的抽象概念并不一致。由此，查士丁尼在列举了大量此类慈善机构之后，又补充说：“或者其他任何此类圣会”，在同一法令中，他又谈到了，“关于分配给宗教协会的房舍”。② 在另一法令中，当查士丁尼讨论了赠与物与遗赠物，以及教会、异乡客之家等内容之后，他又继续说道③：“因此，如果遗产，或遗赠物，或信托留给享有盛誉的神圣之地或市镇。”在公元 530 年的一条法律中，查士丁尼谈到了赠与给他所划分的各类慈善机构的财产，又补充说④：“赠予财产给宗教圣会或公会不在法律禁止之列。”在 534 年的一条新法中，他提到了⑤赠予给“神圣公会与其他圣会”的永久财产。

我们已经看到，公元 455 年的法律规定，针对穷人的赠与并不
314 因为不确定的人格而无效，但却并未创制出一项实施该赠与的权利。查士丁尼弥补了这一缺陷。在一条法令中(公元 531 年)，当处理了一些特殊情形之后，他宣布“如果穷人”成为继承人，那么遗产应该转给市镇中的异乡人之家——“市镇中的异乡人之家须获得遗产”。⑥ 而在此前几年，甚至还出现了一条更令人瞩目的规

① *Cod*. I,2,22.(原文为拉丁文，根据英文注释译出。——译者)

② *Cod*. I,2,22.(原文为拉丁文，根据英文注释译出。——译者)

③ *Cod*. I,2,23. Cod. I,2,19.(原文为拉丁文，根据英文注释译出。——译者)

④ *Cod*. I,3,45(46),9.(原文为拉丁文，根据英文注释译出。——译者)

⑤ *Cod*. I,3,55(57),3.(原文为拉丁文，根据英文注释译出。——译者)

⑥ *Cod*. I,3,48(49).(原文为拉丁文，根据英文注释译出。——译者)

则，规定倘若有人指定基督为其继承人，则立遗嘱人住所地的教会将成为继承人；若指定大天使或殉教者为继承人，则其所在的礼拜堂将成为继承人。[①]

假如立遗嘱人的继承人没有执行立遗嘱人的遗嘱，例如修建一座教堂或异乡人之家，那么主教的任务便是将其领至法庭，迫使他们执行死者的遗嘱。[②]

对于我们有关慈善机构构成的知识来说，《新律》增添的内容不多。我们可以发现其中用"委员会"（*collegium*）一词来表示上述团体；[③]教会有权向其管理者（*œconomi*）提起诉讼；[④]某些交易行为的批准不但要经由"神圣国家的统治者"，还需通过"那些与统治者工作相关联的大部分人"。[⑤]

因此，这些慈善机构在罗马帝国完全很有可能被当作了社团。

---

① *Cod*. I,2,25(26). 试比较：Nov. 131,9。

② *Cod*. I,3,45(46). 试比较：Nov. 131,10。

③ *Nov*. 7. 各处均有。

④ *Nov*. 7.

⑤ *Nov*. 120,6 .7.（原文为拉丁文，根据英文注释译出。——译者）

附录二　待继承遗产团[1]

315 普通法中的法律人很少有人对市民法的他山之石发生哪怕一点点兴趣，他们更不会着迷于待继承遗产团（*hereditas jacens*）这一概念。普通法有关获取这类财产的法律规定得极为繁复：此种财产属于已经故去的人，同时要门荫于那些对这些财产有利益的人；在普通法之外，想象出一个实体，由其延续死者相对他人或物的法律关系，直至出现可替代自己的新法律关系，此种想法似乎是最富哲学意味而又在实践中极为有用的法律概念；将抽象存在构想为法律上的人，这种做法有利有弊，而构想出上述实体则益处多多且鲜见弊端。不过，略加检验便可发现，市民法并不比我们的法律高明多少，“待继承遗产团”的意义是有限的。

我们首先讨论在普通法中，当一个人去世时，什么能够成为他的权利。对此，不动产与动产存在着巨大的差异。

首先是土地。如果某人死后未留遗嘱，土地的所有权便不存在间隔期，他的继承人将立即获得该土地，继承人将依法占有（seisin）该土地，并成为所有人。此种继承之下，继承人并非概括

---

① 参见前文第56页。

继承人(universal successor),[①]而是分别获得被继承人每一块土 316
地的单独继承人(singular successor)。[②] 毫无疑问,在普通法中,在继承人事实上占有该土地之前,继承人不会成为亲族(a stock of descent),该土地财产便不会在继承人死后传给继承人自己的继承人,而是传给其事实上最后占有该土地的祖先之继承人;而如果有外人在继承人之前占有该土地,则构成强占(abatement),而非强夺(disseisin);[③]但总体而言,无论继承人是否占有土地,他享有的权利与救济都不会有什么不同。[④]

土地的受遗赠人(devisee)也是单独继承人。受遗赠人无需接受遗赠。不完全清楚的是,接受是否构成从占有转为遗赠的先决条件,但即便它是必要的,该占有中也不会存在空缺(vacancy);接受在遗赠中不是必要的,在继承中是必要的。

接下来是动产。英格兰的主教(即"Bishop")将继承死者的权利,直至遗赠执行人认可或提出申诉,或者除非在未留遗嘱的情况下,直至委任遗产管理人;[⑤]同时,遗嘱检验法院(Probate Court)的法官根据制定法,支持主教之前的做法(*21&22 Viet. c. 95*,

---

① 获得被继承人所有权利与义务的继承人。

② 仅获得被继承人的个别财产,而对于被继承人的债务不承担义务的继承人。

③ 2 Bl. *Com*. 209.

④ 如果死者是一个独任社团(参见前文第 57 页),那么除非委任了继承人,否则占有中将会存在真正的空缺;终身租户(tenant pur autre vie)的情况也是如此,除非发生一般占有人的进入[在普通法中,如果一个在他人生命存续期间拥有一块土地,且在第三人生命存续期间去世,则无论谁先进入该土地,这个词语将被使用,即他被称为一般占有人,参见《英国法释义》(2 Bl. *Com*. 258.)]。

⑤ 《英国法释义》,第 494 页(2 Bl. *Com*. 494);《英国法律史》(第二版),第 356 页及以下[Pollock & Maitland, *Hist,of Eng*. (2d ed.) 356 et seq.]。

317 *§19*）。而此问题在美国却从未被讨论。

普通法中并无与被继承人的“地产”(estate)这个流行观念相对应的法律实体，此种困难会在法律权利由遗嘱执行人或管理人行使时显露无疑，因为在此种条件下，除非抵押或主张质押，否则“地产”将无法受到约束。例如，假设有一批货物需要悉心保护，因为无法迫使相关地产支付保护费用，于是遗产执行人必然被起诉。无疑，执行人有权以地产补偿自己的花费，仓库保管员亦可代位行使该权利，但如果收支计算后，地产价值不及执行人的花费，那么债权人代位时将一无所得。

大概当出现上述情况时，此种观念便呼之欲出了：想象出一个抽象存在，以之承继死者的权利义务，而遗产执行人便是其代理人。不过，理论上的吸引力未必能在实践中行得通。可以肯定的是，罗马法便没有滋生出此种观念。

如果说继承法是法学中最不受尊重的部分之一，那么这一定不是指获得广泛赞誉的罗马继承法。直到经典法学家时代很久之后的查士丁尼时代，继承人才可以在不使自己承担死者所有债务的情况下接受遗产。一旦他接受遗产，他会立即获得该财产，他可
318 以就死者所有原先的诉求提起诉讼，而死者的债权人和受遗赠人(legatee)所有的诉求也能针对他本人提出，对此，他必须像履行自己的债务那样履行这类债务。而地产的安置也必须以继承人为中介才可完成。

在我所谓被继承人死亡与继承人接受遗产之间的间隔期，罗马人放置了“待继承遗产团”——顺便提一句，这一用法并未见于《国法大全》(*Corpus juris*)，而是语出《学说汇纂》(D. XVIII, 24,

13,5),“假如遗产位于(空缺)”。*

待继承遗产团无论是否为法人,在罗马法中,人格作为一种属性,官职(office)、职责(function)与待继承遗产团都享有人格。可以引发争论的是,待继承遗产团究竟代表的是被继承人还是继承人的人格。如果是后者,继承人的权利便回溯至被继承人死亡的时刻,相关财产于其时由被继承人传递给继承人。而另一方面,倘若待继承遗产团是被继承人人格的延续,则继承便不是从被继承人直接传递给继承人,而需经由待继承遗产团。按照耶林的看法①(我也倾向于该看法),起先的原理是,继承人的权利要回溯至被继承人死亡的时刻;但后来,待继承遗产团代表被继承人人格的理论又大行其道,而老观点的残余却一直损害着耶林新理论的齐整。

回到那个有关待继承遗产团是否为法人这一权利义务主体的问题。待继承遗产团缺乏用来表达意愿的机构;无法参与诉讼;无
法作为权利义务的主体以至认可其作为或不作为的范围,或是作 319
为强制力的对象。通过财产占取(*missio in bona*),被继承人的财产被出售,买受人便称为被继承人的概括继承人,而待继承遗产团则在这一程序中不能成为当事人,也不能被要求实施任何行动。萨维尼②与索姆③都主张否认待继承遗产团是法人。但得承认,待继承遗产团的确通常被称为法人。弗洛伦提努斯(Florentinus)便

* 原文为拉丁文,根据英文注释译出。——译者

① *Abhacdlungen aus d. rom. R.* p. 149 et seq.

② 2 *Heut. rom. Recht*, § 102.

③ *Inst.* § 96.

说："遗产占据了主体的位置，它与自治市、委员会、协会没有什么两样。"[①]而现代文明亦不乏类似观点；[②]在我看来，待继承遗产团虽然不可起诉或被诉，却一定有权利寻求警察的保护，它和赠与给新生儿或白痴的财产相类似，[③]因而必须被认为是享有承担权利义务的存在，由此在十分有限的范围内属于法人。

在苏格兰这个继受罗马法的地方，待继承遗产团除了享有我所说的受警察保护的权利之外，似乎还是法律义务的主体，因为在这个国家，如果被继承人放弃继承，则在被继承人债权人起诉的案件中，判决将针对"空缺的遗产与土地财产提出诉求"，乃至死者的其他物品与附属物。[④]

---

① D. XLVI，1，22.（原文为拉丁文，根据英文注释译出。——译者）

② 参见：3 Windscheid，*Pand*. 531。

③ 参见前文第 22 页。

④ 厄斯金（Erskine）：《苏格兰法学阶梯四书》（第二书，第 12 节，第 47 页及以下）（*Inst*. *Book* II，tit. 12，47 et seq.）；达拉斯（Dallas）：《样式体系》[*Styles*（ed. 1697）214]（原文为拉丁文，根据英文注释译出。——译者）。

附录三　罗马法的继受[1]

虽然德意志皇帝是罗马皇帝的继承人这一说法使得人们可以 320
很自然地说，罗马法就是日耳曼人的法律；[2]虽然早在十二世纪前半期，腓特烈·巴巴罗萨*（Frederick Barbarossa）就在裁决争议时常仰仗罗马法；[3]虽然最后出现了成形的帝国法（imperial law）（虽然不为《国法大全》所囊括，但仍然是德意志皇帝的法律）的观念，然而上述观点的实际运作却寥寥无几，纵观整个中世纪，在德意志的日常生活和法院中，适用罗马法的迹象即便有，也很是稀少。

不过在十五世纪中叶，德意志的大学里开始讲授罗马法，一开 321
始的讲授方法极为蠢笨，但后来在意大利的指引下，才变得较为高明；在独特的时代风格之下，那些满怀着极度崇敬之情的人们，或

---

① 参见前文第 93 页。

② 就此，早在 11 世纪初，奥托三世（Otto III）于罗马期间，规定了法官的任职仪式："此时让皇帝对法官说，'务必当心，以免推翻查士丁尼的法律，他是我们最为神圣的先祖。'然后让皇帝手握法典说：'凭此典裁判罗马、列奥城乃至全世界'"（列奥城是罗马的一部分，为教皇列奥四世改建），引自斯托布：《德意志法源史》（*Geschichte der deutschen Rechtsquellen*，59，p. 613.）。

* 即红胡子腓特烈一世，1155 年加冕为神圣罗马帝国皇帝。曾入侵意大利；发动第三次十字军东征。——译者

③ 参见：1 Stobbe，pp. 616-618。

在德意志和外国的大学中学习罗马法，或深受罗马法原理的感染，他们都很快获得了法院的青睐，获得了司法权力与职位，并为法院的实践引入了完全新奇和异域化的因素。

对此有很多需要解释的东西。此时的德意志分裂为许许多多的邦国，其中有些规模很小，却都具备各自独立的法律体系。无疑，这些法律体系中弥漫着许多一致的东西，当然，这种一致与其说在当时就很明显，不如说是现代人考究的结果。哲学家纵然能够在两个邦国的语言间寻找到语法上的密切关联，可其中一国的居民却可能完全不能懂得另一国的语言。法律亦是如此。进言之，伴随着从蒙昧走向文明的快速进程，向此种法律体系寻求帮助既是自然的，又是值得赞赏的——这种法律体系曾经在一个文明的民族中盛行，而且我们还对它了如指掌。

然而无论如何，罗马法的引介并没有获得人们的确信，依然令他们感到十分厌恶。借用斯托布的说法："此种法律过去是并将继续是外国的法律；人们对它并不了解和理解；因异质因素的混合而必然需要的协调得花上几个世纪才可能实现。外国法带来的不过
322 是暴力。虽说在法院和城市法庭中，外国法获得了几乎不受限制的控制力，但习惯法与古代习俗几个世纪以来依然在农民法院中坚守。……外国法转变为国内法的速度极为缓慢，甚至到了今天，也难有从外国法中生发出的法律原则因符合一般的法感(legal feeling)而为人熟知。法学家们为这段或那段法律解释，或是为争议的判决而争吵不休；民众们无一例外，全都对这类并无实际意义的问题既无利益又不理解，还放弃了对法律的定义和发展施加影

响力。”①

斯托布举出了许多不喜欢乃至憎恶罗马法与罗马法教授的例证。这里仅借用一个语气比起其他来说还算温和的例证。“本地的法律应该被遵守,古代习惯被认为占据了成文制定法的地位,但罗马法却带来了与之相反的东西,并由此产生欺诈、错误与混乱。这些罗马法教授对我们的习俗极为无知,即便他们知道,他们也不会对我们的习惯作出任何承认。”②

就法学家接受罗马法而论,罗马法与被称为习惯法的东西大
异其趣。所谓习惯法建立在经验中获得的实践规则之上,但将罗 323
马法作为一个整体来接受的人,往往对其中包含的许多具体内容(如果不是大多数事物的话)茫然无知。整体接受罗马法的人,还需学习其中包含的具体规则;而在习惯法中,规则一旦出现,统合规则的体系也就接踵而至。

法学家们自己的观点绝不在于,他们借助自己的聪明才智,代表民众使得法律习惯发挥效果;相反,他们令人遗憾地将罗马法当作唯一真实的法律,视习惯为杂乱无章。再引一段斯托布的话:“在很多文本和言说中,他们(法学家)都欢天喜地地说,自己掌握了法律(*leges*),据此,他们便在一定限度内从最低等的蒙昧走向文明。但没有人曾想过问一问这个问题:他们是如此获得法律的?他们是否有权利适用它们?……在对外国法五体投地的崇拜之后,法学家们完全抛弃了这一观点:用一般和特殊的习惯与制定法所表达的日耳曼法是原本的(original)法律,罗马法作为附属的法

① 2 Stobbe,§65,pp.137,139.

② 2 Stobbe,§64,p.95.(原文为拉丁文,根据英文注释译出。——译者)

律只是后来才闯入的；他们感觉不到日耳曼法本有的重要性。相
反，法学家主张说，似乎罗马法才是原本的（罗马法的确更为古老，
但它只是后来才对德意志产生了现实价值），只是经由特定的日耳
曼原理被篡改得难堪一用。法学家们并不认为，罗马法的条款与
日耳曼的法律意识相对立，因此前者的适用就排斥了日耳曼的法
324 律规则，借此，他们就完全颠倒了这种关系；他们认为正是罗马法，
经由日耳曼习惯和制定法，被废弃不用。法学家们还说，在继受罗
马法之前，德意志好像根本没有法律，要将日耳曼法曾在实践中适
用且被坚持的所有东西都视为杂乱无章。这些观点的结果便是，
法学家们抛弃了不成文法、日耳曼习惯，将之视为与罗马法合不上
拍的邪恶习惯。"[①]

① Stobbe, § 65, pp. 112, 115-117.

附录四　自治权

正文[①]已然说明，德国人并没有将自治权归于寻常的私人社团 325
(private corporation)；但的确存在一种社团，即“*Öffentlichrechtlichen Corporationen*”（公法社团），自治权便被归于此种社团。[②] 这种社团在起源时所具备的自我支配的权力，及其此种社团与国家之间微弱的联系，似乎就是它们被认为享有自治权的原因。[③] 如果此种社团在现今出现，将很有可能被降格为私人社团，全无自治权。如今，人们很难察觉此种社团创制的规则与近来电话公司章程之间的差别，也就难以认定前者有自治权而后者没有。[④]

一个被讨论最多的问题是，德国的高层贵族是否享有自治权；
即是说，高层贵族家庭之家长所被赋予的，可以发布命令以处理家 326
庭财产的权力（有时须经其他家庭成员的同意，有时无须），是否就是他们自治权的体现，抑或是，这种权力仅仅是国家通过特定方式赋予某个团体处理财产的某种权威而已。

戈伯(Gerber)完全否认自治权的存在，虽说其意见的主要对

---

① 前文第158—159页。

② 1 Stobbe, *Handb. d. deutsch. Privatr.* § 20, pp. 124, 125.

③ 参见：Schroder, Lehrb. *d. deutsch. Kechtsgeschichte* (6th ed.) 51, pp. 703-705。

④ 参见前文107—109页。

象是高层贵族对这种权力的主张,但他似乎否认了所有社团对此权力的主张。不过,大多数学者都认可了高层贵族自治权,然而对于此种贵族家庭是否属于社团却有不同意见,有些学者认为,自治权是只能赋予社团的特权,而另一些人则否定这种看法。戈伯在德国虽说没有太多的追随者,但对普通法中的法律人来说,他的论证是最好的。

现代的德国学者,无论是那些在或多或少程度上承认自治权的人,还是那些完全否定其存在的人,都接受如下这一标准:“自治机构(*Satzung*,autonomic institution)的核心标志在于它不去适用法律,而是为自己的目标而创制法律;它建立的不是法律关系,而是法律原则;它不是法律交易而是法律机构”。[①] 但这种说法并没有让我们走得更远。

事实上在过去,一个国家的领域内存在着一些团体,它们通过自己的法庭向某些人实施强制力,而这些团体又并非国家所创造,国家也不必赋予这些团体权力。与此同时,随着文明的进步,这些团体除了从国家那里获得之外,已经丧失了自己的强制权力。如果说自治权如此依然存在于德国的高层贵族,那它只是早期蛮昧主义的残留而已。

327 据我所知无论是罗马法还是英格兰普通法,乃至欧陆除德国

① 1 *Holtzendorff*, *Rechtslex*. Autonomie.

外的任何一个国家，都没有自治权这种观念。[①]

然而，真实的自治权似乎的确在某种情况下存在（虽然我并没有发现，“自治权”这一词汇的使用曾与这种情形有过联系），即此种情形：明示形式的一般规则构成了某一组织内法院的法律渊源，这些规则的创制者是另一组织的立法机构。我指的是教会，某个教会虽然不是国家的机构，但它却被国家认可为唯一真实的教廷。当然，这里所说的教会并非类似英格兰的那种国家教会，后者的法院是王上教会法院（His Majesty's Ecclesiastical Courts），这种法院受控于议会，议会可能毫不犹豫地用最彻底的方式改造它，建立枢密院司法委员会作为最高的教会法庭便是明证。[②] 我想到的例 328
子其实是西班牙天主教会[③]、伊斯兰教会与犹太教会，或是土耳其的那种针对伊斯兰教徒的特定团体。[④] 这些团体的教规对国家的

---

① 如果自治法没有被还原为成文法，那么经常被谈论的是惯例（observance），而非自治权。关于自治权可参见《论自治权的概念》[*Ueber den Begriff der Autonomie* (1854)37 Arch，fur d. civ. Pr. 35-62]；《日常语言探析》（*Nacht ägliche Erö rterungen* (1859) 3Jahrb. für Dogm.，411-448）。这两篇文章亦可见：Gerber，*Juristische Abhandlungen*，36，64；Maurer，*Ueber den Begriff der Autonomie* (1855) 2 *Kritische Ueberschau*，229-269；Jolly，*Das Hausgesetz der Grafen von Giech* (1859) 6 *Kritische Ueberschau*，330-384；1 Stobbe，*Handb. d. deutsch. Privatr.* §§ 19，20，pp. 129-143；1 Winscheid，*Pand.* § 19；Holtzendorff，*Encyclopädie*（5th ed.）570。关于德国上层贵族是否是法人的问题可参见梅耶（Mejer），在《绿屋杂志》上的论文（5 *Griinhut*，*Zeitschr.* 229-269.）；对拜斯勒对梅耶的回应参见上书（76. 540-556）；以及吉尔克上书（557-599）；梅耶的回应参见《绿屋杂志》（6 *Grunhut*，*Zeitschr.* 201-210.）。

② 参见前文109页注释。

③ 例如《西班牙民法典》第42条、第75条、第80条。莱尔（I Lehr），《西班牙民法》第54页及以下。又见“帕拉帕诺诉海帕茨案”[*Parapano v. Happaz*，(1894)A. C. 165.]。

④ 在印度，英国法院认可伊斯兰教会法对伊斯兰教徒在某些事务上的约束力。参见威尔森勋爵（Sir R. K. Wilson）：《盎格鲁—伊斯兰法》[*Anglo-Muhammedan* Law (4th ed.)，pp. 3，83.]。然而，伊斯兰教会借由立法修改或增加法律的权力似乎在任何地方都是不存在的。同上书，第19页、第23页。

法院有约束力，乌理玛宗教大会却并非国家机构。我们或许可以像奥斯丁那样说，就国家（如果它愿意的话）能够禁止其法院遵守这类规则而论，这些法律依然要被认为是由国家创立的，但此种说辞其实并没有传达国家法官或是那些认为法官掌管了正义的人的想法。[①]

① 参见前文第 85 页。

附录五　美国制定法的弃用[1]

（南卡罗来纳）在南卡罗来纳，正如正文中已经说明的那样，[2] 329
某些英格兰议会的法律明确地以当地制定法的形式被重新颁行（1712 年）；其中有一项法律是“腓力－玛丽法案”（*St. of 4 & 5 Ph. & M. c. 8.*）[*]，规定了侵害 16 岁以下少女童贞者所应受的惩罚。1802 年，出现了一起涉及该法诉讼。案件的报道员[**]称这是第一起以该法为依据的起诉，并且补充说：“因为某一制定法长时间处于休眠状态，进而被认为已经过时，就以此认定该法无须被遵守，这种看法现在看来是有问题的。”[3]

1818 年，南卡罗来纳州宪法法院认定，一项 1706 年的制定法早已无效，该法规定了分享之诉（*qui tam action*），[4]它禁止治安法官（magistrate）作为常人与任何人成婚。法院认为，该制定法是

---

① 参见前文第 197 页。

② 参见前文第 197 页。

* 依其名称，该法案的制定时间应为英王玛丽一世在位期间（1553—1558 年）。——译者

** 报道员（reporter），负责制作和发布案件公告的人员，多由律师充当。——译者

③ *State v. Pindlay*, 2 Bay, 418. 另见：*State v. O'Bannon*, 1 Bail 144; *State v. Tidwell*, 5 Strob. 1。

④ 在分享之诉中，某人依制定法被处罚金，告密者同时分享一部分罚金。“既是为国王，也是为他自己的诉讼。”

建立圣公会的(Episcopal Church)一种手段,“然而因为我们已经
330 建立了自由的宪法,此法便完全不能适用于我们所发生的变革与所处的情况,因此必须被认为已经过时。”[①]这种情况似乎属于默示的撤销而非因弃用而废止,但瓦德罗大法官(Chancellor Wardlaw)却说[②]它是“我们司法史上唯一一次法院仅仅因为没有使用者而宣布一项立法不再有效”。

南卡罗来纳地方1694年之前通过的所有制定法据说[③]都被格里姆凯(Grimke)法官(他曾于1790年对南卡罗来纳州的法律进行编纂)认定为已经失效。[④] 我并不了解这一看法的依据。上诉法院曾采纳过一部于1691年通过的法案,该法规定因酗酒这种令人厌恶和可憎行为而被判有罪的,除了其他处罚之外,还应被判其戴着足枷。法院指出:“我们并不确定,是否应宣布从我们的制定法典籍中找到的一项法案已经因为弃用而废止了,纵然某个权威向我们保证了这一点。然而,若早在一百年前我们法律最杰出的法学家和最古老的编纂人就已经作出了此种宣告,那么我们或许会稳妥地采纳他的结论,对于那些已经不适合今日的法律条款来说,情况尤为如此。”

(宾夕法尼亚州)在两个发生在1805年的案件中,[⑤]该州认定制定法不能因为没有使用者而被撤销。然而在1824年的一个案

---

① *Watson v. Blaylock*, 2 Mill, 351.

② *Canady v. George*, 6 Rich. Eq. 103, 106 (1853).

③ *O'Hanlon v. Myers*, 10 Rich. 128, 131 (1856).

④ 但是参见:2 Cooper, *Sts. of So. Car.*, p. 1。

⑤ *Respublica v. Commissioners of Philadelphia*, 4 *Yeates*, 181, 183; and *Glanoey v. Jones*, Id. 212, 215.

件中，[①]该州认为，在宾夕法尼亚，公开诋毁他人的行为人不得被“放置于某种特定的刑具上受罚，即马桶椅(cucking stool)”，邓肯 331
(Duncan. J)说道：“关于因为没有使用者而废止制定法这件事，还有许多令人怀疑之处；就我本人而言，我的看法是，‘没有使用者’可能恰好能够使得制定法过时，因为制定法的目标此时已经消失，其理由也不复存在了。”

1826年，[②]法官拒不宣布一部1722年通过的法律已经过时，蒂尔曼(Tilghman，C. J)指出：“法院认定的一部存于制定法典籍中没有被撤销的法案已经过时和无效，证立这种做法的案件一定非常强硬(strong)。我并不是说，这种情况并不存在——长久以来都没有使用者——随着时间与习俗的推移，某部古代的休眠制定法定会导致恶果，如果它被突然付诸实施的话——与该法不合拍的实践已经长时间存在，尤其是与之相异的其他制定法早已大行其道；这样推断想必并不过分：就理解立法机构而言，旧法已经没有了效力。然而，1722年的那部法案并不是这样，其条款并非不适合现代。”

1858年，[③]一部1819年的法律被争取实施了，该法规定审计师一天一夜的报酬不得超过2美元。伍德沃(Woodward J.)表达了高等法院的意见，他讲道：“很多年来，这项国民大会的法案都被视而不见——完全被我们的文摘忽略了——该法在本院的‘柏德

① *James v. Commonwealth*, 12 S. & R. 220, 228.

② *Wright v. Crane*, 13 S. & R. 447, 452.

③ *Porter's Appeals*, 30 Pa. 496, 498, 499.

文斯案'(*Baldwin's Estate*,4 Barr,24-8)中被忽视,或许还有其他案件。据说,以如今的情况视之,该法案已经过时或是因为没有使
332 用者而被撤销。然而另一方面,国民大会的法案是不能因没有使用者而被撤销的。虽然我并不认为这项法案已经因没有使用者而被撤销,但我也不能认同这一原理,即认为不断发展的民众惯例和习俗无力抛弃那些已经不适合现代的国民大会法案。"这位知识渊博的法官接下来引用了蒂尔曼首席大法官上面的那段话,然后继续说道:"制定法不得因没有使用者而被撤销,这种观念可见于两个并不具备很高权威的案例中,即《耶茨案例》(4 *Yeates*, 181, 212.)。[①] 这两个案件都依赖'怀特诉布特'(*White v. Boot*,2 T. R. 275.)一案的附带意见,而后者已被'雷诉肯特案'(*Leigh v. Kent*,3 T. R. 364.)一案推翻。如果没有更好的支持,便不能压倒蒂尔曼首席大法官在案件中清晰的推理,这一推理已经被'S. R. 案例'(13 *S. & R*)所引用;不过我们对他的这一意见深表赞同:依据上述理由而放弃某一制定法的案件一定非常强硬,而我们并不认为本案属于此种案件。"然而,法院最终作出的结论是,虽然1819年的法案依然有效,但它并不适用于法院处理的这一案件。

1882年,[②]法院谈到了1834年的一部制定法:"该法是成文法,无论是济贫执事(overseers of the poor)还是法院都不能视其为过时";而在1884年,[③]一项1721年的法律被认定为有效,该法禁止任何在"没有州长特别许可"的情况下在费城出售烟花。法院

① 前文第330页引用过。

② *Kitchen v. Smith*,101 Pa. 452,456,457.

③ *Homer v. Commonwealth*,106 Pa. 221,226.

认为："国会的法案不得因没有使用者而被撤销，对此早已没有争议。在没有与之相悖的权威存在的情况下，这也是本州符合理性的规则。这条确定的规则是，制定法的撤销只能来自后来法律明 333
确的条款，或是必要的暗示"。[①]

（马里兰州）1829 年，[②]布兰德（Bland，C.）提到了一些发生在英格兰的案件，这些案件被认为适用了弃用原理，他后来讲道："我们自己有一条实际上禁止书记员和登记人从办公室里拿出纸张和记录的法案（1747，c. 3，10），该法由于已经被遗忘，人们长久以来似乎已经对其置之不理了"，他接着讲道："一些先例似乎认可这一立场，即实在的立法可能因长久的、普遍的、未经打断的实践而被撤销。但对于这些先例来说，我觉得极难采纳和泛化……宣布国民大会的法案过时的权力与制定一项新法的权力其实并无不同。撤销法律与颁行法律的权力本质上是一样的。因此，我一直都认为，相对于任何惯例和已决案件案例，作为权威，国民大会宪法性法案中明确的条款具有优先性。"[③]

（艾奥瓦州）艾奥瓦州高等法院曾于 1887 年[④]主张说，1851 年一部法典的条款并不因没有使用者（因为没有发生过涉及该条款的诉讼）而被认为已经被撤销，该条款认可将酿酒厂当作妨害而提起诉讼；法院还提到了早先在艾奥瓦州出现的一个案例，[⑤]该案曾被用来支持因没有使用者而撤销法律的原理，法院说道："并不

① 另参见：*Heidenwag v. Philadelphia*，168 Pa. 72。

② *Snowden v. Snowden*，1 Bland，550.

③ 参见：*Tise v. Shaw*，68 Md. 1，8 (1887)。

④ *Pearson v. International Distillery*，72 Iowa，348，357.

⑤ *Hill v. Smith*，Morris，70 (1840). 334

是说，仅仅因为没有使用者就可以废止制定法，也不能认定，法院打算表达这一想法。"法院宣布，案件中所涉的制定法之所以被废止，是因为后来的另一项制定法而非其没有使用者。[①]

① 另参见：前文第245页的注释，有关肯塔基州的弃用问题。

案例列表

（案例列表所涉页码均为原书页码，即本书边码）

评论或引用的作者列表

（本列表中所涉页码均为原书页码，即本书边码）

索　引

（索引中所涉页码均为原书页码，即本书边码）

Free will. 自由意志,参见:Will

Gaius,a jurisconsult without jus respondendi,盖尤斯,没有法律解答权的法学家,263

Gerichtsgebrauch as a source of Law in Germany,德国作为法律渊源的司法判决,206—210

Germany,Law of,德国,德国法,41,54,164,270,又见:Appellate courts,Autonomy,Judicial precedents,Jus scriptum,Legislatures,interpretation by,Reception,Statutes,desuetude of,Stiftungen

Gods. 主神,参见:Legal persons,Super-natural beings

Greek Law,希腊法,45,47,49

Hebrews,Law of,antagonistic to their customs,希伯来,希伯来人的法律,与其习惯格格不入,300

——Law of,as to animals,希伯来人有关动物的法律,45

Hereditas jacens,待继承遗产团,61,315—319

—— whether it represents ancestor or heir,代表被继承人还是继承人,318

——是否是法人,whether juristic person,318,319

——in Scotland,在苏格兰是法人,juristic person,319

Historical Jurisprudence,历史法学,150,151

Human beings,自然人,参见:Legal persons

Ignorance of Law no excuse,无知不为抗辩,25,102,166,167

Imaginary cases in Common and Civil Law,普通法与市民法中的虚拟案件,275—277

Inanimate things,无生命物,参见:Legal persons

Indian codes,cases in,印度法典,其中的案例,204

Infants,婴儿,参见:children

Insane persons,白痴,参见:Legal persons

Interests,human,利益,人类的,18;参见:Protection of interests

International Law,国际法,参见:Law of Nations,Private International Law

Interpretation of contracts,合同的解释,参见:Construction,rules of,and Custom

——of statutes,制定法的解释,参见:Statutes,interptettion of

Iowa,desuetude of statutes in,艾奥瓦州制定法的弃用,333

Judges,法官,参见:Courts,Jurists

Judicial and administrative functions,

difference between,司法职能与行政职能,两者的区别,113,114
Judicial precedents,司法先例,198—259
——character of,先例的特征,198,99
——in Roman Law,罗马法中的,200—204
——in Germany,德国的,205—210
——in France,法国的,210
——in Scotland,苏格兰的,210
——in England,英格兰的,124,211—240
——in England,generally,not always,followed,英格兰的,一般并非必然被遵循,216
——in England; House of Lords bound by its own decisions,英格兰的,上议院受制于其自身的判决,217
——in England,sources of Law,not merely evidence of preexisting Law,英格兰的,是法律渊源而非已存法律的证据,218—240
——opinions by divided court,无多数派法院的意见,243
——in the U.S.,美国的,241—259
——effect of,in the U.S.,same as in England,在美国的效果与在英格兰相同,241—243
——in the U.S.,opinions of courts in other States,美国的,外州法院的意见,243
——in the U.S.,decisions in English courts,how far,美国的,英格兰法院的判决,多大程度,244—247
——in the U.S.,sources of Law,not merely evidence of preexisting Law,在美国,是法律渊源而非已存法律的证据,248—259
——English post-revolutionary decisions not to be cited in certain States as,某些州并不将美国革命之前的英格兰判决当作司法先例,245 注
——dicta of judges,not,法官意见并非司法先例,261
——rather than custom,usually origin of Law,是司法先例而非习惯通常是法律的起源,294—296
——causes rather than consequences of custom,是习惯产生的原因而非结果,297—300
Jurisconsults,Roman,罗马法学家,201,263—265
Jurisprudence,法理学,133—151,161
——term disliked by practicing lawyers,是一个为实务律师所厌恶的术语,2
——analytic,分析的,1—5,144—147
——comparative,比较的,133—135,138,143,144,150,309
——general,一般的,133,135—139,143,148—150
——particular,特定的,133,134,147

译后记

《法律的性质与渊源》是美国著名法学家约翰·奇普曼·格雷最具影响力的著作。该书最早出版于1909年。1915年作者去世之后，罗兰德·格雷对原书第一版进行了编辑，增加了一些便于读者理解的注释和说明，是为1921年出版的第二版。这本中译本是依据第二版翻译的。

本书是英美法理学传统中的重要著作，格雷至少讨论了权利义务、法律主体、法律的概念、司法机构、国际法、法理学、法律渊源、制定法、司法先例、专家法、习惯法、道德等法理学中的多个重要议题。自约翰·奥斯丁以来，这些议题持续占据着英美法理学研究的核心，是任何一位严肃的法理学研习者均无法绕开的。通过阅读，读者可了解到作者在二十世纪初对这些议题的思考，见识到英美法理学的历史传承和发展演变。

作为一部享有广泛声誉的学术名著，本书的个别章节已有中文节译本见诸网络和期刊。我找到了北京航空航天大学法学院龙卫球教授对本书第一部分若干章节的翻译和山东大学法学院马得华学兄对第十二章的翻译，我在翻译的过程中曾参考过这些节译本，特此说明。

我曾于2012年在中国政法大学出版社出版过该中译本的第

一个版本,此次在商务印书馆出版的是经全面修订后的第二个版本。非常感谢商务印书馆和吴彦兄的信任,让我有机会改正原来译稿中的许多错漏,减少对这本名著的“伤害”。

译者

2021 年 8 月 25 日于天津东丽湖

图书在版编目(CIP)数据

法律的性质与渊源/(美)约翰·奇普曼·格雷著;马驰译.—北京:商务印书馆,2023
(汉译世界学术名著丛书)
ISBN 978-7-100-23160-2

Ⅰ.①法…　Ⅱ.①约…　②马…　Ⅲ.①法学—研究　Ⅳ.①D90

中国国家版本馆CIP数据核字(2023)第213909号

汉译世界学术名著丛书
法律的性质与渊源
〔美〕约翰·奇普曼·格雷　著
马驰　译

商　务　印　书　馆　出　版
(北京王府井大街36号　邮政编码100710)
商　务　印　书　馆　发　行
北　京　冠　中　印　刷　厂　印　刷
ISBN 978-7-100-23160-2

2023年12月第1版　　　开本850×1168　1/32
2023年12月北京第1次印刷　　印张10¾
定价:49.00元